高等院校小学教育专业教材

小学心理活动课
设计与实施
（第二版）

曹雪梅 郭学东 石 岩 陈新景 / 编著

清华大学出版社
北 京

内 容 简 介

本书主要介绍小学心理活动课的设计与实施的理论和课例,包括理论篇与案例篇。理论篇界定了小学生心理活动课的定义、特征、性质和课程的理论基础,小学生心理特点,课程的设计与操作流程,课程资源开发、教师素质要求、课程如何评价等理论内容;实践篇包括小学生认知辅导,情绪意志辅导,人际交往辅导、学习辅导,每个辅导主题包含活动设计大纲与案例介绍。本书在第一版的基础上增加了中小学心理活动课例视频、教学课件,扫描书中二维码即可参考使用。

本书可作为师范院校小学教育、心理健康教育专业教材,也可作为小学心理辅导教师的学习和教学指导手册。

图书在版编目(CIP)数据

小学心理活动课设计与实施/曹雪梅等编著. —2 版. —北京:清华大学出版社,2022.6(2024.9重印)
高等院校小学教育专业教材
ISBN 978-7-302-60469-3

Ⅰ. ①小… Ⅱ. ①曹… Ⅲ. ①小学－心理健康－健康教育－教学研究－高等学校－教材
Ⅳ. ①G444

中国版本图书馆 CIP 数据核字(2022)第 051424 号

责任编辑:张 弛
封面设计:于晓丽
责任校对:李 梅
责任印制:杨 艳

出版发行:清华大学出版社
   网 址:https://www.tup.com.cn,https://www.wqxuctang.com
   地 址:北京清华大学学研大厦 A 座   邮 编:100084
   社 总 机:010-83470000   邮 购:010-62786544
   投稿与读者服务:010-62776969,c-service@tup.tsinghua.edu.cn
   质量反馈:010-62772015,zhiliang@tup.tsinghua.edu.cn
   课件下载:https://www.tup.com.cn,010-83470410
印 装 者:三河市铭诚印务有限公司
经 销:全国新华书店
开 本:185mm×260mm   印 张:12.5   字 数:283 千字
版 次:2013 年 7 月第 1 版 2022 年 6 月第 2 版   印 次:2024 年 9 月第 3 次印刷
定 价:49.00 元

产品编号:080880-01

第二版前言

心理活动课是中小学心理健康教育的重要载体，积极探索心理活动课的理论基础与实践操作，是保证中小学心理健康教育质量的关键环节。

在新世纪的今天，全球出现一些大的变迁：政治民主化、经济自由化、文教国际化、社会主义现代化、科技信息化等，全球的进步与剧烈变迁，难免会出现不协调的现象，现代生活工作节奏紧张、精神压力巨大、心理烦躁不安、价值观念矛盾、行为模式多元、道德意识模糊，都容易导致现代人心理处于不健康的状态。

今天我们的生理学、医学、营养学日益发达，但在心理方面，反而因为社会的进步，人们对生活的适应更加复杂、艰巨，可以说在现代文明的社会中，比起原始人的简单生活，人们更需要心理健康教育。我国正处于社会转型的动荡时期，家庭问题、学生学业问题、婚姻问题、青少年问题、犯罪问题、失业失学问题、留守儿童问题、精神疾病问题等，都会影响每一个家庭、每一个人。因此全民的心理健康教育问题不容忽视，心理健康教育要从小学抓起。

小学是人生重要的起始阶段，这个时期学生的学业成绩、人格品质、人际交往能力、情绪调节水平、意志品质的锻炼与培养，会给孩子一生带来巨大的影响。如果班主任、学科教师、心理活动课教师共同努力，打造孩子优良的智力品质与人格品质，会极大地提高我国人力资源水平，提高国民的幸福指数，会给孩子的一生带来不可忽视的影响。因此小学的心理活动课要坚持系统性、长期性、科学性、操作性、活动性的原则，扎扎实实为学生带来心理健康的福音。

小学生的心理活动课有自身的规律与特点，这本书在理论篇中系统阐述了心理活动课的内涵、理论基础、小学生的心理特点、活动设计与操作、教师素养、教学资源开发、教学评价，涵盖了目前对心理活动课基础理论的认识，尤其在心理活动课教师素养要求、教学资源开发方面进行了系统梳理，具有创新意识。在实践篇中，从五大领域进行课例的展示，提供了具体的教学建议，为学生和小学一线教师的操作提供了有价值的参考。

曹朝阳

2021 年 12 月

教学课件

第一版前言

心理健康教育有自己的发展脉络。美国早在20世纪五六十年代,就在学校、社区设立了心理咨询、心理辅导或心理治疗门诊。在80年代以前,心理健康教育的重点放在个别有心理问题的学生身上。到了80年代以后,从事心理辅导的心理学工作者开始将注意力转移到全体学生身上,特别是注意学生心理的健康教育。有关中学生的心理技能训练课程相继推出,心理健康教育活动也相继出现。

日本在20世纪60年代后开始重视中小学生心理健康教育。日本学校的心理健康教育主要围绕着提高学生适应现代社会的心理素质而展开,其目的是使学生在获得有关健康、安全知识的同时,提高学生的思考力、判断力,培养学生保持和增强心理健康的实践能力,并将学习意愿、自学能力、独立思考力、判断力和行动能力作为健康教育的基础学习。

我国香港地区的心理健康教育基本上是模仿了美国的模式。20世纪90年代,许多心理咨询工作者提出心理健康教育要面向全体,以预防为主,因此相应的心理健康教育教材陆续出版。有的是单独一门课,由班主任讲授这门课,两周1课时,一学年16课时,每课时35分钟;另一种形式是把心理健康教育的内容纳入社会课程里,约占课程的1/4,由教社会课的老师讲授。

我国台湾地区实施9年国民教育,把心理健康教育纳入课程。20世纪90年代中小学生的心理卫生和辅导工作更加受到重视。

中国内地的心理健康教育从1986年班华教授第一次提出"心育"概念开始。1984年,我国少数高校开始建立心理咨询中心,这是一个重要的起步。这种尝试随着素质教育观念的深入发展逐步向中小学转移和渗透,河北、辽宁、天津、浙江等地的少数中小学校开始率先进行具有心理辅导色彩的心理健康教育的实践。

20世纪90年代,学生心理健康状况得到更多研究者的关注。他们相继开展了一系列调查,揭示了学生中存在的各类心理问题及其严重性,使社会各界对心理健康教育必要性、紧迫性的认识更加深入,心理健康教育的实践活动渐成规模,理论研究和实践研究逐步展开。一批一线教师和学校领导(特别是德育处或政教处)开始参与,一些地方性教育科研机构专业人员开始介入,少数心理学工作者开始转向研究辅导的理论与实务。全国许多省市的学校都开展了一系列有关学校心理健康教育的研究试点工作和实践活动。

2001年3月,青少年心理健康教育被写进第九届全国人民代表大会第四次会议通过的《中华人民共和国国民经济和社会发展第十个五年计划纲要》。2002年4月和2002年8月,教育部分别印发《普通高等学校大学生心理健康教育工作实施纲要(试行)》和《中小学心理健康教育指导纲要》,为中小学开展心理健康教育提供了指导。

近十年来,学校心理健康教育的实践活动蓬勃开展,课题研究形成热潮。从学校心理健康教育"理论与实践""模式""综合建构"等问题的研究,到学习困难原因的分析、学习焦虑的指导、青春期性心理辅导,乃至深入各学科、学校工作各层面的心理健康教育工作的开展,各种措施、方法、手段的实际应用等。

小学生心理活动课是进行心理健康教育的一种重要形式,实现小学生心理健康教育常规化、系统化、操作化的重要保证。在全国城市教学质量较好的学校,心理活动课都配备了专职教师,根据学生的年龄阶段,以课程方式进行。在教学质量一般的小学,还不能将心理活动课纳入课程体系,师资力量薄弱的农村小学,只能保证语数外重点学科的教学,音科体美师资缺乏,小学心理健康教育只能以板报、宣传、班会等形式开展。小学生心理活动课的全面展开还需要一段时间的积累。

尽管如此,小学生心理活动课在教育、心理界的专家、一线教师的不断努力下,心理健康教育的理论基础、专题研究、课例越来越丰富,在前人工作的基础上,本书进行了小学生心理活动课的基础理论与实践操作的探索,希望能为一线的小学教师与高校初等教育、小学教育专业的学生提供必要的专业理论与技能素养。

本书分理论篇与实践篇两个部分。理论篇包括八章内容,第一章是绪论,对心理活动课的概念、特征、意义、目标进行介绍。第二章是小学生的心理特点,从小学生的学习、认知、情绪与意志、个性与社会性进行介绍。第三章是心理活动课的理论基础,从发展心理学、团体动力学与社会学习的理论基础、人际沟通的理论基础三个角度对心理活动课的理论依据进行阐述。第四章是小学心理活动课的设计,从设计的基本思想、心理活动课的主题与目标、内容设计、常用活动、教学材料的准备几个方面进行论述。第五章是心理活动课的操作要点,从心理活动课的阶段特点、任务和常用技术,心理活动课的操作原则、操作要领三个方面进行阐述。第六章是心理活动课对教师素养的要求,从心理活动课教师素养要求以及提升素养的途径两个方面进行了论述。第七章是教学资源的开发与利用,从学科教学、学生工作、课外活动、校园文化、网络资源五个角度进行阐述。第八章是小学心理活动课评价,从过程评价、结果评价和常见问题分析三个角度进行了论述。实践篇涵盖了心理健康教育的五大类专题,即学习生活适应、智力开发、情绪与意志、人际交往、人格辅导。

本书由曹雪梅主编,石岩、陈新景担任副主编,负责全书的统稿修改工作。曹雪梅编写第一、十一章,石岩编写第九、十章,陈新景编写第八章,何俊华编写第二章,邵秀巧编写第六、七章,胡艳华编写第三、五章,高伟娟编写第四章,刘普编写第十二章,霍秀彦编写第十三章。

本书在编写过程中,吸收、借鉴了国内专家学者近期的研究成果,得到了石家庄学院教育系主任吴宝瑞和曹朝阳教授的大力支持,在此表示衷心感谢。

因为学识与水平的限制,本书难免存在不妥之处,敬请专家与同行给予批评、指正。

编　者

2012年8月

目 录

理 论 篇

实　践　篇

小学心理活动课例　　　　　　初中心理活动课例　　　　　　高中心理活动课例

理 论 篇

第一章 绪 论

第一节 心理活动课的内涵

良好的心理素质是人的全面素质中的重要组成部分。心理健康教育是提高中小学生心理素质的教育,是实施素质教育的重要内容。中小学生正处在身心发展的重要时期,随着生理、心理的发育和发展、社会阅历的扩展及思维方式的变化,特别是面对社会竞争的压力,他们在学习、生活、人际交往、升学就业和自我意识等方面,会遇到各种各样的心理困惑或问题。因此,在中小学开展心理健康教育,是学生健康成长的需要,是推进素质教育的必然要求。为了深入贯彻《公民道德建设实施纲要》和《国务院关于基础教育改革与发展的决定》及《中共中央办公厅国务院办公厅关于适应新形势进一步加强和改进中小学德育工作的意见》,进一步指导和规范中小学心理健康教育工作,在总结实验区工作经验的基础上,教育部于2012年修订了《中小学心理健康教育指导纲要》。

开展心理健康教育的途径和方法多种多样,其中立足课堂的心理活动课是重要的形式之一。心理活动课在小学以游戏和活动为主,营造乐学、合群的良好氛围;初中以活动和体验为主,在做好心理品质培养的同时,要突出品格修养的教育;高中以体验和调适为主,并提倡课内与课外、教育与指导、咨询与服务的紧密配合。其次个体咨询与辅导也是心理健康教育的重要方式,需要将心理健康教育和学校教育教学活动密切结合,同时关注家庭教育这一重要内容。

一、心理活动课的含义

在教育实践中,心理活动课有不同的称谓,有的称为"学校心理课程";有的称为"心理辅导课程";有的称为"心理教育活动课程";有的则不愿称其为课程,代称为"心理素质培养"或"心理教育活动",这些称谓很相似,但在实际运用中,不同的人对其赋予不同的内涵。目前现实中对心理活动课有两种误解:一是认为心理活动课是新增加的,如同一般学科课程一样,主要是向学生讲授心理学知识,比如一些学校把初一思想政治课当成了心理学知识传授,或将心理学知识以讲座形式讲给学生。这种倾向的存在,主要在于对心理教育缺乏全面的、深刻的认识,不了解心理活动课的实质。二是认为心理活动课主要是针对学生的心理问题开展团体辅导和个别辅导,把辅导内容局限于学生的问题,把辅导形式局限于团体辅导与个别辅导,把辅导的对象局限于个别学生,使心理教育目标问题化。真正的心理活动课是一种面向全体学生的、以正面教育为主的活动课程,辅导目标重在发展和预防。

心理活动课是以学生的成长与发展为立足点,以培养学生的健康心理为主旨,以学习、生活、自我发展为主要内容,通过情景体验、角色扮演、讨论分析等多种形式的活动,帮助学生形成良好的自我意识,增强其情绪调控能力和耐挫能力,使其具有良好人际关系和社会适应能力。

二、心理活动课的性质

心理活动课属于"活动课程"范畴。按照我国的教育实践,1992 年国家教委颁布的新《九年义务教育小学、初级中学课程计划》,1994 年修订的活动类课程精神,认为"活动课程"是以充分而有特色地发展学生基本素质为目标,按照各种实践活动项目和特定活动方式组成的一种辅助性课程形态。

现代的课程发展经历了三个阶段。

(一)经验主义课程

在经验主义课程的提出者杜威看来,教育就是连续地改造和建构经验,是通过经验谋求经验的不断成长和发展,因此,经验不仅是教育的目的,还是教育的方法。杜威的经验主义课程中所强调的"经验"是主体能动性、实验操作性和反省性思维性。

杜威的经验主义课程是一种儿童中心课程,是把儿童作为"学习主体",以儿童的直接经验、需要、动机、兴趣和心理发展为课程整合的核心,目的是促进儿童的经验生长和人格发展。

(二)学问中心课程论

学问中心课程论的核心就是课程设计要着眼于反映现代科学的成就,强调科学的基本概念与掌握科学方法,因此这次改革运动形成了极其鲜明的"学问中心课程"的内容与方向、特点与性质。学问中心课程也被称作学科中心课程,这次课程改革运动受到了许多学者的支持,最典型的代表是布鲁纳。

学问中心课程中所体现的教育观和唯理智论是非常明显的。布鲁纳认为学校是进入心智的门户,不单是生活的准备,终究是特殊的生活形式。他还指出教育的最一般目标是追求"卓越性",意味着教育成绩优异的学生,同时也意味着帮助每一个学生获得最好的智力发展。学问中心课程有学问化、专业化和结构化三个特点。

(三)人本主义课程

人本主义课程是在批判学问中心课程的"非人性化"的浪潮中应运而生的。这种课程追求的是"学生中心学校"的复兴或者说"学习者中心课程"的构成。它主张学校课程的"人本化",应该实施三类课程——学术性课程,人际关系课程和自我意识、自我实现课程。

人本主义课程有三个特点:第一,学校的重心由授受大学学者书斋的学问知识过渡到尊重学习者的本性与要求;第二,承认儿童的学习方式同成熟学者的研究活动有重大的质的差异;第三,学校课程必须同青少年的生活及现实的社会问题联系起来。人本主义课程不像学问中心课程那样把重点放在智力上,而是以"人的能力的全域发展"为目的。

心理活动课程既具有经验主义课程的特征,也具有人本主义的课程特点,是在两者课程类型的基础上衍生出来的。注重学生在心理活动中的经验,体验,以此获得学生的感悟与成长,这和经验主义课程的特征相一致。以学生为中心,进行活动主题设计,围绕学生展开活动,以学生的分享、交流、感悟为课程目标,把学生放在主体地位,和人本主义课程相一致,心理活动课和人本主义课程提倡的人际关系课程、自我意识、自我实现课程密切相关。

心理活动课属于活动课范畴,它以关注学生自身的成长为出发点,协助学生学习处理学习、生活、自我发展等方面的问题,关注学生的活动过程,以学生学会自助为目标。整个活动过程以学生为主体,通过情景体验、角色扮演、讨论分析、谈话沟通、行为训练等具体方法,促进团体成员的互动合作,达到优化学生心理品质的目的。

三、心理活动课的特征

(一)强调学生的经验和体验发展

心理活动课是以促进学生人格的健康发展为宗旨的,以关注学生人格的健康发展为宗旨,以关注学生的心理品质和核心素养为主线,注重学生现实生活的经验和体验,而不是心理学知识的获得,即不再以掌握学科知识作为价值判断的主要标准。这些年我国进行新课改的核心理念是"一切为了学生的发展",心理活动课正是秉承了这一理念,将学生的发展作为课程的核心。

在课上,学生能够在活动中获得新的体验、新的经验。同时,学生之间、师生之间的经验分享、交流,是学生学习间接经验和即时信息的一种非常好的形式。

(二)探索学生心灵世界发展

满足学生心灵世界与生活世界的需求是21世纪课程改革的主题。对"技术理性"的反思和批判,促使人们越来越关注人文精神的重要性。当今社会环境下,小学生暴露出了越来越多的心理问题,入学适应问题、学习困难、学习动力不足、心理承受力差、人际交往障碍、焦虑抑郁等,已不再是个别现象。心理活动课要秉承建设学生"精神家园"的文化使命,帮助学生健康成长。

(三)着眼于个体的自我教育

现代课程越来越批判权威主义,而是主张人本主义,教育的目的是把人培养成为"自由的个人",亦即达到"自我实现""个人的实现",这也是自我教育过程中的人格教育。心理活动课的主要目标之一就是帮助学生"认识自我、悦纳自我、完善自我",通过帮助、互助,最后达到自助,自助就是学生个体的自我教育。

(四)培养学生积极的生活态度

拥有积极的生活态度,才会有健康的生活习惯和生活方式,因此培养小学生积极的生活态度也是心理活动课的基本目标之一。在小学阶段,独生子女和二胎、三胎家庭子女各自表现的特点越来越典型,比如自主能力差、依赖性强、物质生活攀比、人际关系紧张等。心理活动课需要引导学生建立积极的价值观,培养乐观豁达、胸怀宽广、志向远大的人生态度。

(五)以活动作为主要的教育形式

活动性是心理活动课的主要特征,活动性有以下几个方面的特点。

1. 形式的活动性

心理活动课是让学生在活动中去体会、去感悟,它不同于传授和说教。学生在活动中,能够接收到新的信息和反馈,要考虑如何做出反应,这就使其大脑处于激活状态,思维变得积极而活跃,学生的其他感官也将得到协同的行动,尤其是与思维直接相关的语言表达能力会得到锻炼和发展。随着学生全身心投入活动,在情感上会有愉悦的体验,参与意识和自主意识将增高,使活动变得积极、主动、轻松、愉快。

2. 结构的开放性

构成心理活动课的要素与实施过程所涉及的要素之间不是封闭的,它集中体现在活动目标的开放、活动内容的开放、活动时间的开放、活动空间的开放和活动中师生关系的开放五个方面。

(1)活动目标的开放:活动的目标重在发展和预防。它是一个方向目标,对每个学生而言不是整齐划一的,不同的学生根据自己的实际去发展,因此,活动目标从某种意义上来讲又是多元的、开放的。

(2)活动内容的开放:心理活动课的内容选取的是学生最关心的自身心理问题以及与之相关联的来自社会因素影响的社会问题。因此,活动的内容、创设的情境都是开放于社会的,同时活动有时也没有统一的、固定的答案,活动结果呈现出开放性。

(3)活动时间的开放:活动的设计和组织实施不拘泥于一般课堂教学的时间限制,其本身可长可短,视具体情况而定,具有一定的灵活性。

(4)活动空间的开放:活动地点不拘泥于教室,可根据内容的需要选择教室、校园、公园、野外等社会空间作为活动空间。即使是教室内的活动,也可以打破教室座位顺序,或没有固定的桌椅,围圈而坐。座位是"U"形"V"形"O"形排列均可。

(5)师生关系的开放:没有传统意义上教师的"居高临下""专断""独言",师生关系是彼此尊重、平等、民主、和谐、合作、开放的,活动过程是师生互动的过程,不存在"一方灌输给另一方"的问题。

(六)尊重学生主体地位

这主要表现在学生在活动中能充分发挥其能动性、自主性和创造性。

(1)能动性:学生可以根据自己的需要和心理活动课的目标自己设计活动形式,在活动中,每个学生都可以依照自己的原有经验,主动地感受所创设的活动环境的影响,以实现自身认知结构的重建与改造。

（2）自主性：在活动中，具有明确的活动目的和自觉活动的态度。教师予以宏观指导，学生能主动地支配和调节自己的活动，协调与他人的关系，发展、完善自己。

（3）创造性：由于是活动，既"活"又"动"，在团体中会不断有新的思想意识、方法涌现，使活动过程处于"活"的态势下，学生能够在"接受和产生"的思想碰撞中实现对自身的"重组"和"刷新"。

第二节　心理活动课的意义与目标

一、心理活动课的意义

在中小学开设心理活动课是实施心理健康教育的重要途径之一。从实践看，许多学校在这方面做了有益的尝试并取得了一定的成功经验，学生和老师对心理活动课日益接受和喜爱，无论是从这些成功的经验还是从理论上看，心理活动课满足了以下几个方面的需要。

（一）学生身心和谐发展的需要

埃里克森（E. H. Erikson）的"个性发展理论"认为，人的心理发展具有阶段性，每一阶段都有其特殊的目标、任务和冲突。每个阶段的发展中，个体均面临一个发展危机，每个危机都涉及一个积极的选择与一个潜在的消极选择之间的冲突。个体解决每一个危机的方式对个体的自我概念及社会观都有着深远的影响。

埃里克森把心理发展分为八个阶段。小学生处于第四阶段，"勤奋对自卑感"。如果小学生这一阶段建立起良好的学习习惯与人际交往关系，那么，这种活动的经验以及从事集体活动的成功经验，就会助长其胜任感，有助于在以后的社会生活中发展出勤奋的特质，表现为乐于工作和有较好的适应性。因此，指导学生进行良好的学习适应，学习人际交往，在活动中获得成功经验，对建立良好的自我概念具有重要的意义。

而现有的教育并没有为学生提供足够的指导和服务，相反，学校教育的过重负担、家长的过高期望、不当的教育方式使学生认识自我产生偏差，从而形成不良的自我观念。由于不良的自我观念会带来学生许多个性偏差、人际关系的适应不良，学习焦虑与厌烦，而这些反过来又影响他们的学习和生活。在我们一味地要求学生取得好分数的同时，恰恰忽略了学生正常的内心需要，他们渴望认识自我，渴望在认识自我的探索中得到尊重，在他们遇到各种心理冲突时希望有人能够做他们的朋友，了解他们、理解他们，为他们提供符合他们当前实际心理需要的有关常识，为他们创设学习各种课本以外人生经验的情境，使他们能够放下学业的重负，有机会倾诉自己、表现自己、了解他人，学习如何与人交往，学习处理各种冲突的方法，以实际的策略、而非空洞的说教来扶植他们的成长。心理活动课成了适应他们自身发展需要的良师益友。

小学心理活动课设计与实施(第二版)

(二)基础教育课程改革的需要

长期以来,我国的中小学教育过于关注学生的智力发展。在"以课堂为中心,以课本为中心,以教师为中心"的传统教育模式下,造成了学生个性的压抑、主体性的丧失,掌握知识的割裂,各种能力的弱化,导致学生普遍存在学习动机不足,学习兴趣下降,学习意志薄弱,情绪不稳,交往不利,适应环境能力低下等不同程度的心理不适和偏差。

基础教育课程改革的目标是,学习基本技能的过程能同时成为学会学习和形成正确价值观的过程;改变课程结构过于强调学科本位、科目过多和缺乏整合的现状;改变课程内容"难、繁、偏、旧"和过于注重书本知识的现状;改变课程实施过于强调接受学习、死记硬背、机械训练的现状;改变课程评价过分强调甄别与选拔的功能;改变课程管理过于集中的状况。

心理活动课与基础教育课程改革的目标具有一致性:让学生具备良好的心理素养,正是心理健康教育要达到的目标,一个具有良好心理素养的人,才能在工作、生活中感受人生的美好与价值,一个心理素养差的人,整日生活在紧张、焦虑、悲伤、抑郁的心理氛围中,很难发挥自己的工作价值,很难有生活的幸福感。

心理活动课不强调心理知识的记忆,注重学生的心理体验与感悟,以学生的心理成长为目标。心理活动课以学生存在的普遍问题与需要为课程的内容基础,以学生活动、参与、探究的方法开展课程,力求达到学生体验、感悟、成长的目的,对学生搜集和处理信息能力、获取新知识能力、分析和解决问题能力以及交流与合作能力的提高也有帮助。心理活动课的教学过程充分体现以学生为主体的教学理念。

心理活动课的活动形式有认知类、情境体验类、艺术类、实践探索类,这些方法以学生活动、体验为主,教师引导为辅,在活动中构建自己的心理经验,分析自己的心理现实,修正自己的心理问题,获得健康成长。

基础教育改革强调提高学生全面素质,促进学生健康发展,尊重学生的主体地位,优化课程结构,加强活动课程、综合课程与选修课程的比例。加强学生的思想品德教育、心理健康教育、人文教育等。因此心理活动课对促进学生全面、健康发展居于重要意义,它符合基础教育改革的方向,是优化基础教育课程的必然选择之一。

(三)教育发展趋势的需要

教育的发展要"面向世界、面向未来、面向现代化",迟早要摆脱过去传统教育模式的束缚,走向追求人的和谐、全面发展的方向。因此,教育必须将德、智、体、美、劳诸方面更好地统一起来,其基础性的教育和纽带就是学生良好心理素质的培养。要改变传统学校教育中重视学生的知识学习和智力发展,忽视其心理素质及心理能力培养的状况,使教育除了促进学生的智力发展外,还应促使学生成为自信、自强,在个性和感情上坚强而稳定,积极主动,具有社会能力,有责任心、独立精神并有合作精神,具有丰富想象力但又敢于面对现实的人。未来人才培养模式的变化、教育发展的趋势,呼唤有相应的心理健康教育课程担当起学生心理素质培养的重任,以弥补我国基础教育长期存在的空白。

（四）未来社会发展的需要

从未来社会的发展趋势看,整个社会将呈现多变、多元的状态。显然,现实和未来要求人们不仅要学会生存、学会适应、学会选择,更要学会发展、学会思考、学会创造,而这些目标的实现,无一不与学校培养的人是否具备良好的心理素质有关。其中最重要的素质是指学习的能力,即对已有知识的重组和改造能力及对未知知识的探索学习能力,实则是一种创造学习能力;适应能力与生存能力,即适应复杂多变的社会的能力,及时调整与环境的关系,找到最佳结合点,包括与人合作的能力,应对各种冲突和压力的能力,这些能力的提高又都有赖于良好的自我认识、协调的人际关系、合理的情绪调控、较强的耐力。这些能力的培养恰恰就是心理健康教育课的教育目标。因此,社会变化所带来的对人才的高要求,从客观上决定了在中小学开展心理健康教育的必要性。

二、小学心理活动课的目标

心理健康教育的总目标:提高全体学生的心理素质,充分开发他们的潜能,培养学生乐观、向上的心理品质,促进学生人格的健全发展。

心理健康教育的具体目标是:使学生不断正确认识自我,增强调控自我、承受挫折、适应环境的能力;培养学生健全的人格和良好的个性心理品质;对少数有心理困扰或心理障碍的学生,给予科学有效的心理咨询和辅导,使他们尽快摆脱障碍,调节自我,提高心理健康水平,增强自我教育能力。

心理活动课是一种以培养学生心理素质为目的的专门课程。其总体目标是:协助学生适应小学的学习与生活,建立良好的自我观念、提高其人际交往的能力和调节情绪的能力,改善其意志品质,进一步提升小学生的智力发展水平。具体表述如下。

（一）小学生学习与生活辅导

①学习小学生活中的各种规则;②养成良好的学习习惯;③成为一个有礼貌的小学生;④小学阶段需要哪些学习方法的指导;⑤加强学习动机的激发与学习兴趣指导;⑥如何应对考试的心理指导等。

（二）小学生智力开发辅导

①注意力训练;②观察力训练;③记忆力训练;④思维训练,其中有创造力开发;⑤想象训练;⑥语言训练等内容。

（三）小学生人际关系辅导

①了解别人与自己的心理需求;②学会运用同情心;③学习语言和非语言沟通技巧;④了解交往中开诚布公和相互信任的重要性;⑤不轻易责怪他人;⑥面对批评做适当的反应,避免消极的影响;⑦学会处理人际冲突;⑧学会互惠互利的协商技巧;⑨学习与人合作等内容。

（四）小学生情绪与挫折的管理辅导

①了解情绪的多样性，对自己和他人丰富情绪的感受，对表情的敏感识别；②管理自己的情绪，了解情绪发生的原因，学习管理情绪的技巧；③成为乐观幸福的孩子，积累幸福、快乐的情绪体验；④从烦恼中搜寻快乐的影子，修炼自己成为快乐、幸福的人；⑤感悟挫折，了解挫折是人生常态，分享自己的挫折体验，学会正确面对挫折；⑥提高挫折耐受力，了解挫折中的种种不良情绪与行为，学习应对挫折的技巧，提高挫折耐受水平。

（五）小学生健康人格辅导

①学习自我体察与描述，自我观察并认知有哪些心理需求和感受；②学习描述自我感受，认识思想、感受与反应之间的关系；③学会自我接纳，以己为荣，认知自己的优、缺点；④发展自信心，成为独立的、信任自己的人，提高与周围人交往的自信心；⑤坚持自我努力，体验成功的喜悦；⑥学会调节自己，敢于自我肯定，善于自我激励；⑦对他人对自己的认识态度反应适度，能反省自己的不足，并以积极的态度处之。

第三节　心理活动课与其他教育形式的区别

一、心理活动课与一般学科课程的区别

（一）内容不同

一般学科课程侧重人类积累的学科知识的传授，注重知识的内在逻辑性及其相应的技能培养。在这个过程中，虽然包括对学生的注意力、记忆力、想象力、思维等心理品质的培养，但只是有机地融于教学中，心理活动的内容比较分散，而且对学生智力、心理培养是为学生掌握知识服务的。

心理活动课不是单纯的心理学知识的传授，也不是单项心理品质的训练，它以学生个人的直接经验为中心，在学生没有学习知识的压力下，为学生提供了一个放松心情的缓冲地带，使学生在这里能够重新审视自我、认识自我、悦纳自我，为更好地发展自我奠定基础。

（二）形式不同

学科教育以讲授为主要形式，即使是活动式教学，也是学生自身单个活动居多（比如，学生看书自学、进行实验操作），学生之间、师生之间的交流互动有限，讨论局限于讲授的知识。

心理活动课以活动为主要形式，在班中一般以小组为单位开展各种活动。主要有游戏、情境创设、角色扮演、讨论等方式。心理活动课中的游戏和活动是根据学生的年龄和心理特点，根据心理教育的目标选择设计的，有主题、有活动形式和方法、有设计方案、能控制活动的过程、能评价活动的结果。

（三）师生关系不同

在学科知识教学过程中，教师对知识拥有权威性，虽然随着新型教育观念的变革和信息的飞速发展，这一权威性有所削弱，但总体上看，学生处于相对被动的地位。

心理活动课中的师生关系是一种新型的人际关系，平等、相互尊重、真诚、亲密，像大朋友和小朋友的关系；学生是关系中的主体，教师发挥的是主导作用，对学生持非批评态度，鼓励学生自主探索，为学生提供心理服务，教师给予学生充分的尊重、理解、信任。师生之间的活动是一种合作的、民主的、商谈式的协助活动，教师不是代替学生解决问题，而是协助学生解决问题。

（四）评价的方法不同

学科课程的评价主要是以考试作为主要形式，对学生知识掌握状况做客观、定量评价。心理活动课效果的评价，以心理测验、问卷调查等方式对学生进行综合评价。

（五）影响学生的心理机制不同

学科课程教学过程是一种认知过程，主要是感觉、知觉、表象、判断、推理的过程，它着重训练学生对所学知识的概念、原理等本质规律的把握。心理活动课教学主要是对学生情绪的唤醒，注重学生的心理感受及心理体验。

二、心理活动课与思想品德课的区别

（一）课程功能不同

思想品德课主要是关注学生的世界观、人生观和价值观问题，关注政治立场、观点、方向问题，关注法制意识、道德意识、社会规范等问题；而心理活动课则旨在关注学生的个性发展、人格完善及社会适应性问题，预防学生在日常学习、生活中可能出现的心理不适应或心理问题。

（二）课程内容不同

思想品德课往往注重"高、大、全、远"的人物、事件、观念、原则和规范等教育，而心理活动课则比较注重"真、实、小、近"的人物、事件、心态、理念及价值判断等，往往从学生身边的具体人物、具体事件切入来引发学生的思考，化解他们遇到的具体矛盾与困惑。

（三）实施形式不同

思想品德课侧重由外向内的理论灌输和道德教育（尽管也有榜样的感染与熏陶），而心理活动课则侧重由内向外的自我体验、自我感悟、情绪的释放和个性的张扬。

（四）操作技巧不同

思想品德课依据教学规律来进行运作，讲究的是教学常规、教学技巧、教学方法和教学艺术；而心理活动课则是依据团体动力学规律，讲究的是运用"倾听""关注""理解""同感"

小学心理活动课设计与实施(第二版)

"回馈""重述""引导""面质""具体化"及"行为训练"等辅导技巧与辅导艺术。

三、心理活动课与主题班会课的区别

心理活动课和主题班会课确有相似之处:是都以班级为单位开展活动;都有一个明确的主题,因而基本上是结构式的;两者都属于"大团体情境"。两者的区别如下。

(一)主题内涵不同

如果从实施过程来看,两者似乎都可以采用小品、讨论、辩论、游戏等形式,但活动的内涵完全不同。主题班会课重在解决班集体的建设问题,如班风班纪、班级形象、达标创优、维护集体利益等,或者是组织一些有时代色彩、政治意义的主题活动,如学雷锋做好事、绿化祖国、纪念香港回归及其他爱国主义、革命英雄主义、革命传统教育活动等,它重在发挥教育作用;而心理活动课则重在解决同一年龄段学生共同关心的自身成长问题,它注重的是个体的人格发展问题。

(二)实施形式不同

主题班会课往往是班主任幕后导演或前台主持的。而在心理活动课上学生是完全处于开放状态的,是和教师平等对话的,是可以自由表达个人内心感受的;教师在整个活动过程中和学生一样,也可以敞开自己的心灵。

(三)技术与方法不同

主题班会课更多地运用规范、示范和权威影响力,心理活动课更强调教师要自觉运用团体动力学原理,并且尽可能学习使用一些初级的辅导技术如"倾听""关注""理解""同感"等。

四、心理活动课与小组团体辅导的区别

(一)团体成员的组合结构不同

小组团体辅导的对象在自愿报名的基础上经过筛选确定,成员参与活动的主动性比较强。它的成员不一定是同一个班级或同一个年级,但是却都有性质相似的成长困惑,人数一般控制在6~12人。由于是"同质"团体,所以比较容易产生内聚力。而心理活动课则无法筛选学生,只要是同一个班的学生,就都是某一次班级心理活动课的对象,人数一般在30~50人。虽然一个班内年龄相仿的学生面临着基本相同的发展性问题,但是个体与个体之间又有着较大的差异性,因此,这些成员对心理课的认识和接纳程度不同,在心理活动课上的纪律表现和参与程度也不同。教师在活动中必须由衷地接纳每一位班级成员,无论他有何种表现,或是有何种对班级团体的消极情绪,教师都必须以一颗仁爱之心倾听他的心声,引导他融入班级与同伴一起成长,而这对一部分教师来说可能存在困难。

(二)团体原有的基础不同

小组团体一般的持续历程为几周至数月,很少有跨学期运作的。由于人数少、历程短、

成员新,成员之间的亲密度高、凝聚力强,所以比较容易认同教师提出的团体规范,教师在组织工作上的难度会小很多。而心理活动课是以固有班级为团体基础的,除了新组建班级之外,一般班级团体的发展历程大致为 1～3 年,因此,原有班级的日常状况及风气氛围都会对每一次心理活动课的现场效果有着直接的影响。如果班级团体平时就人心涣散、干部不力、纪律松弛、调侃成风,那么将可能给教师(无论他是否班主任)带来严峻的挑战和考验。因此心理活动课对辅导教师自身的素质提出了不寻常的要求,而这多数是许多刚刚走出师范院校从事专职心理辅导工作、却没有直接带班和教学经验的教师面临许多尴尬、痛苦和无奈的根源。

(三)团体活动所享有的时空条件不同

小组团体辅导在所享有的时空条件上是相当优越的,它一般不受时间和场地的严格限制;辅导教师围绕一个成长主题,可以安排多次辅导活动。每一次辅导活动的时间也有相当的弹性,教师对延长或缩短活动时间有很大的支配权。而心理活动课是纳入学校教学计划、按照每周课时安排进行的一种"活动课程",它必须和其他学科教学一样,严格地遵循上下课的作息时间,不能"拖堂",给教师在活动设计和操作实施上提出了比较高的要求,它体现了学校心理辅导工作区别于社会心理咨询模式的教育性特征。

(四)辅导过程中辅导教师关注的焦点不同

小组团体辅导的过程中,辅导教师关注的焦点在于每一个成员以及成员行为的改变。因为小组团体辅导的对象就是正在遭遇持续性或短暂性适应不良问题的学生,它主要通过团体亲密关系的建立及团体成员感情的投入,直接引起态度和行为的改变。而心理活动课的实施过程中,教师关注的焦点在于发展性主题,它的本质是发展性和预防性的。因为心理活动课的对象就是全体成长中的学生,它主要通过团体成员的互动,对共同关心的成长中可能遇到的问题相互提供资讯,通过认知间接地改变成员的态度和行为,从而促进团体成员的共同成长。整个团体进程中的组织管理、发展方向、活动推展、理念把握等责任,都在教师的身上。

总之,作为"小团体"的小组团体辅导与作为"大团体"的心理活动课有着各自不同的性质、特点、功能、对象和内在运作规律。我们可以借鉴但不能完全采用小组团体辅导的模式与规律去实施班级心理活动课,反之亦然。

思考题

1. 如何理解心理活动课?
2. 心理活动课如何适应新课程改革?
3. 小学心理活动课的目标有哪些?

第二章 小学生的心理特点

正确认识和准确把握小学生的心理发展特点，是开展小学生心理活动课的基础与依据。

小学阶段既是儿童身体生长发育的重要时期，也是心理发展的重要阶段，小学生心理发展的特点是在生理成熟和环境（特别是教育）的影响下逐步发展的。

第一节 小学生学习心理特点

儿童进入学校之后，学习活动逐步取代游戏而成为儿童主要的活动形式，并对儿童的心理产生重大的影响。

学生的学习通常指学生在学校里进行的学习，是学习的一种特殊形式，是狭义的学习。它既不同于人类历史经验的积累过程，也不同于人们在日常生活环境中所进行的学习。学生的学习是在学校班集体中，在教师有目的、有计划、有组织的指导下，以掌握系统的科学知识、技能，形成科学的世界观和良好的道德品质为主要任务，而进行的以掌握间接知识经验为主的活动。

学习心理是指与学习活动紧密相关的非认识系统的心理因素及其倾向性，是学生在获得、巩固知识与技能的过程中，内心世界产生的一种感受与体验。小学生的学习既具有一般学生学习的基本特点，又表现出其年龄阶段所特有的特点。

一、小学生学习动机的特点

学习动机是推动学生进行学习活动的内在原因，是激励、指引学生学习的强大动力。小学生在学校中是否能够积极主动地进行学习、学习的效率和效果如何，都与学习动机紧密相连。因此，在教与学的过程中，教师要特别重视激发和培养学生的学习动机。在整个小学阶段，儿童学习动机的发展具有如下的特点。

（一）学习动机由不够明确向比较明确发展

初入学的儿童并不能真正理解学习的意义，他们之所以要到学校去学习是有多种原因的,有的是出于对学校里小朋友的羡慕;有的是希望向哥哥姐姐那样戴上红领巾;有的只是出于对学校的好奇;还有的仅仅是遵照父母的要求。小学低年级的学生动机多种多样,但不够明确,学习动机的清晰度不够。随着小学生知识经验的积累和独立性的发展,其学习动机也会变得逐渐明确和清晰。

(二)学习动机由近景性动机向远景性动机发展

小学生的学习动机较多的是服从眼前利益和学校要求,缺乏远大目标的动机。对于大多数小学生来说,学习是为了取得好的分数,为集体争光。随着年龄的增长,小学生逐渐懂得了学习的社会意义,懂得了当前学习与将来要达到的目标之间的关系,形成远景性动机。比如为了当一名科学家、为了当一名医生等。但是属于社会动机的社会责任动机出现的比较晚,一般到中学才会出现,因为学习的社会责任动机的形成不仅要求学生真正理解学习的社会意义,同时要求学生形成自我检查、自我评价的心理品质,并以此为基础,养成组织、计划、检查和评价自己学习活动的能力。

(三)学习兴趣由学习形式向学习内容的发展

小学低年级学生的学习兴趣往往来自于学习过程的形式多样,比如纸板上的图画、算盘上的算珠,听说读写的交替等,都能吸引小学生投入到学习活动中。我们也常常发现这种现象,小学低年级的学生大部分都愿意举手回答老师问题,如果能被老师提问到,那将是一种极大的乐趣。但是,等老师真的把他们叫起来后,有的学生却不知道怎么回答,这是因为从一开始有些学生就没有听明白老师的问题,或开始听明白了,由于思想过于集中在老师是否会叫自己这一点上,一旦站起来,反而把问题忘了,当然也有的孩子看见别人举手,自己也跟着举手。因此,这一时期的学生比较多的是对学习过程中直观、变化和活泼的教学形式感兴趣。

从小学中年级开始,在良好的教育条件下,学生开始注意学习内容。他们的学习兴趣减少了与学习形式的直接关系,而逐渐被学习内容所影响。这一时期的学生开始对较复杂的学习本身有了更高的兴趣,而对于一般化的、低水平的智力活动的兴趣降低。

二、小学生学习态度的特点

态度是指个体对待社会、对待别人、对待自己的一种心理倾向。小学生在小学的学习过程中,初步形成一定的学习态度。小学生学习态度与其对教师、集体的态度有密切关系。因此,本部分内容从小学生对教师的态度、对集体的态度、对作业的态度以及对评分的态度四个方面来阐释小学生的学习态度特点。

(一)对教师的态度

小学生对教师的态度最明显的特征是"向师性",这种"向师性"随着年级的增加而递减。低年级的学生对自己的教师有一种无条件的崇拜和依恋心理,常常将教师的话奉为圣旨,经常将"老师说的……"挂在嘴边,对教师的话深信不疑。他们喜欢和教师在一起,愿意把自己

小学心理活动课设计与实施(第二版)

的心里话说给教师听,希望得到教师的喜爱和表扬。中年级以上的学生对教师无条件遵从的态度开始减弱,只有那些思想作风好、教学好、对学生有耐心、公平公正的教师才会赢得学生的喜欢,而那些教学水平不高、对学生没有耐心、不公正的教师常常引起学生的不满。但总体而言,小学阶段的学生较之初中和高中阶段,其向师性是非常明显和典型的。这个年龄阶段的学生不理解学习的社会意义,他们对待学习的态度很大程度上受教师的影响。

(二) 对集体的态度

初入学的儿童还没有形成集体意识,与同学间的关系较为松散和自由。随着年级的提高,在一定的教学影响之下,才逐渐建立起班集体的意识,开始把自己看成是集体中的一员,重视集体的责任感,开始意识到要以优良的成绩和守纪的行为为班集体争得荣誉,意识到应当维护集体的利益,逐渐产生对集体的热爱。

班集体对个人学习态度有直接影响,良好的集体气氛使学生感到集体的温暖和教师的可亲。小学生正处于情感发展的重要时期,对事物具有丰富的情感色彩,情感倾向会对他们的行为产生重要的影响。学生对集体和教师的积极情感是激发其学习积极性的情感基础,良好的集体氛围可以使学生心情平静、活泼愉快地学习,而集体成员之间的相互探讨、相互启发,可以使学生体会到集体智慧的巨大力量,体会到集体智慧对于认识世界所蕴含的无限可能性。

(三) 对作业的态度

据调查(朱智贤,1993),在教师的正确教育下,小学一年级学生可以逐渐形成对作业认真负责的态度,各科作业都完成的人数占91%,每次作业都不遗忘者占78%。虽然刚入学一年的学生多数能够完成教师留的作业,但还不能以正确负责的态度对待作业。小学生在教师的教育引导下,对待作业的态度在不断地发展,主要表现在三个方面:①在做作业的时间上,能随时停止与学习无关的游戏等活动;能主动安排做作业的时间;能在一定时间内完成作业;②在作业的条理性上,能按一定的顺序有条不紊地完成作业;③在做作业的专注程度上,能集中精力细心地完成作业,并摒除外在诱因的干扰。培养小学生对待作业自觉的、负责的态度是一个长期、复杂的过程,教师应根据儿童发展的情况,采取有效措施,及早培养小学生良好的作业态度。

(四) 对评分的态度

从小学开始,儿童开始认识到评分的意义,并对其心理产生重要影响。一般而言,低年级的学生能够理解分数代表学习成绩的好坏,但他们往往对分数的意义理解片面,把分数的功能过于夸大,比如认为高分才是好学生,分数低就是差学生。从中年级开始,儿童开始能够较为客观和全面地对待分数,把分数看成是衡量学习效果的一种工具。

为了使学生能客观地认识分数的意义,教师要进行很多工作。教师要结合作业质量使小学生对分数有真正的理解与体验;使小学生理解只有努力学习才会得到好的分数;还要使小学生了解分数不是教师随意给的,学生不是为了分数而学习的。

三、小学生学习能力发展的特点

影响小学生能否成功学习的要素主要有两个方面:一是小学生学习的积极性方面,包括学习动机、学习态度等;另一个是小学生学习能力方面,即顺利进行学习所必需的技能技巧。小学生的学习能力是在教师的影响下逐渐形成和发展起来的,其过程如下。

(一)学习成为一种独立的活动

初入学的儿童还不善于进行真正的学习活动,他们往往把学习和游戏或实际活动混在一起,或者说,他们主要通过游戏和实际活动进行学习,没有把学习作为一种有目的、有系统的专门活动来看待。因此教育活动要注意发展小学生学习的有意性和自觉性,向小学生提出明确的学习任务。比如,看图的时候应该如何观察,解决问题时该怎样思考,怎样进行有效的记忆,以及如何运用知识去解决问题等。

(二)小学生学会进行智力活动

初入学的儿童还不善于进行智力活动,因此常常引起学习上的困难,导致学习能力得不到正常的发展。比如,有些小学生在演算的时候,总是离不开数手指和实物,一旦离开了数手指和实物,就茫然不知所措。因此,使儿童学会进行智力活动是儿童学习能力发展的另一重要因素。

(三)小学生学会学习迁移

学习迁移是指一种学习对另一种学习的影响。学习迁移的范围很广,凡是经过学习获得的经验,包括知识、技能、态度、行为方式等都可能在一定条件下产生迁移。学习迁移是小学生学习能力的重要方面,小学生的学习迁移具有如下特点。

1. 小学生学习迁移的心向逐渐增强

我们这里所说的"心向",是指小学生一旦开始工作就要完成它,或尽可能完善地解决它的倾向。小学低年级的学生由于受年龄特点的制约,且加入学时间不长,所以学习常带有无意性,学习的有意性不足,致使其学习迁移的心向较弱。随着小学生年龄的增长和学习要求的不断提高,他们学习的有意性逐渐增强,其学习迁移的心向也逐渐由弱向强发展。主要表现在小学生逐渐能对学习材料进行思考和一定程度的概括,并不断的探索和发现应用原理的机会,进行学习迁移。

2. 小学生学习迁移的数量逐渐增加

小学生随着学习迁移的心向逐渐增强,并通过有指导的迁移训练,逐渐在学习活动中广泛迁移,迁移的数量随之增加。

3. 小学生学习迁移的水平逐渐增高

小学生的学习迁移水平是随着年龄增长、知识经验积累和思维发展而逐渐提高的。低年级学生对具体知识或动作技能较易迁移,高年级的学生对原理较易迁移。

总之,儿童进入小学之后,学习成了小学生的主要任务,它是小学生获取知识、求得个性全面发展的重要途径,也是小学生发展智力、培养能力、形成良好道德品质和科学世界观的过程,同时也是促进身心健康成长的主导因素。但处于这一时期的小学生的心理素质毕竟尚未完全定型与成熟,因此还需要教师与家长的正确引导与帮助。

第二节 小学生认知发展特点

从某种意义上说,学习过程就是心理成长的过程,而认知过程又是学习过程的基石。因而认知发展水平直接影响小学生的成长,是小学生心理成长的关键因素。与年龄相适应的认知发展水平是小学生人格形成、交往成功、品德发展的重要保证。

小学生认知发展的基本特点是从无意状态向有意状态过渡,从形象水平向抽象水平的提高。这一基本特点可以从小学生的感知过程、记忆过程、思维过程、想象过程中具体的表现出来。

一、小学生感知的发展特点

(一) 小学生视觉、听觉和运动觉的发展迅速

首先,就小学生的视觉发展来看,小学生辨色能力发展迅速。研究表明,一年级学生可由原来只能辨别红色的 3 种色度增加到 12 种色度,由原来只能辨别黄色的 2 种色度增加到 10 种色度。其次,小学生对颜色差别感受性的发展也非常迅速。如果将 7 岁儿童颜色差别感受性的比值定为 100%,那么三年级学生颜色差别感受性可提高到 45%;五年级学生颜色差别感受性可提高到 60%。此外,整个小学阶段,小学生的视觉调节能力都在不断地发展,10 岁儿童的视觉调节范围最大,以后调节能力则有所下降。因此小学生要特别注意近视眼的预防问题。

就小学生的听觉发展能力来看,其辨别音调的能力发展迅速。如果将 6 岁儿童辨别音调的能力定为 1,那么 7 岁儿童为 1.4;8 岁为 1.6,9 岁为 2.6;10 岁为 3.7;19 岁为 5.7。由此可见,7～10 岁儿童辨别音调的能力发展最快。此外,国外的有关研究还指出,儿童听觉感受性的增加不是无限度的,青春期以后听觉能力的发展趋于缓慢,有些人还会有所下降。小学生喜欢大声喊叫,这对鼓膜的发展有不利的影响,因而,教育者要提醒小学生纠正大声叫喊的不良习惯。

就小学生的运动觉发展来看,其精巧性随年龄的增长明显提高。有研究指出,8～14 岁儿童运动觉的精巧性可提高到 50% 以上。在运动觉的发展中,手的精细动作对于小学生的学习至关重要。由于书写、绘画、手工操作都需要熟练的手部动作,而低年级小学生手指运动觉的发展还不完善,特别是指骨骨化不够完全,所以低年级小学生进行手部动作锻炼时,不宜过急。

（二）小学生对空间和时间的感知能力逐步提高

初入小学的儿童已能感知比较复杂的空间方位，如能辨别前后和上下，能正确回答"老师在黑板前面，老师在黑板后面"这样涉及空间方位的问题。但低年级的儿童对左右方位的辨认还不够完善。据调查，30％的一年级小学生在上体育课时，对于向左、向右的口令经常弄错；在书写拼音符号时，也经常会出现将 b、p、d、q 混淆的现象。通过教学与实践，儿童的方位知觉逐渐得到发展，小学生对物体形状、空间距离的认知与理解能力也在不断发展。

小学低年级的学生对时间的感知水平比较低，初入学的儿童只能感知"上午""下午""晚上""去年""今年""明年""今天""昨天""明天"等较大的时间单位。而对于过小（如几分几秒）或过大（如几年、几十年）的时间单位则很难掌握。随着生活经验的丰富和抽象思维的发展，小学生对于时间单位、时间关系的辨别能力逐渐提高，高年级的小学生已经能理解"世纪"这类比较抽象的时间概念。

（三）小学生感知的精确性和系统性日益增强

从笼统模糊到比较精确，从杂乱无章到比较系统，是小学生感知发展的一个重要特点。一年级小学生在初学写字时，不是少一笔就是多一笔，经常写错别字，这与小学生感知的笼统性和模糊性有关。小学低年级的学生在观察事物的时候，经常出现"东抓一把，西看一下"的现象，很难观察到事物的全貌，这与他们感知缺乏系统性有关。在教学过程中，教师要注重对小学生进行观察力的训练，通过训练，小学生感知的精确性和系统性都将获得明显进步。

（四）小学生感知的目的性、有意性明显增加

在低年级小学生的感知过程中，无意的成分较多，情绪色彩较浓。比如，一年级的儿童在观察图画或实物时，经常会被事物的颜色、形状、声音等刺激吸引而远离观察目的；有些儿童则完全受个人的情绪和兴趣支配，喜欢的东西观察的时间比较久，不喜欢的东西只是随便看看，根本不愿意进行深入的观察。随着年龄的增长和学习经验的积累，小学生感知的目的性和有意性明显增加。教师提出的任务越具体、越明确，儿童观察的效果越明显。三四年级的儿童已经能够按照老师的要求系统的对生物标本进行观察。小学生感知能力的提高，为他们以后感知更为复杂的事物，学习更加抽象的科学文化知识创造条件。

二、小学生注意的发展特点

初入学的儿童依然带有幼儿注意的特点，无意注意还占很重要的地位，有意注意还在发展，但还没有达到完善的程度。

（一）从无意注意向有意注意的过度

无意注意是一种不需要意志努力的注意，它主要受刺激物的性质、强度等影响。在个体的发展中，无意注意的发生先于有意注意。小学低年级学生在注意发展上仍是无意注意占主导地位。低年级小学生的注意在很大程度上被教具的直观性、形象性所吸引，因而，他们

小学心理活动课设计与实施(第二版)

上课容易精力分散,会不由自主的"开小差"。当然,注意的这种发展水平也是同小学生的神经系统等生理发展水平相一致的。

小学四五年级学生的有意注意开始逐渐发展起来,并占据了主导地位。有意注意是一种有目的的、需要意志参与的注意。它的发展一方面受教学及训练的影响;另一方面同四五年级学生大脑的不断成熟、神经系统的兴奋和抑制过程的逐步协调有密切关系。1990年阴国恩、沈德立对小学生儿童的注意进行了研究,发现二年级学生有意注意比无意注意水平低,但到了五年级,无意注意的正确率只有22%,有意注意的正确率则达56%[①]。这项研究的结果表明:小学五年级学生有意注意有了长足的发展,已逐步取代无意注意占据主导地位。

(二)注意的品质逐步提高

1. 小学生注意的范围有所扩大

注意的范围是指在同一时间内知觉客体时所能注意到的数量。个体注意范围的大小同年龄和教育训练有一定的关系。已有研究证明[②],小学二年级学生的注意范围平均不到4个客体,小学四年级学生的注意范围为5~6个客体,而成人的注意范围在8~9个客体。显然较之低年级学生,中年级学生的注意范围虽然有一定的提高,但与成人之间还有较大的差距,在小学低、中年级的教学与指导中,应当充分注意这一特点。

2. 小学生注意的稳定性逐渐增加

注意的稳定性是指在一定的时间内将注意集中于某一具体事物或活动上的能力。研究者对儿童注意的稳定性进行研究,得出了许多一般性结论。在一般情况下,7~10岁学生可以集中注意20分钟左右;10~12岁学生可以集中注意25分钟左右;12岁以上学生可以集中注意30分钟左右。

注意的稳定性不仅与学生的年龄有关,还与学生的知识经验、个性特点及刺激的性质、呈现方式有很大的关系。一般与学生知识经验有联系的、能满足学生需要的活动,注意的稳定性时间比较长。因此,教师在教学活动中要关注教学内容的新颖性、形象性,关注活动方式的多样性,寓教于乐,以激发学生的求知欲望,提高学生注意的稳定性。合理的教学安排,有意注意与无意注意的交替调节,小学生注意的稳定性一般可以保持在30~40分钟。

3. 小学生注意分配与转移的能力明显提高

注意的分配是指在同一时间内把注意分配到两种或几种不同对象或活动上的能力。注意的转移就是主动将注意从一个对象转到其他对象上的能力。学习活动在许多情况下需要听、说、读、写同时运用,既要动脑又要动手,这就需要注意的分配与转移。小学低年级的学生不善于分配自己的注意力,注意的转移也不够灵活。他们在聚精会神写字的时候,往往就会忘记姿势要端正,忽略老师的要求。中高年级的学生在注意的分配与转移方面有了很大的进步,他们已经能按照老师的要求分配自己的注意力,有些学生可以做到边听课边做笔

① 李晓东.小学生心理学.北京:人民教育出版社,2003:94
② 张明.小学生心理健康教育.北京:中国轻工业出版社,2009:108

记。有研究表明,整个小学阶段,儿童注意的发展较平缓,注意转移的综合反应时间随着年龄的增长而呈缩短的趋势。小学生注意的分配与转移的水平与小学生大脑皮层的发育还未完全成熟,神经系统的兴奋与抑制过程还不够灵活有关。

三、小学生记忆的发展特点

在学校教育的影响下,小学生的记忆能力不断发展,并表现出一定的年龄特征。主要表现在以下几个方面。

(一)有意识记忆稳步发展并取代无意识记忆的主导地位

按记忆有无目的可把记忆分为无意识记忆和有意识记忆。无意识记忆是指没有预定目标和任务,不需付出艰苦的意志努力的记忆;有意识记忆是指有预定的目标和任务,需要付出意志努力才能完成的记忆。

小学生的记忆,从学龄前期的无意识记忆占主导地位逐渐发展到有意识记忆占主导地位。这与小学阶段学习任务的要求是一致的。儿童入学之后,学习成了他们的主导任务,他们必须记住学习内容、学校的规章制度和要求,要完成这些复杂的任务仅靠无意识记忆显然是不够的,必须发展有意识记忆。在教师的帮助指导下,小学生的学习动机增强了,学习兴趣随之发展,有了较明确的学习目的,逐渐学会一些能提高记忆效果的识记方法。从小学三年级开始,儿童的有意识记忆逐渐取代无意识记忆并居主导地位。

小学生的有意识记忆是随年龄的增长不断发展的。研究(1983)表明[1]:小学二年级无意识记忆的正确回忆率为 42.8%,有意识记忆的正确回忆率为 43.0%;小学四年级学生无意识记忆的正确回忆率为 43.8%,而有意识记忆的正确回忆率为 51.5%。但在小学生的学习过程中,两种记忆都是不可缺少的,有意识记忆的发展并不否定无意识记忆的作用。小学生许多知识的积累在一定程度上仍然靠无意识记忆起作用。

(二)意义记忆稳步发展并逐步取代机械记忆的主导地位

按照学习者对记忆材料是否理解可将记忆分为意义记忆和机械记忆。机械记忆是指在不理解材料意义的情况下,采用多次机械重复的方法进行的记忆。意义记忆是指在理解材料意义的基础上,依靠材料本身的内在联系,结合自己的知识经验而进行的记忆,因此又称理解记忆。

小学阶段,学生在记忆理解性上的发展主要呈现出从机械记忆占主导地位过渡到理解记忆占主导地位的趋势。小学低年级的学生因为抽象思维能力尚未发展,知识经验比较贫乏,因而缺少对记忆材料进行思维加工的理解能力,导致机械记忆占主导地位。但随着年龄的增长,知识经验的日益丰富,言语、思维能力地不断发展,小学生对学习材料的理解能力逐渐增强。大致到三四年级以后,理解记忆开始占据主导地位。

在学生的学习过程中,根据学习材料的不同,无论是机械记忆还是意义记忆都是重要

① 王耘,叶忠根,林崇德. 小学生心理学. 杭州:浙江教育出版社,1993:202

小学心理活动课设计与实施(第二版)

的。据沈德立(1983,1985)和丁祖荫(1964)等人的研究,在小学阶段,机械记忆和意义记忆的效果都随年龄的增长而提高。因此,在小学教学工作中要防止两种倾向:一是不重视或反对机械记忆的作用;二是过分强调机械记忆的作用而忽视意义记忆。应当承认,两种记忆各有特点,在教学中要使它们互相补充、不断发展和完善。

(三)抽象记忆不断发展并逐渐取代形象记忆的主导地位

记忆按其内容的不同可分为运动记忆、情绪记忆、形象记忆和抽象记忆。学前儿童的具体形象记忆优于词的抽象记忆。他们擅长记忆具体的事物或形象,而对于概念、公式这些抽象材料的记忆则感到十分困难。这与他们缺乏经验及思维水平较低有关。小学低年级儿童也还具有这一特点。但儿童入学后,学习任务要求他们既要记住一些具体事物或形象,还要记住一些概念、公式、原理等,这样就使小学儿童对词的抽象记忆迅速发展起来。随着年龄增长,小学阶段由以具体形象记忆为主过渡到以抽象记忆为主。这是小学生记忆发展的第三个特点。

需要提及的是,对于具体形象记忆的认识,有些人容易产生误解,以为具体形象记忆是一种处于较早阶段和较低水平的记忆,甚至认为抽象记忆出现后,具体形象记忆就没有意义了。事实上,在学习过程中,两种记忆都是必要的,感性认识和理性认识是不可分的,在教学中,两者都具有重要的作用。

四、小学生思维的发展特点

儿童思维的发展是一个非常漫长而复杂的过程,它经历了直观动作思维、具体形象思维和抽象逻辑思维三个阶段。2岁儿童的思维属于直观行动思维;2~7岁儿童的思维属于具体形象思维;7岁之后儿童的思维逐渐表现出概括和间接的反映客观事物的本质和规律的能力,即逐渐表现出抽象逻辑思维的特征。

小学生的思维在学前儿童的基础上,在教育教学这一新的生活条件下,开始进一步的发展。

(一)从以具体形象思维为主要形式向以抽象逻辑思维为主要形式过渡

小学生的思维同时具有具体形象的成分和抽象概括的成分,它们之间的相互关系随着年级的升高以及学习活动性质的变化而变化。

在整个小学阶段,儿童的抽象逻辑思维在逐步发展,但仍然带有很大的具体性。小学低年级学生所掌握的概念大部分是具体的、可以直接感知的,他们难以区分概念的本质和非本质属性。只有到了中高年级,小学生才能逐步区分出概念的本质和非本质属性。学生的思维由具体形象思维向抽象逻辑思维的过渡存在着一个转折期。这个转折年龄在10岁左右,即小学四年级。如果教育得当、训练得法,这一转折期可以提前到三年级。因此,教育要适应小学儿童思维发展的规律,发掘小学生的巨大潜在能力,促进他们思维能力的发展。

(二)抽象逻辑思维的自觉性较差

在整个小学时期,儿童抽象逻辑思维的自觉性开始发展,但仍然带有很大的不自觉性。

低年级儿童虽已学会一些概念,并能进行简单地判断和推理,但还不能自觉地调节、检查和论证自己的思维过程。他们往往能够解决某种问题和任务,却不能说出自己是如何思考和如何解决的。在教师的指导帮助下,儿童逐步从有声思维向无声思维过渡,才能使儿童自觉调节和反思自己思维过程的能力逐渐发展起来。

（三）抽象逻辑思维发展不平衡

小学生抽象逻辑思维的发展在不同学科中的表现是不同的。比如,在数学课学习中,尤其是经过系统的小学奥林匹克数学训练的学生,可以离开具体事物进行抽象思考,但在科学课上仍停留在较具体的形象水平上。

（四）思维缺乏批判性

小学生的思维缺乏批判性,年龄越小的儿童越明显。他们常常不根据客观情况的变化,盲目按照教师所说的每一句话执行,以教师的语言作为衡量事物对错的唯一标准。这一方面要求教师做到言行慎重,时刻考虑如何做才有利于小学生的身心健康发展;另一方面,也给教师提出了新的问题,即如何使学生逐步克服这种盲目性,增加学生的批判性和理性思考。

（五）思维缺乏灵活性

小学生的思维还缺乏灵活性,他们不善于考虑条件的变化,而以旧经验解答新问题。在数学学习中,这种特点表现得最明显。一般来说,儿童对熟悉的或学过的题目类型,在内容不变时能顺利解答,但如果内容稍加变化,他们就难以随着变化的内容而改变方法,往往照着原来的形式套做题目。随着年级、年龄的增长,知识经验的积累,第二信号系统的发展,到了中高年级,小学生思维的灵活性将有所提升。

五、小学生想象的发展特点

想象是个体对头脑中已有的表象进行加工改造,创造出新形象的过程。有了想象,人们才能将历史、人物、山水、事件在头脑中形成栩栩如生的形象,才会勾画出未来生活的宏伟蓝图,人类才能不断地创造。想象是与思维密不可分的,是与人的创造力紧密相关的。小学生入学后,在学校教育的影响下,想象力得到了进一步的发展,表现出新的特点。

（一）小学生想象的有意性迅速增长

从小学低年级开始,儿童的想象便开始稳定下来,能够围绕一定的主题进行想象。在教学过程中,教师根据教学内容,对学生进行想象能力训练,很大程度上促进了学生有意想象能力的发展。例如,在阅读训练中,教师要求学生富有表情地朗读课文,按照不同的角色进行人物对话的练习,用自己的语言丰富课文的内容;在学习社会课时,通过想象来理解大自然,增强对祖国大好河山的热爱,培养爱国主义思想;在音乐、美术等学科的教学中,教师要求学生根据乐曲的旋律或线条的组合想象作品的意境和美感神韵等。因此,从三四年级开始,小学生有意想象逐渐发展并占主导地位,从而使他们能顺利地完成各门课程的学习任务。

（二）小学生想象的创造性成分逐渐增加

低年级儿童的想象与学前儿童相似,具有模仿性、再现性的特征,想象的内容常常是事物的简单复制或重现,这与他们抽象思维发展水平较低有关系。随着小学生知识经验的积累、语言能力的不断增强,表象的不断丰富,他们想象中的创造性成分逐渐增多而且表现出一定的独特性。小学生创造想象的发展空间很大,一些研究发现,小学高年级的学生已经能够独立构思,能够开展各种小发明、小制作,此阶段教师的指导和激励非常重要。

（三）小学生想象的现实性逐步提高

小学低年级学生的想象常常和现实有一定的距离,尤其在他们的图画中表现得十分突出。他们的想象尽管也体现一些创造成分,但布局十分简单,只顾表面不顾具体细节,与现实差距很大。而中高年级的小学生,在绘画时,不但注意所画事物的真实性,而且在绘画中能初步运用透视关系来更好地表现事物,使绘画的想象更真实地反映事物,这些都表明想象的现实性提高了。尤其是高年级学生对自己的生活前途,开始出现了初步的幻想,这些常常会在他们的作文、日记和日常谈话中反映出来。

总之,小学生认知的发展不是先天的、自然成熟的结果,而是在实践活动中,通过有意识的培养和训练发展起来的。在其发展过程中,可能会遇到各种各样的阻力,从而导致认知问题的产生和滋长,这就要求教师关注学生的认知情况,开发其认知潜力,提高其认知发展水平。

第三节　小学生情感和意志发展特点

儿童进入小学后,既要系统地学习文化科学知识,又要参加学校组织的各种集体活动,这些不但使小学生的认知能力得到提高,而且推动了小学生情感和意志的发展,形成了这一时期儿童独特的情感和意志特征。

一、小学生情感发展的特点

（一）情感体验的内容日益丰富

儿童入学之后,随着活动内容和范围的增加,引起其情感变化的事物也日益复杂。此时,学习的成败,在集体中的地位,与同伴的关系,与教师的关系,以及学校、班集体对个人的要求与评价等,都会引起小学生复杂多样的情绪体验。他们不仅体验着游戏所带来的欢乐,同时也体验着学习、集体活动所带来的幸福。

此外,小学生的各种高级情感也在不断发展中,高级情感的不断丰富,更加充实了小学生的情感世界。小学生加入少先队之后,逐步接受了一些共产主义道德观念的教育,通过品德与生活、品德与社会、科学等课程的学习,他们的情感体验会与国家、民族、社会等大集体联系起来。他们会被英雄人物舍己救人、科学家刻苦钻研、模范人物的无私奉献等崇高精神所感染,产生热爱大自然、热爱祖国、热爱人民的情感。尤其是小学生有着强烈的向师性,因此,师生之间的情感关系,对儿童心理发展有着不可低估的作用,是教师做好教育工作的前提。

(二)情感体验的深刻性不断增加

小学生的情感与学前儿童相比,不但在内容上丰富多彩,而且在表现形态上逐步脱离了学前儿童的外露与肤浅,其情绪体验更加深刻。

学前儿童的情感常常由具体事物的直接刺激引起,而小学生的情感则更多地与社会利益或人际关系相联系。比如,同是惧怕的情绪体验,学前儿童主要是怕人、怕物、怕黑、怕吃药打针等具体的事物;小学生虽然也同样怕这些具体的事物,但更多的是对上学的恐惧,怕学习不好,受家长、老师的批评;怕考试成绩差,受同学的讥笑与歧视等。

学前儿童的情感大多通过面部表情或身体动作来体现,小学生的情感开始运用写日记、写作文等更多的表达方式。比如,学前儿童常用哭笑、皱眉、撇嘴等动作,向成人表达他们的开心与烦恼,而小学生随着思维能力的发展和言语能力的提高,逐渐学会用书面语言来表达自己的情感,这一点在作文的情感流露中表现得十分明显。

小学生的各种高级情感也在不断地深化。比如,在评价他人时,已不再像学前儿童那样,仅仅根据表面的东西来把人界定为"好人"或"坏人",而是能够初步运用一定的道德标准来评价他人。虽然小学低年级的学生在评价教师时,常常是根据教师的相貌、仪表及对待学生的态度等来评价,但到了小学中高年级以后,儿童对教师的评价更多地以教师的教学水平和教学艺术为转移。对学生的评价也是一样,小学生喜欢谁,不仅因为他能够借给自己铅笔、橡皮,更是因为他学习好,关心集体。此外,随着年龄的增长,在独立学习和集体生活的锻炼下,小学生已逐步开始理解自己对集体、对他人、对社会负有一定的责任。这些都表明小学生情感的深刻性在不断增加。

(三)情感反应的稳定性明显增强

小学生初入学时,情感反应仍在延续学前时期的冲动性、易变性的特点。他们对自己的情感不善于控制,更不会掩饰,各种情感反应都清楚的表现在行动和表情上。在学校教育和集体生活的影响下,小学生控制和调节自己情感的能力有了明显的提高。他们的情感开始逐渐内化,小学高年级的学生已逐渐能意识到自己的情绪表现以及随之可能产生的后果,情绪的稳定性和平衡性日益增强,冲动性和易变性逐渐消失。

由于小学生的生活经历有限,内心世界并不复杂,既不会向幼儿时期那样随意的表现自己的情绪,也不存在青少年时期的升学、就业甚至感情生活的侵扰,因而,小学生的情感反应相对比较稳定与平和。但又由于小学生自身发展的限制,控制自己情绪的能力还是很弱,因此,小学生的情绪仍具有很大的不稳定性。

（四）高级情感得到进一步的发展

与社会需要相联系而产生的高级情感有道德感、理智感、美感。这些高级情感的形成与发展对儿童个性的形成与发展具有重要的意义。

1. 小学生道德感的发展

道德感是指人们运用一定的道德标准评价自己和他人的行为、思想、意图时所产生的一种情感体验。它主要包括爱国主义情感、集体主义情感、责任感、义务感、友谊感等。

儿童的道德感大约在两三岁以后就开始发展。但整个幼儿期的道德感基本上是同行为的直接后果联系在一起的，还没有内化，往往以成人的评价标准作为其道德行为的根据。最常见的例子就是他们经常问成人："这是好人还是坏人？"进入小学之后，由于心理发展水平的提高以及教育的影响作用，儿童的道德感才得到快速地发展，并呈现出以下五个明显的特点。

（1）小学生的道德体验在内容上更加丰富。小学生不仅具有幼儿期所不具备的爱国主义情感、集体主义情感，而且能辨别美丑善恶，但这时的区分仍带有狭隘性、绝对性。

（2）小学生道德情感的发展不够平衡。不同内容的道德情感发展各有不同，如义务感、友谊感等道德情感发展较早，但爱国主义情感、集体主义情感发展相对较晚。

（3）小学生道德感的评价标准逐步提高。低年级的儿童以成人的评价作为自己衡量道德情感的依据，中年级的儿童则以一定的道德行为规范为其情感体验的依据，而小学高年级儿童则开始以内化的抽象道德标准作为依据。

（4）小学生道德情感的发展具有明显的个体差异，因为儿童情绪经验的积累和概括在儿童道德情感形成和变化过程中起着重要的作用。

（5）小学三年级是小学生道德情感发展的转折期。

2. 小学生理智感的发展

理智感是在智力活动的过程中，人的认识和追求真理的需要是否得到满足而产生的情绪体验。例如，人们在探索未知事物时所表现的兴趣、好奇心和求知欲，在解决难题时出现的迟疑、惊讶和焦虑，遭受失败时的挫折感，取得成功时的成就感等，这些都是理智感的表现。

小学生理智感的发展主要表现在求知欲的扩展和深化上。学前儿童已经表现出一定的求知欲。他们渴望了解更多的事物，但对于事物的了解比较肤浅，仅仅局限于"是什么"的水平。小学生在有组织的学习和集体生活的影响下，求知欲的范围明显扩大，探求问题的深度也逐步增加。他们更多地会问"为什么""怎么样"一类的问题，但由于知识经验和智力水平的限制，小学生的理智感仍离不开具体、直观形象的支持。

小学生理智感的发展还表现在学科兴趣的逐步形成与分化上。由于教学的影响和个别差异的存在，小学生对于自己喜欢的教师所教的课程以及自己在学习过程中体验成功与快乐较多的课程，往往有着更加浓厚的兴趣，而对于自己不喜欢的教师所教的课程以及自己学不好的课程，则缺乏足够的学习兴趣。

此外,成功与兴趣是推动小学生理智感发展的重要保证。因此,培养小学生的理智感要注意以下几点:第一,鼓励小学生多提问、多思考,并给他们创造独立思考、探索问题的机会和条件;第二,对小学生在学业上取得的成功要及时表扬,激发学生学习的主动性;第三,任务与要求要适合小学生心理发展的水平,尽量避免让小学生体验过强的失败情绪;第四,要善于发现并区分小学生认识活动中的优势领域和劣势领域,因材施教,扬长避短,最大限度地激发学生的学习兴趣。

3. 小学生美感的发展

美感是人对客观事物或对象进行审美后获得的一种愉悦体验。美感与儿童的观察力、想象力、思维能力的发展有密切的关系。在儿童的个性培养上,美感的作用亦不可忽视。

儿童早在两三岁时就已经开始出现美感的萌芽,但学前儿童的美感更多地具有直接性的特点。他们还没有掌握美的标准,只是从审美对象的颜色、形状、声音等外部特点来感受美,还谈不上对美的内涵的理解与评价。进入小学之后,在学校教育的影响下,尤其通过美术教学、音乐教学、体育教学、语文教学以及集体生活的锻炼与熏陶,直接推动了小学生美感的发展。

小学生对事物美的评价主要有两个特点:第一,小学生的美感仍同事物的外部特征有关;第二,小学生的美感同产生的真实感有关。他们会认为,凡是与实物十分相像的作品形象就是好的,是美的;不相像的作品形象就是不好的,是丑的。

总之,小学生的情感发展与成人相比,各个方面的水平还是较低的。教师要根据儿童心理发展规律适时帮助学生,使儿童的情感向更高的水平发展。

二、小学生意志发展特点

当今小学生中独生子女较多,意志比较薄弱,他们怕吃苦、怕困难,做事缺乏恒心和自我控制能力。爱因斯坦曾说:"优秀的性格和钢铁般的意志比智慧和博学更为重要。"良好的意志力不仅有助于学习成绩的提高,而且决定着一个人在今后是否能取得成功。因此,教师要注意培养小学生良好的意志力。

儿童意志的最初萌芽在婴儿期即已出现,至幼儿期有了实质性的发展,但意志品质的水平很低。小学生的意志特点是在其克服困难的活动中表现出来。儿童入学之后,学习成了他们的主导活动。学习是一种有目的、有任务的复杂活动,加上学校的集体生活时刻要求小学生要有意识地控制和调节自己的行为以服从集体的利益,这些新的条件、新的要求,都为小学生意志的发展创造了条件。

(一)小学生意志发展的一般特点

意志行为的心理过程分为两个阶段,即采取决定阶段和执行决定阶段。小学生意志发展的特点也体现在这两个阶段上。

1. 采取决定阶段

采取决定阶段一般包括目标的选择、动机的取舍和手段的选择三个环节。对于小学生来说,行动的目的一般都是具体的、短暂的,特别是低年级的学生,学习的目的往往就是要取

小学心理活动课设计与实施(第二版)

得一个好的分数或得到表扬等,他们还不能给自己提出一个长远的行动目标。小学生的行动目标具有很大的不稳定性,经常受情绪、兴趣和有吸引力的外部事件的影响。小学生的动机是比较具体和简单的,一般还不存在抽象、复杂的动机之间的斗争。特别是低年级学生,动机和目的往往是接近或一致的。到中高年级,长远的概括性的学习动机才逐渐出现,特别是六年级的学生,面临升学竞争的压力,开始把学习成绩的好坏与自己毕业后的选择联系起来,抽象的、有社会意义的动机对行为的调节作用越来越大。在整个小学阶段,由于小学生反省思考能力的不断提高,行动的冲动性和盲目性不断减少;另外,随着自我意识的发展、自我评价能力的提高,儿童明辨是非的能力也在不断增强,这使儿童在对立动机和对立目的的斗争中能较快做出正确选择。但总体来说,小学生行动手段的选择有待于发展到成熟水平。

2. 执行决定阶段

执行决定是意志行动的关键阶段。因为采取决定只是主观的过程,执行决定才是主观见之于客观的行动,只有通过执行决定才能发挥意志在改造世界中的作用。小学生的意志行动的决定和执行之间的时间间隔一般不很长,有时同时发生,有时比较接近,所以难以对各种方案作优化选择和科学而客观的分析。

在执行决策的过程中,小学生克服困难完成任务的毅力也不一样。一般来说,随着知识的增长、年级的升高,学生的毅力也逐渐增强。低年级学生缺乏克服困难的毅力,面对困难经常会表现出紧张、粗心、懦弱、消极等情绪。随着年龄的增长、知识经验的积累,尤其是思维的发展,中年级学生克服困难的毅力逐渐增强,他们会通过积极的努力,克服学习中的困难,以实现既定的目标。但是面对学习中出现的问题,小学生一般不能客观地分析原因,而总是简单地归因于其他人或事物上,并极力地寻找理由来为自己辩解。年级越低,这个特点越明显。

(二)小学生意志品质的发展

意志品质是一个人在生活中形成的比较稳定的意志特征,是个性的重要组成部分。小学生的意志力是通过意志品质表现出来的,对小学生意志品质的一系列实验研究发现,小学生意志品质的发展具有四个特点。

1. 小学生意志的自觉性

自觉性是指人在行为中,对行动目的有深刻的认识,能主动调节和控制行为,以便实现目的。自觉性强的人,既能倾听和接受合理的建议,又能坚持原则排除诱惑,不盲从,也不固执。受暗示性和独断性等不良品质则是与自觉性相反的品质特征。易受暗示的人,行动的目的易受别人的影响;行为具有独断性的人,表面上看似乎是独立地采取行动,执行决定,但实际上从不考虑自己所采取的行动是否合理,执行决定时也听不进任何劝告,固执己见,一意孤行。

一般来说,小学生自觉性的发展比较迟,尤其是小学低年级学生的自觉性比较差,他们不善于自觉调整行为,常常靠成人提出行为目的和任务并需要成人的督促。中高年级学生的自觉性虽有一定的发展,但水平仍然很低,常常离不开成人的启发和帮助,并明显表现出受暗示性和独断性的特点。这些都说明小学生对行动缺乏充分的认识,还不能在调节和支配自己行为以实现某种目的的行动中充分显示和坚持自己的独立意识。

2. 小学生意志的果断性

果断性是一种明辨是非、迅速而合理地做出决定并立即采取相应行动的良好品质。优柔寡断和草率则是与之相反的品质，前者遇事举棋不定；后者遇事不能细致全面地考虑，草率决定并执行。

小学生意志的果断性还比较低。低年级的学生还不善于根据理智的考虑决定自己的行为，易受外力的影响。随着教育和抽象思维能力的发展，从四年级开始，学生明显表现出果断性的意志品质。但在整个小学阶段，要求儿童按照一定的观念、原则经过深思熟虑果断做出决定，还是比较困难的。

3. 小学生意志的自制性

自制性是指自觉地控制自己的情绪，约束自己言行的意志品质。自制力强的人，善于控制自己的思想、调节自己的行为、克制自己不该有的情绪冲动，抗拒来自外部和内部的诱因干扰，自觉遵守纪律，执行决定。与自制力相反的意志品质是冲动性。冲动性的人遇事情往往不会认真考虑它的前因后果，特别是在紧急时刻，难以冷静而客观地处理问题。

心理学工作者对小学生意志的自制性品质进行了研究，结果表明，小学生意志自制性品质随年级升高而逐渐发展，其发展趋势为，低年级平稳发展；中年级迅速发展；高年级再度进入平稳发展。小学生的行为明显受内外诱因的干扰，随着年级的升高，他们抵制内外诱因干扰的能力逐渐增强，受内外诱因干扰的影响逐渐减弱。儿童抗拒外部诱因的能力强于其抗拒内部诱因的能力。

4. 小学生意志的坚持性

坚持性是一种在行动中能以坚韧不拔的毅力克服种种困难而坚持到底的良好品质。具有良好坚持性的人能够在活动中持之以恒，在困难、艰苦的条件面前不犹豫、不动摇、一鼓作气、善始善终。与坚持性相反的意志品质是动摇性和顽固性。动摇性就是一旦遇到困难就望而止步，见异思迁，甚至半途而废。顽固性与坚持性有着本质的不同。顽固性使人既不能理智地评价自己的行为，也不能客观地考察外界的情况。尽管事实已经证明自己的行动不符合客观规律，但仍然自以为是，一意孤行。

小学生意志的坚持性是逐步发展起来的。低年级学生意志比较薄弱，坚持性比较差，依赖于教师和成人的帮助。但在教育的要求和影响下，小学生意志的坚持性品质随年级的升高而迅速发展，其中一年级至三年级发展最为迅速，三年级以后有一个缓慢的发展阶段，到了五年级又开始了一个新的发展阶段。但与中学生相比，小学生意志的坚持性品质还比较差，还具有一定的冲动性和不稳定性。

优良的意志品质不是天生的，是在克服困难的实践活动中逐渐形成和发展起来的。小学生正处在意志品质发展的重要时期，因此，重视和加强小学生意志品质的培养是十分重要的。

第四节 小学生个性和社会性发展特点

个性和社会性是小学生心理发展的重要方面。个性是一个人区别于他人的,在不同环境中显现出来的,相对稳定的,影响人的外显性和内隐性行为模式的心理特征的总和。正是因为人的个性差异,我们的世界才变得丰富多彩,才使人与人之间变得千差万别。社会性反映着一个人社会化的进程,是一个人有效地参与社会生活不可缺少的方面。儿童进入小学后,在新的社会生活中,新的要求、新的环境、新的交往关系,都促使儿童进一步加深对自我、对他人的认识和了解,使其个性和社会性有了新的发展。

一、小学生个性发展的特点

(一)小学生自我意识的发展特点

小学生自我意识的发展是随年龄增长从低水平向高水平发展的。在整个小学阶段,小学生的自我意识不断发展,但不是直线的、等速的,而是既有上升的时期,也有平稳发展的时期。

我国心理学家通过问卷调查,发现小学儿童自我意识的发展表现出如下趋势。

(1)从小学一年级到小学三年级处于上升时期,小学一年级到小学二年级的上升幅度最大,是上升期中的主要发展时期。

(2)小学三年级到小学五年级处于平稳阶段,其年级间无显著差异。

(3)小学五年级到小学六年级又处于第二个上升期。随着儿童的抽象逻辑思维的逐渐发展和辩证思维的初步发展,小学生的自我意识更加深刻。他们不仅摆脱对外部控制的依赖,逐渐发展了内化的行为准则来监督、调节、控制自己的行为,而且开始从对自己的表面行为的认识、评价转向对自己内部品质的更深入评价。

以下从自我概念、自我评价和自我体验三方面来具体说明小学生自我意识发展的特点。

1. 小学生自我概念发展的特点

自我概念是个人心目中对自己的印象,包括对自己存在的认识,以及对个人身体、能力、性格、态度、思想等方面的认识,是由一系列态度、信念和价值标准所组成的有组织的认知结构,把一个人的各种特殊习惯、能力、观念、思想和情感组织联合在一起,贯穿于经验和行为的一切方面。

小学生的自我概念是从比较具体的外部特征的描述向比较抽象的心理术语的描述发展的。比如,在回答"我是谁"这样的问题时,小学低年级学生往往提到姓名、年龄、性别、家庭住址、身体特征、活动特征等方面。到了小学高年级,学生开始试图根据品质、人际关系、动机等特点来描述自己。即使到了小学高年级,小学生对自己的认识仍带有很大的具体性和绝对性。

自我概念是在经验积累的基础上发展起来的。最初它是对个人的和才能的简单抽象认识，随着年龄的增长而逐渐复杂化，并逐渐形成生理自我、心理自我、社会自我等不同的层次。

2. 自我评价的发展特点

自我评价是自我意识发展的主要成分和主要标志，是在分析和评论自己的行为和活动的基础上形成的。小学生自我评价的发展特点主要表现在以下几个方面。

（1）从顺从别人的评价发展到有一定独立见解的评价，自我评价的独立性随年级的升高而增高。

（2）从比较笼统的评价发展到对自己个别方面或多方面行为的优、缺点进行评价。

（3）小学生开始出现对内心品质进行评价的初步倾向。但是，直到小学高年级，能进行抽象性评价（如我认为一个好学生应该有爱国主义和集体主义精神，有远大理想和抱负等）和内心世界的评价（如表里如一、谦虚、热情、诚实等）的学生仍然不多。

（4）在整个小学阶段，学生的自我评价处于由具体性向抽象性、由外显行为向内部世界的发展过程之中，小学生的抽象概括性评价和对内心世界的评价能力都在迅速发展。

（5）小学生自我评价的稳定性逐渐加强。

3. 自我体验的发展特点

自我体验主要是自我意识中的情感问题，发生于学前期四岁左右，在小学阶段有了较大的发展。小学生自我体验与自我评价的发展具有很高的一致性，自我体验的发展与自我认识、自我评价的发展密切相关。随着小学生理性认识的增加和提高，他们的自我体验也逐步深刻。

自我体验的一个重要表现形式是自尊。自尊心强的小学生往往对自己的评价比较积极，相反，自尊心弱的小学生往往更容易自暴自弃。

（二）小学生道德品质发展的特点

人的个性中最具有社会评价意义的核心部分是道德品质。道德品质简称品德，指个体依据道德规范在一系列行为中表现出来的比较稳定的心理特征和心理倾向，它是道德认识和道德行为的有机统一。

1. 道德认识的发展

（1）从比较肤浅、模糊的理解道德概念，逐步过渡到比较深刻准确的理解道德概念。黄光扬等人采用自编的儿童道德规范理解能力测验，进行了关于小学生道德规范认知水平发展的研究[①]。研究结果表明，小学生道德概念的理解水平随年龄的增长而提高。从各个具体的行为规范来看，小学生道德规范理解能力的发展具有阶段性和连续性。从同一年级对同一问题的认识来看，不同个体的理解力有差异，且年级越低，这种差异表现得越明显。低年级小学生的认识水平还比较低，他们的理解能力处于具体、感性的水平，只有到高年级后才会有更高、更概括的理解。

---

① 黄光扬等.134名小学生道德规范认识水平发展的调查与测试报告.教育理论与实践,1993(6):41-43

(2)从单纯注重行为效果的道德评价,逐步过渡到注重动机和效果相互统一的道德评价。低年级儿童的道德评价带有很大的片面性,他们更多的是从行为的后果来评价一个人行为的好坏,而不考虑行为的内部动机。如低年级儿童往往认为无意打碎 10 只杯子的行为比有意打碎 1 只杯子的行为更不道德。中高年级儿童的道德评价逐步由效果向动机过渡。9 岁左右的儿童大体处在从效果评价向动机评价的过渡阶段,年级越高其动机评价的成分越多。

(3)从受外部情境制约的道德判断,逐步过渡到受内心道德制约的道德判断。低年级儿童还没有形成道德信念。他们的道德判断受自身以外的价值标准所支配,时常把父母或教师灌输的道德规则绝对化、权威化。中高年级儿童开始形成道德信念,对于道德准则的理解已经达到较高水平。他们的道德判断逐步由自己的道德信念或价值标准所支配,不再盲目服从权威而强调公平和公正。因此,一年级学生的道德水平大多处于他律水平,而三年级处于过渡阶段,自律性有一定的发展,到了五年级绝大多数学生有了自律性。

2. 道德行为的发展

道德行为是道德教育的最终目的。道德教育最重要的是如何把道德认识转化为道德行为。小学生道德行为的发展主要表现为以下特点。

(1)小学生的自觉纪律行为的发展。所谓"自觉纪律行为",是指在提高认识的基础上所形成的自觉遵守纪律的行为。已有研究表明,儿童入学之后,在教师恰当地引导和训练下,小学生自觉纪律行为发展很快,低年级就完全有可能形成,并可在中高年级得到巩固和发展。

(2)小学生亲社会行为的发展。亲社会行为是指对他人或社会有利的积极行为及倾向,也称利他行为,表现在分享、合作、帮助、救助等。在教育的影响下,小学生很早就已经表现出一定的亲社会行为。一项研究表明,让一些男孩有机会与同伴分享糖果、帮助一个偶然撒落铅笔的实验者、志愿参加帮助穷苦儿童的工作,结果发现,儿童的分享与助人行动均随着年龄的增长而增加:5~6 岁儿童的分享行为为 60%,7~8 岁时为 92%,9 岁以上为 100%;助人行为在 5~6 岁时为 48%,7~8 岁时为 76%,9 岁以上为 100%。

(3)小学生言行一致方面的发展。已有研究表明[1]:①言行一致是儿童道德发展的一个趋势。五年级学生多表现为高认知水平与高行为水平的一致性;一年级学生多表现为低认知与低行为水平的一致性;三年级则处于过渡期。②不同年级的小学生均存在言行不一的现象。其中,五年级多表现为高认知与低行为水平的趋向,一年级与三年级则多表现为低认知与高行为水平的统一。③随着年龄的增长,儿童的言行一致与言行不一的分化逐渐明显。

(4)小学生攻击性行为的发展。攻击性行为是针对他人的具有敌视性、伤害性或破坏性的行为,也称侵犯行为。小学生攻击性行为主要表现为儿童之间的欺负与被欺负。研究发现,我国小学生欺负行为的发生率为 20%左右。总体上,我国小学生欺负与被欺负问题的发生率随年龄升高而下降,其中直接言语欺负的发生率最高,其次是直接身体欺负,间接欺负的发生率最低;男生主要以直接身体欺负为主,女生主要以直接言语欺负为主;有近半数

---

① 裴利芳.关于小学生言行一致的实验研究.天津大学学报,1992(3):33-37

的欺负行为发生在教室,其次是操场、走廊或大厅等校内场所;多数欺负行为发生在同班同学之间。针对儿童的攻击性行为教师要多加引导,通过改善儿童所处的环境条件;教给儿童减少冲突的有效措施;发挥榜样作用等措施将儿童攻击行为降到最低。

(三)小学生性格发展特点

根据我国著名儿童心理学家朱智贤等人的研究,小学生性格发展的总趋势是:小学生性格发展水平随年龄增长而逐渐提高,但其发展速度表现出不平衡、不等速的特点。小学二年级至四年级发展较慢,表现为稳定发展时期;四年级至六年级发展较快,表现为迅速发展时期。

小学生性格发展的年龄特点与小学生生理、心理的发展水平及学习生活紧密相关。小学低年级的学生正处在适应学校生活的过渡时期,繁重的课程和作业压力使他们焦虑、紧张,常常感到力不从心。小学中高年级的学生已经完全适应了学校里以学习活动为主的特点,集体生活范围逐步扩大,同伴交往日益增加,教师、集体、同伴对学生的性格越来越产生直接的影响,使小学生的性格特点日益丰富和发展起来。到小学六年级,小学生开始步入青春期,青春期的身心巨变又将对小学生性格的发展产生深刻的影响。因此,在小学生的性格发展中,小学六年级是性格发展的关键期,这个时期的学生,情绪的强度和持久性迅速增长,求知欲发展很快,但自制力显著下降,思维的灵活性发展偏慢。他们既有强烈的情绪体验,对人对事非常敏感,又缺乏自我分析、自我宽慰的能力,因而,其性格处于一种严重的矛盾和不平衡当中。

总之,小学生正处于个性形成与发展的重要时期,这一时期的发展如果偏离了正常轨道,小学生就会相应的出现适应性个性心理问题。另外个性发展在连续性的过程中还存在着明显的阶段性,每一阶段又有其中心任务和基本矛盾,因此教师要注意引导和教育,以确保小学生健康成长。

二、小学生社会性发展特点

小学儿童的社会性发展突出表现在社会性认知与社会性交往两个方面。

(一)小学生的社会性认知

社会性认知是指对自己和他人的观点、情绪、思想、动机的认识,以及对社会关系和对集体组织间关系的认识,与认知能力发展相适应。

儿童对物质世界的理解是随年龄增长而不断发展的,儿童对社会世界的认识也表现出同样的趋势。许多研究表明,儿童的社会性认知发展具有如下几个趋势。

(1)从表面到内部,即从对外部特征的注意到对更深刻的品质特征的注意。

(2)从简单到复杂,从问题的某个方面到多方面、多维度地看待问题。

(3)从呆板到灵活思维。

(4)从对个人及即时事件的关心到关心他人利益和长远利益。

(5)从具体思维到长远思维。

（6）从弥散性的、间接性的想法到系统的、有组织的综合性的思想。

以儿童对社会关系的认识为例,6 岁以下儿童对他人的认识首先是了解其外部的、具体的特征,如姓名、身体特征、外部行为等。七八岁以后,逐步增加使用描述行为特征、心理品质、价值观和态度的抽象形容词,也逐渐可以发现他人在不同场合不同时间的行为规律,讨论他人的行为动机。在对权威的认识方面,8 岁左右的儿童出现了一种比较成熟的看法,认为权威是一种相互关系,应该服从权威人物,因为他对儿童有所帮助。到 9 岁,儿童认为服从权威基本上是自愿的和合作的,权威人士和地位低下的人具有相同的权利,但前者对后者的幸福负有责任。到 11 岁或 12 岁时,儿童认为权威关系是完全合作性的,是由一致或同意建立起来的,并和特殊的情境有关,在接受某人为权威时,除了需要特殊的能力和知识外,还要考虑情境的要求。

（二）小学生的社会性交往

社会性交往是小学生社会生活的重要部分。小学生在与人交往的过程中学习社会规范、价值和与人相处的技能、技巧。在社会学习过程中,小学生学会了适应,在适应中又得到了发展。较强的交往能力、较好的人际关系,不仅有利于小学生的心理健康,也能促进其认知能力的发展。

小学生交往的对象主要是父母、同学和教师,由此形成亲子关系、同伴关系和师生关系。

1. 与父母的交往

儿童进入小学之后,父母与儿童的关系发生了一些微妙的变化。

（1）父母与儿童交往的时间在变化。一方面,儿童有了自己独立的时间和空间,与父母在一起的时间明显减少。另一方面,因为有了学校教育,父母关注儿童的时间也在减少。Hill 和 Staford(1980)在一项研究中发现,5～12 岁儿童的父母比学前儿童的父母在教导儿童、与儿童谈话、为儿童阅读、与儿童一起游戏等的交往时间减少了一半。

（2）父母与儿童交往的内容也在发生变化。在学前期,父母主要处理的是诸如儿童发脾气、打架等问题。儿童入学之后,一系列新的问题摆在父母与孩子面前,如孩子是否应该做家务、是否应该鼓励孩子与特殊个体交往、孩子学习不好怎么办等,许多问题都可能导致亲子之间感情的变化。因此,这些无论是对父母还是对孩子来说,都是新的考验。

（3）父母与儿童交往的方式也在变化。在学前期基本上是父母管教,孩子遵从。孩子对父母表现出更多的依赖。进入小学后,随着年龄和环境的变化,孩子开始独立思考问题,他们已经开始有自己的想法,他们希望得到父母的指导,而不是让他们替自己做决定,而且孩子倾向于自己做重要的决定。

因此,进入小学之后,儿童与成人接触的机会逐渐减少,他们更喜欢和自己同龄的伙伴交往。

2. 与同伴的交往

同伴交往是小学生最主要的交往形式,也是其形成和发展个性特点、形成社会行为、价值观和态度的一个独特而主要的方式。

（1）小学生同伴交往的特点

小学生与同伴交往的时间更多,交往形式更复杂;小学生在与同伴交往中传递信息的技能增强;小学生善于利用各种信息来决定自己对他人所采取的行动;小学生更善于协调与其他儿童的活动;小学生开始形成同伴团体。

1982年Smollar和Youniss在一项研究中发现小学生对朋友的看法因年龄的不同而不同:①低年级儿童认为只要一个人为另一个人做点特别的事,两人就能成为好朋友;高年级的儿童则认为,两个人只有互相了解,才能成为好朋友。②低年级的儿童认为如果一个人对另一人的态度消极、不公平,两人不会成为朋友;高年级的儿童则认为,在认识双方差异的过程中,逐渐成为好朋友。③低年级儿童认为,能否成为最好的朋友与他们是否经常在一起有关;高年级的儿童则认为,只有发现共同点,两人才能成为最好的朋友。④所有儿童都认为互惠是交往的基础,但低年级儿童强调的是具体的互惠(如一起玩、一起做事等);高年级儿童则强调心理的互惠性,如兴趣、态度的一致等。

（2）小学生同伴团体的形成与发展

小学时期也是开始建立同伴团体的时期,因而也被称为"帮团期"。日本心理学家广田君美把小学儿童同伴团体的形成和发展分为了五个时期。

① 孤立期(一年级前半期)。这时的儿童彼此之间还不熟悉,谁与谁交朋友正在探索之中。

② 水平分化期(一至二年级)。在这一时期,座位靠近、上学同路等自然接近因素,促进儿童建立伙伴关系。

③ 垂直分化期(二至三年级)。这时期的儿童开始根据学业、身体能力的优劣,分化出支配型的儿童和服从型的儿童。

④ 部分集团形成期(三至五年级)。儿童在这一时期逐步分化并形成了若干个小集团,各集团由其领袖统率。

⑤ 集团合并期(五至六年级)。在该时期内,各部分集团合并为该班级的整个集团,出现统率全班甚至全年级的领袖人物,成员的集团意识强化,其行为也受到团体规范的制约。

同伴团体的形成与发展对儿童个性品质有深刻的影响。其中,健康向上的同伴团体是儿童优良个性品质的"催化剂",因此作为教师,应该高度注意小学生健康团体的形成与引导问题。

3. 与教师交往

小学生与教师的关系是其人际关系中的一种重要关系。与幼儿园的教师相比,小学教师更为严格,既引导学生学习掌握各种科学知识与社会技能,又监督和评价学生的作业、品行。与中学教师相比,小学教师的关心和帮助更加具体和细致,也更具有权威性。

（1）小学生对教师的态度

几乎每一个儿童在刚跨进小学校门时都对教师充满了崇拜和敬畏,教师的话甚至比家长的话更具有权威性。低年级儿童的这种崇师敬师心理,有助于他们尽快掌握学校生活对他们提出的新要求,及时进行角色转换。但是,随着年龄增长,小学生的独立性和评价能力也随之增长起来。从三年级开始,小学生的道德判断进入可逆阶段,学生不再无条件地服从、信任教师,他们对教师的态度开始发生变化,开始对教师做出评价,对不同的教师表现出不同的喜好。小学生对于经常关心自己的教师,对于言行一致、公正认真、知识丰富、讲课生动有趣的教师特别尊敬,并报以积极的反应;而对于自己不喜欢的老师,往往予以消极的反应。小学生所观察到的教师言行同他们对教师角色期望之间的符合程度,决定着他们对教师的印象和态度,并且在一定程度上影响着师生关系的发展。

(2)教师态度对学生的影响

教师作为教育者,对学生存在一定的角色期待,心理学家研究表明,教师的期望对小学生的成长具有广泛的影响,学生的学习能力、阅读能力和行为表现等都会不同程度地受到教师期望的影响。

教师对学生的信任与尊重也是影响师生关系的一个重要因素。大量的观察研究表明,教师不尊重学生,甚至斥责侮辱学生,将严重恶化师生关系,使学生产生对教师的抵触情绪,最终损害教育效果。教师对于学生的尊重与信任是师生之间进行愉快情感交流的保障,从而使师生关系处于一种和谐的状态,促进小学生健康快乐的成长。

总之,小学时期是儿童社会性发展的重要时期。学校和家庭共同关注的社会性教育,使儿童掌握了越来越多的社会行为准则和社会经验;集体生活的锻炼,人际交往的增加,使小学生发展了各种社会交往的基本技能,小学生的社会性水平随年龄增长逐步提高。

思考题

1. 结合小学生的学习情况,谈一谈小学生学习动机的特点。

2. 小学生注意发展的特点有哪些?

3. 小学生想象发展的特点是怎样的?

4. 小学生情感发展的特点有哪些?

5. 结合小学生的生活实际,谈一谈小学生社会性发展的特点。

第三章　心理活动课的理论基础

第一节　发展心理学理论基础

心理活动课的主要功能是发展和预防,因此教师只有了解并熟悉儿童发展心理学,才能把握学生在成长过程中不同阶段的发展主题,从而引领学生顺利走好人生道路。本节将阐述弗洛伊德和埃里克森的儿童发展心理学的基本理论,并探讨在小学阶段开设心理活动课的发展心理学依据。

一、弗洛伊德的精神分析理论

(一)精神分析理论的创始人

西格蒙德·弗洛伊德(1856—1939 年),犹太籍奥地利人,出生在捷克斯洛伐克摩拉维亚的一个小镇的商人家庭里,4 岁时随全家移民到奥地利的维也纳。1873 年他考入维也纳大学的医学系,曾在著名的生理学家布吕克的生理研究室工作。1881 年,弗洛伊德获得医学博士学位,1889 年到法国南锡同伯恩海姆学习催眠术。精神分析是在医疗实践中逐渐形成的一整套心理学的理论,其主要著作有《梦的解析》《精神分析引论》《超越唯乐原则》等。弗洛伊德的晚期理论已经形成了一个完整的体系,变成了一种人生哲学,企图解决现实社会和生活中的一系列重要问题。

(二)精神分析理论的主要内容

1. 心理地形说

弗洛伊德在临床实践中发现人们不能意识到自己的一切情绪体验,他认为人的心理活动包括三大部分,潜意识、前意识和意识。在这三者中,他更强调潜意识活动,也就是"无意识"。

意识的意义是大家所熟悉的,弗洛伊德认为意识是人能认识自己和认识环境的心理部分,是心理能量活动的一种浅层水平,而潜意识是心理能量活动的深层部分。在精神分析看来,潜意识包含了原始冲动和各种本能及出生之后的诸多欲望。这些冲动和欲望,由于与所处社会的风俗、习惯、道德和法律等不能融合,因此被压抑或排挤在意识之外。但是它们并没有消灭,仍然在不自觉地积极活动、追求满足。前意识是指在潜意识和意识之间的中介部分,是在潜意识中可以被召回的部分,即可以回忆起来的经验;无意识则是不可召回的。

弗洛伊德认为,意识只占人的整个心理中极小的比例,人们常常用冰山一角来形容它。精神分析强调的核心概念是无意识。

2. 人格结构说

弗洛伊德认为,人格结构是由本我、自我和超我三部分构成。正常情况下,这三者处于相对平衡的状态,可以使人较好地适应生活,应付体内外的各种刺激。但这种平衡一旦被打破,就可能引发心理上的紧张感或者焦虑感,严重时可能引发一些不健康的心理现象,甚至精神方面的疾病。

本我是本能的心理能量储藏室,是最原始的、与生俱来的、无意识的结构部分,是由先天的本能冲动或基本欲望组成的,代表人的生物主体,即与肉体联系,遵循快乐原则,寻求满足基本的生物要求。

自我是意识的结构部分,是由本我发展而来,遵循现实原则,根据外部世界的需要而活动。它的心理能量大部分消耗在了对本我的控制和压抑上。

在幼儿期出现了人格结构中的"超我"部分,超我来自自我,但又超越自我,是道德化了的自我,它的主要职能在于指导自我,限制本我的冲动。幼儿在和父母以及其他成人相比的时候,感觉到自己是软弱无能的,于是就以这些"成人"为榜样,从而通过"模拟作用"建立了自己所仰望的一种理想的自我,也就是超我的"自我理想"部分。超我的另一个部分是"良心",良心负责惩罚违反自我理想的行为。儿童接受了来自父母或成人的是非观念和善恶标准,并把它们变成了自己行为的内部规则,从而自觉地遵守。自我理想是以奖励的方式形成的,当儿童的观念和行为与父母的道德观念相吻合,父母就会给予奖励;良心则是通过惩罚的方式形成的,当儿童的观念和行为与父母所鄙弃的观念相一致时,即当这些观念或行为出现时,父母就要给予惩罚,从而使儿童在心灵上受到责备,行为受到阻止。

3. 本能说

力比多在弗洛伊德的著作中常用以指心能,尤其是性本能。弗洛伊德认为,人是一种能量系统,由一种强大的先天力量所推动,这种先天力量来源于躯体所产生的需要,因此人的一切活动都是由本能决定的。在晚期的理论中,弗洛伊德还强调仇恨和攻击本能的作用。他认为人有生的本能,也有死的本能。他企图用生的本能来说明人的整个创造活动,而用死的本能来说明人的破坏和侵略行为。生的本能包括自爱、他爱、自我保存本能、繁衍种族本能和生长并实现自己潜能的倾向。同时他也认为,人都不可避免地被引向死亡,假如死的本能转向内部,结果便是自杀;假如转向外部,结果便是仇恨或侵犯。

4. 人格的性心理发展阶段说

弗洛伊德将人的生长分为四个时期,认为本能的根源是身体的紧张状态,多半集中在身体的某些部位,称为动欲区。

(1) 口唇期(0~1.5岁):这时嘴、唇以及舌头一带特别敏感,婴儿在吸吮和喂食活动中获得快感。

（2）肛门期（1.5～3 岁）：这个阶段的动欲区在肛门，婴儿在进行大小便时体验到快感，而对父母施行的排便训练，使其养成使用厕所的习惯，孩子开始往往表现反抗，慢慢会对便溺规矩形成习惯。

（3）崇拜性器官期（3～6 岁）：这一阶段幼儿的生殖器已经变得积极起来，幼儿已经开始觉察到自己的生殖器的存在。

（4）潜伏期（6～12 岁）：随着儿童年龄的增长，男孩和女孩会逐渐依照父亲或母亲的榜样行事。这个时期儿童的兴趣往往集中于同伴，儿童的人格也逐渐变得能够适应现实环境。潜伏期是一个性欲被移置潜伏性活动的时期，如学习、体育及同辈人的团体活动。

（5）生殖期：进入这个时期，如果以前没有适应上的困难，一般来说，个人就具有超我所能接受的异性爱的生活方式。

弗洛伊德认为，个体在人格发展方面的许多差异都是由于在上述各个发展阶段进展的不同情况所造成的。如果在某一时期，某一需要不能或者被过分满足，就会产生"固结"现象。人格的发展就会固着于某一时期，或者又回到某一时期，出现某一时期的人格特征。

（三）小学生心理发展的重要主题

可以结合现阶段小学生的心理发展特点，根据弗洛伊德的理论制定一些小学生心理发展的重要主题。如小学低年级学生可以开展提升超我的课程，使得个体在与他人的交流互动中可以更好地考虑他人的感受和遵守社会规范。小学生在人际交往的过程中常常以满足自己的需求作为出发点，很少顾及同伴、父母、老师等他人的感受，自我的部分显得强大，超我的部分显得弱小，那么可以开展以培养移情能力为主题的心理活动课，引导小学生顾及他人的感受，以多角度来看待同一问题，避免养成我行我素的心理特点。

心理活动课的另外一个主要功能是帮助个体调节心理不适，即针对学生群体中普遍出现的心理困惑或行为适应不良等方面的问题进行疏导和引导。不同社会条件和经济发展水平下，小学生群体中常常出现的行为适应不良具有不同的表现形式。就现阶段而言，小学生群体中已经出现了诸如情绪困扰、网络成瘾（小学高年级）、学习焦虑（小学高年级）、攻击性行为及厌学等现象。这些问题都可以利用弗洛伊德的精神分析理论来分析其根本原因，从而指导心理活动课的设计。比如，面对情绪困扰问题，可以根据弗洛伊德的相关观点，将有关调节情绪问题的心理活动课设计成四部曲，即倾诉—宣泄—解释—升华。网络性心理障碍的起因可以追溯到口唇期，婴儿通过吸吮和喂食活动获得愉快，并保留了对代表母爱的温暖、关怀等美好感觉的思念，而个体通过上网重新获得这种愉悦感和满足感。因此，心理活动课可以通过培养学生的独立自主能力及处事的计划性从而引导他们健康上网、改正不良习惯。

二、心理社会发展论

（一）心理社会期发展论的创始人

埃里克森（1902—1994 年）是美国著名的精神科医生，是新精神分析的代表人物。埃里

小学心理活动课设计与实施(第二版)

克森是弗洛伊德的追随者,但不属于正统的精神分析学派。他采用文化人类学的观点,考察原始民族的文化对心理发展的影响,并根据自己多年的临床跨文化观察,将人的发展从弗洛伊德的分期增加为八期。埃里克森的代表作有《儿童期与社会》《自我同一性问题》《游戏与真实》等,对新精神分析和发展心理学都有很大的贡献。

(二)心理社会期理论的主要内容

埃里克森的"心理社会期发展论",又称为"心理社会论",是一种人格发展理论。埃里克森认为,儿童行为既是心理的,又是认识的,个体在出生之后依靠与环境的接触和互动而发展成长,人的一生就是一个连续不断的人格发展过程。人格的发展包括躯体、心理和社会这三个方面,而且这三个方面是辩证的、相互影响和作用的。同时,埃里克森也指出,人的本性最初既不好也不坏,有向任何一方发展的可能性。人的一生就是一个连续不断的人格发展过程,在这个成长过程中充满了诸多矛盾和困境。换句话说,人格的发展是连续的但又有不同的阶段,每个阶段都有一个特定的受文化制约的发展任务,也就是都有一个核心的冲突或矛盾。这种矛盾冲突必然会使个体在心理上产生适应困难的感觉,也就是所谓的"发展危机"。如果个体能够在冲突矛盾中实现平衡,成功解决矛盾,向积极品质发展,那么就完成了这阶段的任务,这将有助于个体自我力量的增强,有利于个人适应环境,从而顺利转向下一个阶段,逐渐实现健康成熟的人格;如果个体不能实现平衡,产生消极品质,出现情绪障碍,就会削弱自我力量,阻止个体适应环境,从而为后一个阶段制造障碍,出现病态或不健全的人格。

埃里克森以自我渐成为中心,将人生全程按照危机性质的不同划分为八个时期,又称"人生八段",个体在不同的时期学习适应不同的困难和冲突,化解不同的危机,最终完成整体性的自我。

第一阶段,信任感对怀疑感(0~2岁):这一时期的主要任务是满足生理上的需要,获得信任感和克服不信任感。获得信任感的婴儿会感受到安全,相信人们是充满爱意的;反之,婴儿会对自己和他人都会产生怀疑感,疏远他人,面对新环境产生焦虑不安的情绪。埃里克森非常重视第一阶段,认为获得信任感是以后各阶段,尤其是青年期同一性的发展基础。

第二阶段,自主行动对羞怯怀疑(2~4岁):这一时期的主要任务是获得自主感,克服羞怯和怀疑。这一时期的儿童想做一些事情,如果父母和看管他的人允许他们去做力所能及的事情,儿童就会产生一种自主感,觉得自己有自控或影响环境的能力;反之,如果父母或看管他的人不耐烦或过分溺爱而干预儿童做能做的事,抑或对儿童意外出现的事情采取粗暴的态度,儿童就会产生一种羞耻感,缺乏信心,行动畏首畏尾。

第三阶段,自动自发对退缩愧疚(4~7岁):这时期的主要任务是获得主动感,克服内疚感,行动有方向、有目的。这一时期的儿童能进行各种活动,言语和思维能力不断得到发展,逐渐形成独立性。他们把自己的活动扩展到家庭范围之外,言语和行为也不仅限于模仿,而是在好奇心的驱动下一点点探索和扩充他的环境。如果父母在这一时期支持儿童的探索行为,对儿童提出的问题能够耐心地给予解答,不讽刺、不挖苦、不嘲笑、不制止,那么儿童的主动性就会得到加强;反之,儿童就会出现畏惧退缩,缺少自我价值感。

第四阶段,勤奋进取对自贬自卑(7~12岁):这一时期的主要任务是获得勤奋感,克服自卑感,具有求学、做事、待人的基本能力。这时期的儿童进入小学,能够掌握文字工具,从而有掌握大量知识技能的可能。同时,他们的生活环境发生了变化,重心由家庭转移到了学校和教室。如果儿童努力学习,在实践中得到了父母和老师的支持,勤奋感就会加强;反之就会产生自卑感和失败感。

第五阶段,自我统整对角色混乱(12~18岁):这一时期的主要任务是建立同一感,也就是有明确的自我观念与自我追寻的方向。这一时期的儿童进入青春期,逐渐具备了对周围环境观察和思考的能力,有了这样的综合能力,就能够把自己的各种印象统称为一个有意义的整体,形成对自我的同一性认识。如"我"是谁,"我"在家庭、在学校、在朋辈中占什么地位,"我"是一个什么样的人,"我"将来会成为什么样的人,等等。如果能够对自己的过去、现在和将来产生一种内在的连续感,就会得到这种同一感,否则,可能会出现角色混乱,生活无目的、无方向,时常感到彷徨迷失。

第六阶段,友爱亲密对孤僻疏离(18~25岁):这一时期的主要任务是获得亲密感,避免与社会疏离。这个阶段是人们建立家庭的阶段,所谓的亲密感是指与人相处时的亲密感,包含在美满幸福的婚姻、纯真无间的友谊之中。如果一个人无法在朋友之间、夫妻之间建立一种友爱的关系,不能相互关怀,不能与他人分享快乐和痛苦,那么就会陷入孤独感之中。

第七阶段,精力充沛对颓废迟滞(25~50岁):这是成家立业的阶段,这一时期的主要任务是热爱家庭、关心社会,有责任感和义务感。如果在这一时期,个体能够关心家庭成员,关心社会上的其他人,在工作上积极进取,追求成功,那么就能够体现出一种自我兴趣的扩张;反之,只顾及自己,行为的目的仅在于得到自己的利益,不管他人的困难和痛苦,则会因一心专注自己而产生停滞感。

第八阶段,完美无缺对悲观失望(老年期):这一时期的主要任务是获得完善感,随心所欲,安享天年。这时期的个体会对自己的一生获得较为充分的认识,所感悟的智慧和人生哲学延伸到自己的生命周期之外,与新一代的生命周期融合为一体。如果个体回顾一生,感慨自己没有把握住很多机会,方向发生偏离,想要重新开始又无可能,就会厌恶人生、悲观失望。

(三)小学阶段学生发展的重要主题

根据埃里克森的心理社会期理论,在小学阶段,小学生最重要的发展性主题是养成并保持一种勤奋、努力、积极、进取的学习和生活态度。埃里克森认为这一阶段是关乎自我成长是否成功的决定性阶段,成年人对于工作和学习的习惯和态度可以追溯到这一时期的勤奋进取。如何让小学生在小学阶段的六年里都能保持强烈的进取心,关键是创设一个良好的教育环境,使得学生可以在生活、学习和人际交往等各个方面不断体验到成功。教师对于学生人格发展的引领作用,除了日常的教育之外,主要是通过心理活动课来实现。在实施心理活动课时,这样一个发展主题在小学六年当中大致可以分为以下三个阶段来把握。

(1)小学低段(一二年级)突出的、主要的发展性任务:一是帮助孩子尽快完成从幼儿园到小学的转变和适应;二是在入学之初就注意培养他们良好的行为习惯、学习习惯和生活习惯,使他们受益终生。

(2)小学中段(三四年级)突出的、主要的发展性任务:一是抓住孩子们"智力发展"的第二个高峰期,抓好学习辅导,努力促进孩子智力(特别是思维能力和想象能力)的发展;二是满足孩子们正在迅速扩大的交友和被同伴接受的社会性需要,帮助他们处理好师生关系和亲子关系,使其获得亲密感和安全感。

(3)在小学高段(五六年级)突出的、主要的发展性任务:一是依据高年级孩子在以往知识经验的积累、智力活动的锻炼和大脑功能的发展等方面的良好基础,进一步培养他们对事物本质属性和内部联系进行初步抽象概括和归类记忆的能力,为今后适应初中学习做好平稳过渡的准备;二是高度关注这个年龄段个体的性格发展,在这个充满矛盾、变化且失衡的性格发展关键期给予其正确的引导和帮助,促成他们的性格朝着积极的方向健康发展。

第二节　团体动力学与社会学习理论基础

心理活动课是在班级团体情境下开展起来的,学生个体在班级团体的互动过程中会形成新的特性,班级团体也会对学生个体的心理及行为方面产生影响。在班级团体中开展心理活动课,很显然与团体动力学、社会学习理论有密不可分的联系。

一、团体动力学

(一)团体动力学的创始人

团体动力学的创始人勒温(1890—1947年)为德籍犹太人,生于波森省的默克尔诺,先后就读于弗赖堡大学、慕尼黑和柏林等地的大学,于1914年在柏林大学取得博士学位。服过五年的军役,于1922年在柏林大学担任讲师,1927年升任教授,1932年赴美国讲学,先后在斯坦福大学和康奈尔大学任教。1935年转任爱荷华大学儿童福利研究所心理学教授,1944年前往麻省工业大学,主持集体动力研究所工作。

勒温的心理学与格式塔心理学具有共同的历史背景。他致力于需求系统或心理动力方面的研究,另辟格式塔心理学的新园地。与此同时,他受到了拓扑学和向量学的影响,他用这些理论来陈述心理事件在心理生活空间的移动及其动力关系和方向。在柏林任教期间,勒温重点研究和分析了学习和知觉的认识过程、个体动机和情绪的动力学等,并提出了动机理论。在爱荷华大学任教期间,勒温的兴趣和研究重点转到了奖惩、冲突和社会影响等人际过程问题中,并研究了诸如领导行为、社会气氛、团体标准及价值观念等团体现象。他对现代心理学,尤其是社会心理学做出了重大贡献,被称为"实践的理论家"。

(二)团体动力学

团体动力学产生于20世纪30年代末期的美国,旨在探索团体发展的规律,它研究团体的形成与发展,团体内部人际关系及对其他团体的反应,团体与个体的关系、团体的内在动力、团体间的冲突、领导作用、团体行为等。勒温特别强调团体是一个动力整体,应作为一个整体来研究。可以说,团体动力学为以班级为单位开展心理活动课提供了理论基础,为心理活动课过程中团体气氛的创设、领导者的作用等提供了重要的研究成果。

1. 团体动力学的理论基础

团体动力学的理论基础是勒温的"场论"。勒温在 1938 年发表的《社会空间实验》一文中提出了这个概念。场论是借用物理学中"场"的概念来解释心理活动的理论,它把人的心理和行为视为一种场的现象,是人与环境的函数,用公式表示为:$B = f(PE)$。其中,B 是指行为;P 是指个人;E 是指环境。在这个理论中,环境是指心理环境,是一个整体,其中每一部分都依存于其他各部分;对人而言,意志和需要等具有重要的动力作用。场具有复杂的非物理的力及它们之间错综复杂的变化,而这种变化所产生的动力结构使场成为动力场,随着动力场的千变万化,人的心理和行为也随之变化。场论的基本特征可以概括为:场是将行为主体与环境融为一体的整体;场是一个动力整体,具有整体自身独有的特征;场的整体性在于场内并存事实相互依存和相互作用的关系。

在一个团体中,团体成员在团体中的行为,其实都是该成员与其所感知到的环境之间的互动,因此团体中所有成员间的互动便建构了一个"社会—心理脉络"。团体就像一个充满能源的小磁场,不同成员所认同的、相似的或不同的目标及其行动之间,就形成了相互促进、相互抑制或者相互斗争的各种关系,这里的各种关系对团体过程与动力的影响是非常重大的。

2. 团体动力学的几个重要概念

(1) 团体气氛

团体动力学的研究是为了促进团体的功能发挥以及团体对个体和社会的作用。团体动力学最著名的一个实验是对团体气氛的研究。勒温和利皮特于 20 世纪 30 年代中期为了研究民主和专制的团体气氛,从大学附属小学五六年级的志愿者中选出了 10 岁和 11 岁的孩子 30 人。这 30 人组成了两个制作面具的实验俱乐部,每个俱乐部由大学生担任领导人,分别扮演民主的和专制的领导,且每两个星期进行轮换。按照这样的做法,每个小组都要经受两种不同的领导作风,从而形成两种不同的团体气氛。研究表明,在不同的团体气氛下,个体的行为表现出了很大的差异。民主的领导方式促使团体中的成员彼此友好地相处,专制型团体成员间出现了强烈的攻击性言行;民主型团体中的成员间以工作为中心接触多,专制型团体中的成员对领导服从或出现引人注目行为的情况多;民主型的领导方式下团体成员的工作创造性更大,工作动机、集体意识更强,专制型的领导方式下团体成员之间缺乏信任感和创造力,工作动机大大降低;民主型团体注重"我们"的感情,对团体活动的满意度与满足感更高,而专制型团体中的成员多以自我为中心,彼此间充满敌意与冲突,推卸责任或人身攻击等。

在实际的生活中,我们都存在于一个或几个团体中,如一个工作单位或是一个工作部门,一个学校或是一个班级,甚至是由几个人所组成的小组等,我们都能切身体会到团体气

小学心理活动课设计与实施(第二版)

氛的存在以及不同的团体气氛对团体成员的影响。不同的领导风格会影响团体气氛,不同的团体气氛又会对团体成员及团体发展产生不同的影响。因此,在心理活动课中应重视团体气氛的作用,促进团体功能的良好发挥。

(2) 团体凝聚力

团体凝聚力是指团体对其成员的吸引力和团体成员之间的吸引力,以及团体成员的满意度。它是团体巩固与稳定的社会心理特征,对团体的存在、活动、效率有重要的作用。团体凝聚力是以团体共同活动为中介的。在团体活动中,成员经过互动,彼此诉说自己的喜怒哀乐,从而增进成员之间的感情和思想交流。如果彼此之间发生认同,互相满足心理需要,就会产生亲密感和互相依赖感,从而增强成员相互之间的吸引以及团体对个人的吸引。在这样的团体中,成员心情愉悦,精神振奋,知、情、意三者一致,凝聚力较高。若与之相反,团体成员之间经过交流,在思想、情感上不能产生共鸣,甚至有严重分歧和冲突,相互之间不能满足心理上的需要,成员感到心情压抑,相互离异,势必团体对个人的吸引力就会变小,凝聚力自然较低。此外,团体凝聚力还与团体领导者及其参与成员的个人吸引力有关,比如身份、人格魅力、才能等。

团体凝聚力对团体效能会产生重大的影响。它会使团体成员紧密团结在一定的目标之下,使团体成为一个具有高度整合性的团体,而且高凝聚力会提高团体成员的士气,明确活动的动机、自觉努力地完成团体工作,提高工作效率。如果一个团体内有诸多内在冲突,成员彼此不合作,精神受到压抑,反而会故意制造麻烦,这样一来工作效率自然降低。

克瑞奇等人认为高凝聚力的团体有以下七个特征:①团体的团结非起因于外部的压力,而来自团体内部;②团体内的成员没有分裂为互相敌对的小团体倾向;③团体本身具有适应外部变化的能力,并具有处理内部冲突的能力;④团体成员彼此之间有强烈的认同感,成员对团体有强烈的归属感;⑤每个团体成员都能明确团体的目标;⑥团体成员对团体的目标及领导者持有肯定的、支持的态度;⑦团体成员承认团体的存在价值,并具有维护此团体继续存在的意向。

影响团体凝聚力的因素大概可以分为两大类,即团体内部因素及外部因素。团体内部的影响因素包括团体的规模、成员之间的相似性、团体目标、信息沟通状况、成员对团体的依赖程度、领导者与团体成员的关系等;团体外部的影响因素主要来自于团体间的竞争。当团体面临外来的压力或威胁时,成员为保护团体的利益而相互配合、相互协调、一致对外,从而使团体的凝聚力得到提高。

3. 心理活动课中团体的特征和功能分析

(1) 团体的特征分析

作为一个班级团体,一般是 30~50 人的个体结合在一起的,可以说这是一般情况下团体的规模。但是判断一个团体是否是真正意义上的团体,除了规模上的界定之外,还要具备以下三个基本特征:①团体必须有共同的目标,因为共同目标是团体赖以存在的先决条件和根本原因,团体成员是为了一个共同的目标而集合在一起的,抑或是为了完成共同的任务等;②团体必须有一定的结构与规范,团体会逐渐形成团体成员所接受的外显或内隐的行为规则,这些规则会成为约束团体成员的规范,从而使得团体更为稳定;③团体内必须有成员之间的互动,团体成员会在心理上对自己所在团体产生归属感,并认为他们是一个与其他群体不同的联合体,成员之间会发生一定的互动关系,这种互动关系有正向和负向之分,正向的互动诸如相互支持、信任、合作等,负向的互动诸如相互欺骗、指责、攻击等。

（2）团体的功能分析

团体能够影响身处之中的成员的个体成长,这种影响具有两种倾向,即积极愉快和消极痛苦。这是团体功能所决定的,概括来说,团体有以下四种主要功能。

① 团体提供了不同的资讯及多元的反馈。在心理活动课中,成员在讨论问题时往往能够从不同的视角来发表意见,从而提供多元化的解决问题的方案,正是由于这样的多元互动学生才更好地开阔了视野,满足了自身吸收大量不同信息的需要,很大程度上避免了在认知上产生片面性。同时,心理活动课还给予了团体成员接受反馈的机会,在这样的课程里,个体有更多的可能接收到他人对自己的看法。

② 团体能够改变个体的自我概念并增进对他人的了解。心理活动课的开展有一个很重要的目的就是营造一个良性互动的团体。在这样一个团体中,每一个成员都可以以人为镜,在信息反馈、相互的比较和对照中,可以对自己的个人特质有一个较为清晰的了解。因此,个体的自我概念的结构会更加趋于客观与合理,同时也会对他人有更进一步的了解。

③ 团体能够使成员之间产生共同的感受和体验。在个体咨询或个案辅导中,常常很难处理由于困难、遭遇而导致的无助感,但是如果放在一个团体情境中加以处理,却常常出现意想不到的效果。在心理活动课中的互动分享中,个体会发现与自己处境相似的"同命人",无助感与孤独感会大大降低,反而会在互动中得到启发去应对困难。

④ 团体创设了模拟现实生活情境的实验机会。在学校里,班级团体可以看成是社会生活的缩影,比如学生之间会存在种种矛盾与冲突,学习方面会存在相互的竞争与合作,师生之间如何协调关系等。如果学生把所有精力都用在学习书本知识上,逃避对这些问题的处理,那么完成学业步入社会后,则会无法适应更为复杂的关系与矛盾。

二、社会学习理论

（一）社会学习理论创始人

班杜拉是美国社会心理学家（1925—2021 年）,出生于加拿大,1947 年进入哥伦比亚大学,毕业后考上爱荷华大学的心理学研究生,并于 1952 年获得哲学博士学位。1953 年,他到斯坦福大学从事儿童心理研究,1964 年当选为美国心理学会主席。20 世纪的 50 年代末至 60 年代初,班杜拉在儿童攻击行为的系列性研究基础上,致力于从事行为矫正技术的探究,主要著作有《社会学习与人格发展》《社会学习理论》等。

（二）社会学习理论

1941 年米勒和多拉德最早提出了社会学习理论,他们以社会刺激（即他人的行为）取代物理刺激,运用刺激回报和强化的基本概念来解释人们的模仿行为。之后,班杜拉在

1977 年出版了《社会学习理论》,进一步发展了社会学习理论的观点,他主张把依靠直接经验的学习和依靠间接经验(即观察学习)综合起来来说明人类的学习。班杜拉强调人的行为是个人与环境的交互作用决定的,即人的行为受到内在因素与外在环境因素的交互作用影响。同时,班杜拉还强调认知过程、观察学习及自我调节过程的重要性。这些理论的研究成果对团体心理活动中如何改变成员的不适应性行为提供了方法。社会学习理论的基本内容有如下三个方面。

1. 观察学习

班杜拉认为人的行为与人格是在观察学习过程中形成的。观察学习是指人通过观看他人而习得复杂行为的过程。人的行为与人格就是通过观察模仿榜样而形成的。在观察学习中,认知因素起到了制约的作用,新行为与新人格特征在获得后可以不马上表现出来,也可以不用强化。按照信息加工的模式来分析观察过程,可以将观察学习分为四个过程,分别是注意过程、保持过程、运动再现过程和动机作用过程。现代社会学习理论认为,人不仅仅受到自己行为的直接后果的影响,还会受到观察他人所得到的结果(即替代强化),以及由个人对自己的评价、认识所产生的强化(自我强化)的影响。

班杜拉的观察学习理论十分强调榜样的示范作用,认为人格就是在观察榜样、模仿榜样的过程中形成的。模仿是指在没有外界控制的条件下,个体受到他人行为的刺激,自觉或不自觉地使自己的行为与他人相仿。关于模仿的研究最早开始于 20 世纪初,到 20 世纪 50 年代后,班杜拉结合人类认知过程来研究人类的模仿行为,认为模仿的能力不是先天的,而是在后天的社会化过程中渐渐习得的。班杜拉等人做了一项著名的实验,他们把参加实验的儿童分为三组。其中一组进入一间有玩具的房间,玩具中有一个充气的塑料大娃娃。之后,进来一个成年人对塑料娃娃进行攻击,时间大约是 10 分钟,如用铁锤狠狠地敲击玩偶的头,将充气娃娃抓起来摔、压,并不时地喊"打、打……"另外一组儿童在有充气娃娃的房间内观看一个成年人静静地做他的事,大约 10 分钟后离开。还有一组儿童是通过电视录像观看攻击性行为。总体来看,那些没有看到攻击行为的儿童来到游戏室玩玩偶,表现出来的攻击性行为较少,而无论是直接还是间接观察到攻击行为的儿童,在后来的游戏中都表现出了更多的攻击性行为。班杜拉认为,许多社会行为通过观察、模仿即可习得,只要环境条件允许,观察习得的某种行为的行为方式就会外化为行为表现。

2. 相互作用理论

社会学习理论的基本立场是人的行为与人格是在行为、人的内部认知因素和环境相互作用下形成的,即人的行为与个人内在因素、环境这三者互相影响,构成了一种三角互动关系。人的行为既受到环境的影响,同时也受到个人的认知与需要的影响,人的行为反过来又创造或改变了环境,个人的不同动机以及对环境的认识使人表现出了不同的行为,这种行为又以其结果使人的认知与动机发生改变。简单来说,人既受环境的影响,同时又能作用于环境,主动影响环境。

人的认知就是在这三者相互作用的过程中发挥着非常重要的作用。正是由于人具有认知能力,自我调节系统才能在观察学习中有选择地接收来自环境的信息,有选择地将这些信息反映出来,同时,不断地形成改变内部的认知结构,不断地形成人格的差异性。因此,在相同的环境中,不同的人会表现出不同的行为和人格特点。

3. 自我调节理论

班杜拉认为,观察者在观察学习的过程中,如果自身的行为没有得到强化也可以获得新行为,但能否将获得的新行为表现出来则取决于强化的作用。强化有直接强化、替代强化和自我强化这三种类型。直接强化是指观察者的行为直接受到外部因素的干预。例如,在课堂上,一个学生积极主动地回答问题,老师就给予表扬,鼓励学生上课认真听讲、主动回答问题。替代强化是指观察者本身没有受到强化,而是在观察学习的过程中看到榜样的行为受到强化,这种强化也会影响观察者行为的倾向。例如学生在学校里看到榜样认真负责的行为受到奖励,就会倾向于模仿这类行为。自我强化是指观察者根据自己设立的标准来评价自己的行为,从而对榜样示范和其行为发挥自我调整的作用。个体能够将自己直接经历的结果、观察榜样经历的结果以及自己设立的结果整合起来,从而得出行动的一般原则。这样既可以对现实行为加以控制,也能够制订未来的计划和目标,也就是能够对行为结果进行预测,从而影响下一步行为的动机。

（三）心理活动课中师生关系与朋辈互助分析

学校中的班级团体可以看作是一个小型的社会系统,每一个团体中的个体都生活在这个由教师及同伴及其相互影响作用的人际行为网络中,这就构成了在学校教育中个体成长的外部环境,根据社会学习理论,了解外部环境对学生个体成长的影响是非常重要的。

1. 师生关系对学生个体成长的影响

心理活动课非常注重老师与学生之间的关系及互动风格,因为其会影响班级社会心理环境。比如,教师的行为倾向于指令、说教、训诫等,学生对于团体活动的参与就会表现出被动、抗拒、排斥或者消极服从等态度;如果教师的行为倾向是对学生的认同、接纳、支持、赞赏等,学生则会对团体活动的参与表现出主动、自发、积极、合作等。教师在组织心理活动课的过程中,重视分享感受和体验,同时会对学生进行价值观的引导,这些都会把教师自身的修养和素质显露出来,并对学生产生潜移默化的影响。

2. 同龄人互助对学生个体成长的影响

进入学校教育的环境后,个体往往会疏远成人而热衷于与同伴交往,并成为同龄人群体的一部分。与同伴在一起,个体开始学会并发展适度的被人接纳的新感觉,他们的行为及心理标准是一种相对来说更容易达到的同龄人的标准。可以说,同伴关系特别是同伴团体对儿童发展具有非常独特及重要的价值。其一,同伴之间的交往有助于培养个体成年后所必需的交往技能,使个体练习平等交往的技能,为成为正式的社会成员做好准备;其二,在同伴关系中,个体体验到团结友爱、尊重自信等积极情感,促进个体达到自尊的体验;其三,同辈群体提供了个体间交流社会信息和看法的机会,因此同伴关系具有文化传递和行为发展的功能;其四,同伴关系会促进个体社会化的发展。

第三节 人际沟通理论基础

人际沟通是指人与人之间运用语言或非语言符号系统传递信息、传达思想、表达感情和需要的交流过程,是人们交往的一种重要形式和前提条件。在开展心理活动课的过程中,人际沟通会贯穿全过程,因此了解人际沟通理论有助于教师更好地表达自己的想法,更准确地掌握个体的思想动态,更有效地引导活动的开展,指导团体成员间的沟通,增进个体对自我及他人的了解。

一、人际沟通的特点及功能

(一)特点

1. 沟通双方互为主体

在人际沟通中,双方都应以积极主动的状态来进行交流,且都要求对方具有积极性。

2. 沟通可以调整双方的关系

沟通双方均扮演发信者和收信者的双重角色,且借助符号系统相互影响和制约双方的心理和行为。

3. 沟通的双方应具备统一或相近的符号系统

人际沟通有效性的一个前提是沟通双方具有统一的符号及意义体系(如双方使用共同的语言),否则就会出现沟通障碍。

4. 沟通中可能出现社会性、心理性、文化性的障碍

诸如交流双方对交往情境缺乏统一的认识和理解,双方的个性心理差异,各自风俗习惯、宗教信仰等不同所引起的沟通障碍。

(二)功能

1. 传递信息的功能

通过沟通可以交流信息、知识、经验、思想和感情。

2. 心理保健的功能

通过沟通可以满足人交往、合群的心理需求,增进彼此的情感共鸣,增加归属感和安全感,增进心理健康。

3. 自我认识的功能

通过沟通可以深化对自己的认识,使人更客观地评价自己,建立起健康的自我形象。

4. 人际协调的功能

通过沟通可以发展与他人的关系,协调各自的行为,保持融洽的关系。

二、团体内的沟通形式

莱维特通过实验,最早提出了团体内沟通的五种形态(见图 3-1),有链形、Y 形、轮形、圆形和全通道形。这五种形态中,轮形的信息传递速度最快,其次是圆形,链形最慢,且容易产生隔阂;圆形成员之间平等相处,满意度较高,链形成员满足程度最低;轮形中存在轴心人物,能控制全局,其次是链形,圆形无中心;Y 形沟通兼有轮形和链形的优、缺点;全通道形沟通中所有成员都有相互间的联系,处于平等地位,有利于调动全体成员的积极性。

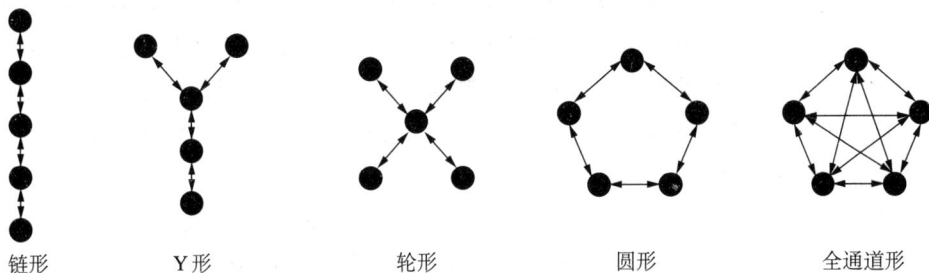

链形　　　Y形　　　　　　轮形　　　　　圆形　　　　　全通道形

图 3-1　团体内沟通的五种形态

在心理活动课中,良好的相互沟通是实现活动目标的前提。而且需要指出的是,这五种沟通形态中,没有绝对的好与绝对的不好,视乎具体的任务。所以老师必须根据具体的教学活动内容和目标选择最适合的沟通形态。

三、人际沟通的渠道

(一)语言沟通

语言是沟通不同个体之间的桥梁,是不同的个体心理活动彼此发生影响的最有效的工具。语言沟通不仅靠词汇和句子,还通过口语声调和修饰性口气来表达。人类语言中声调及口气是语言的一个组成部分,有助于人们表达各种语言含意,被称为副语言,比如音高、节奏、强弱、抑扬顿挫等。

(二)非语言沟通

1. 目光接触

如果你曾经有过与戴着墨镜或者反光太阳镜的人谈话的经历,你应该能够体会到在谈话中的目光接触是多么重要。因为当你看不到对方的眼睛时,你常常不能预测他/她会做何反应。人们常常通过对方的眼睛来了解对方的感情,无怪乎人们常常把眼睛比作"心灵的窗户"。目光接触在非语言沟通中应用最为广泛,主要用途有四个方面:其一,可以作为一种认识手段,如注视表明你对沟通的对方感兴趣;其二,可以控制、调整沟通之间的互动,用期待、鼓励的目光注视,会使对方继续表达自己的想法;其三,可以用来表达感情,如从一个人的眼神中可以感觉到他在沟通过程中的状态,是有兴趣抑或是厌烦的;其四,可以用作提示、告诫的手段。

2. 面部表情

两千多年以前,罗马雄辩家西塞罗曾说:"脸是灵魂之像。"人类的感受和情绪经常反映在脸上,通过具体的表情来表达。人类面部能清晰地表达 6 种基本情绪:愤怒、恐惧、快乐、悲哀、惊奇和厌恶,在这些基本面部表情之外,还包含着多种情绪成分混合的表情,诸如悲喜交加,又惊又恐等。

3. 体态语言

大量研究表明,人的头、手、腿、脚和躯干的运动都可以用于沟通,亦即通过手势、姿势和动作进行沟通。Aronoff、Woike、Hyman 等研究者进行了一个实验。他们首先从传统的芭蕾舞中区分出两组角色:一组扮演危险的或具有威胁性的角色;另一组扮演热心同情者的角色。目的是考察实际的芭蕾舞中这些角色跳舞的情况,看他们是否采用了不同的姿势。结果表明,具有威胁性的角色展示出了更多的对角线状或者直角状的姿势,而热心同情者则展示出了更多的圆滑的姿势。

在与人交往的过程中,我们不难发现,当人们失望的时候,会微微地低下头,嘴角会向下撇;当人们焦虑的时候,身体的某些部位会不安地动起来,如来回地搓手或不停地抖腿等,回避直接的目光接触等;当对出现的事物感兴趣时,身体常常略向前倾一些;当对出现的事物产生抗拒心理时,身体则是向后倾,双手交叉于胸前等。

非语言的沟通很大程度上丰富了人际沟通的内容,而且比语言沟通更为深刻和真实。在心理活动课中,教师要善于观察学生的非语言性信息,从中把握和了解他们的态度和倾向,以便更有效地引导学生。

四、人际吸引的规律

人际吸引是人与人之间互相喜欢和悦纳的现象,是在人际沟通过程中形成的对他人的一种特殊形式的社会态度。这种态度处于一种从喜欢到讨厌的范畴,在特定的背景和关系下,人与人之间的相互吸引,从心理学角度看,取决于以下条件的影响和制约。

(一) 邻近性

邻近性是指人与人之间空间上的彼此接近。交往双方空间距离越小,越相近,彼此之间越容易相互吸引,比如同宿舍、同桌或相邻座位,同一个办公室的人常常成为熟人。

(二) 相似性

相似性是指沟通双方或几方在年龄、地位、职业、文化程度、兴趣、态度等方面越相似,彼此之间越能相互吸引。如果教师能够经常换位思考,在某些方面能够与学生拉近心理距离,比如兴趣相似等,可以在某种程度上增强人际吸引。

(三) 互补性

互补性是指双方从对方得到需要的满足,或者说是沟通双方的需要和满足正好成为互补关系时,会产生强烈的吸引力。如性格互补、能力互补等。

（四）外表

出众的外貌和得体的仪表往往会促成人的人际吸引与交往。在沟通过程中,特别是初次接触时,形象好、有气质、有风度的人常常更容易被人接纳。

（五）人格

具有持久吸引力的人往往具备使人喜爱、仰慕并渴望接近的性格特征。孔子曾提出"益者三友,友直、友谅、友多闻"。人们一般喜欢真诚、诚实、宽容、热情、正直和开朗的人。

（六）能力

人们往往喜欢那些能力较强,特别是有特殊才能但又会出现一些差错的人。在人际交往中如果因为寻求完美而表现得过于拘谨、做作,会给人虚伪和缺乏自信的印象。

五、有效沟通的原则和方法

（一）有效沟通的原则

1. 培养良好的人格特质

良好的人格特质包括自我觉察、接纳、温暖、同情心、专注等。

2. 减少引起防卫的沟通行为

心理学家 Gibb 指出六种沟通行为会引起防卫反应,包括评价式、控制式、中立式、谋略式、优越感、专断式。

3. 利用支持性的沟通行为

包括描述性、问题导向式、自发式、同理式、平等式、协定式。

4. 强化沟通的技能

如专注、提问、口语表达简洁、积极倾听等。

（二）有效沟通的方法

（1）注意:接受人认真倾听沟通的信息。

（2）理解:接受人能掌握信息的含义。

（3）接受:接受人同意或遵循信息的要求。

（4）行动:根据信息要求采取措施。

思考题

1. 试针对某一年级,从发展心理学的角度,设计一节心理活动课,并说明这一节课的针对性和必要性。

2. 阐述团体动力学的理论基础及心理活动课中团体的特征和功能分析。

3. 社会学习理论的主要内容是什么？它对心理活动课有什么贡献？

4. 人际沟通理论有哪些主要内容？

第四章　小学心理活动课的设计

第一节　心理活动课设计的基本思想

与其他的课程一样,心理活动课也需要提前设计活动方案,好的心理活动课设计是一节成功的心理活动课的基础,也是心理活动课顺利进行的有效保证。教师只有依据事先设计好的心理活动安排,周密地组织和实施心理活动,并在这一过程中评估和不断改进设计方案,才能有效地实现心理活动课的目标,促进学生积极变化,达到心理教育的目的。

一、小学生心理活动课设计的基本原则

心理活动课是非常灵活的,在以学生为主体的基础上进行设计时需要遵循一定的原则,具体如下。

（一）针对性原则

心理活动课的设计应具有针对性,要考虑学生的特性,如性别、年龄、家庭背景、表达能力等因素;心理活动课的内容和形式,应该既是为学生所熟悉和喜欢、认可和接纳的,又是涵盖学生在学习生活中所面临的必须解决的种种心理问题,这样才能充分调动学生的积极性和主动性,使其乐于参与到活动中来,并形成自己的体验和领悟,促进其心理健康。

（二）科学性原则

心理活动课的设计要具有科学性。教师要了解自己的特质、能力、偏好及课堂风格,要选择、设计自己熟悉或有把握组织的活动,避免组织不熟悉、没把握、难于操作的活动。心理活动课设计还应有一定的弹性,便于教师在课程中灵活地调整。

（三）保护性原则

心理活动课设计要有安全意识,应充分考虑人身安全,排除隐患,在心理上保证活动的非伤害性,预先评估是否存在损伤学生的自尊、自信或导致其出现负面情感的情况。

（四）一致性原则

心理活动课的设计应有整体的规划,在纵向上,学生在各阶段进行的心理活动课应是协调一致、逐步推进的;在横向上,心理活动课也应考虑与学生其他课程之间的合作、协调、同步与互补,不能把心理活动课与德育、智育、体育、美育等内容割裂开来。

二、小学心理活动课设计流程

张大均认为教学设计就是"根据教学对象和内容确定教学的起点和终点,使教学诸要素有序、优化地排列,形成教学方案的过程"。因此,心理活动课教师要根据学生的需要,依据相关理论与知识,系统地将多个心理活动加以设计、组织、规划,以便在课堂上带领学生进行活动,达成心理活动课的功能与目标。一次完整的心理活动课设计一般包括以下步骤和内容(见图 4-1)。

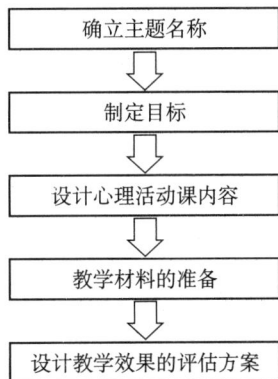

图 4-1　心理活动课设计步骤

（1）确立主题名称

选择明确的主题并命名,每一名称具体标志着特定的活动内容。

（2）制定目标

依据据相关理论,结合学生的实际情况,制定出辅导目标。

（3）设计心理活动课内容

配合教学主题及教学目标,结合活动内容的适合性及各种资源,选择有效的教学策略与方法。这是设计中的主要部分,它规定了教学活动的过程及具体步骤,从活动开始到活动结束,每个流程都应有具体的说明。

（4）教学材料的准备

为了顺利地完成课堂的活动,需设计和准备所需的教学环境、多媒体材料,并收集和准备活动操作中所需的用具。

（5）设计教学效果的评估方案

设计评估方案,以收集相关的评估资料,为教学效果的评估及教学设计的改进做准备。详细内容可见本书第八章。

第二节　心理活动课的主题与目标

　　很多人在初学心理活动课、对活动课不甚了解时,通常会出现"走捷径"的心理。设计课程方案时,先选定某个活动,然后围绕这个活动来设计主题,即先选活动,后定主题与目标。当然,某些情况下,由某个活动而起,形成一个不错的主题,或者,教师之所以对该活动有触动,是因为在教师的心里本来就存在一个自己所关注的主题,而该活动可以很好地承载这一主题,同时课程对象恰好也需要一个与该活动有关的主题,这样做也并不碍事。但实际上这是一种本末倒置的方式,就如同医生看病,一定是先了解患者,明确病情,最后对症下药。而上述方式则如同医生先开出药,再去明确这个药可以治什么病,最后去找患者来吃一样,结果很容易与患者的实际情形不匹配。所以合理的方式应该是先根据学生的需要选定主题,并在确定了教学目标后,再据此去选择和设计活动,因此,心理活动课主题与目标的设计便成为教学活动中的一个首要问题。

一、确定心理活动课的主题

　　每节心理活动课的主题都规定了本节课的特定内容,心理活动课不是一种学科知识型的课程,课程的结构不必按心理学知识的逻辑结构来编排。一般来说,学校心理健康教育课程是由为解决某些问题而设计的一个个主题组成的。为了保证教学取得较好的效果,主题的选择必须适宜,作为任课教师,既须兼顾小学生心理发展的需要,也须考虑课时容量等限制因素,所以,就需要教师科学合理地选择主题。

(一)心理活动课主题的来源

　　对小学生来说,可以作为心理活动课的主题很多,通常教师可以考虑从以下几个方面来选取主题。

　　1. 学生发展的需要

　　有效的心理活动课设计首先应了解辅导对象的身心发展状况,包括学生在某一阶段发展的特征、期望、任务和行为是什么,在这一发展过程中,可能遇到哪些阻力,如何促进这些个体的发展等。一般来说,在小学1~2年级,其发展性主题主要为入学适应、良好行为习惯的养成;在小学3~4年级,其发展性主题主要为智力的发展、人际交往能力的发展;在小学5~6年级,其发展性主题主要为个性发展、中学阶段和小学阶段的衔接。

　　教师可依据埃里克森的心理社会发展理论等发展心理学的研究成果,配合相关理论所揭示的学生身心发展的成熟度与可能的困难,设计专门的活动,为学生提供各种新的广泛的良性互动,便可使他们在先前发展经验的基础上,完成人生的成长。

　　2. 课程教材

　　目前在市面上有许多可以用来作为小学心理活动课的教材,教师可以有所选择地、创造性地使用这些教材。但是不必如学科教学一样将教材从头到尾讲授,可以根据学生的需要选择使用其中某些主题。即使选定了一个主题,教材上的内容也可以根据需要取舍组合。例如,一个老师发现小学一年级教材上的前面几课内容都是围绕小学生入学适应而开展的主题,但较为烦琐,而且该校安排的心理活动课时间有限,所以便将其组合成为了一个新主题,叫作"快快乐乐在小学",针对小学一年级新生在新的学习方式、新的学习环境、新的人际关系等方面出现的种种问题进行辅导,同样会起到不错的效果。

3. 学生常见问题与困惑

教师亦可在学生中进行了解,如通过观察,与学生、班主任、任课教师、家长进行访谈,问卷调查等方式,了解大多数学生正面临的问题与困惑,同样可以作为主题的来源。例如,有位教师根据班主任的多次反映,了解到学生常常抱怨学习压力大,父母不理解自己等情况,因而设计了"倾诉烦恼,正确理解"为主题的辅导活动,因为这些话题正是学生亟须解决的心理问题,所以活动中,学生们有话可说,有情可诉。这样的辅导才真正触及了孩子们的内心世界,也真正达到了我们心理辅导的目的。

(二)心理活动课主题选择的要求

1. 选题需有针对性

心理活动课强调从学生的主体地位与主体需要出发,选题符合学生内心需求,才是打开学生心灵之窗的钥匙。在教育过程中必须顾及学生的差异性,不同阶段、不同环境中的学生都有不同的心理共性,教师需针对这些不同的共性,开展有针对性的心理健康教育活动,使其在原有心理水平的基础上得到提高。例如,对于小学一年级的学生来说,他们面临从幼儿园生活到小学生活的转换,此时适合设计"我是一个小学生""认识老师,认识同学"这一类帮助学生适应新环境的主题,而对小学六年级的学生来说,他们开始进入青春期,心理和生理都进入一个高速发展的时期,此时则可设计"悄悄地长大""锁上的日记""独一无二的我"等与青春期发展相关的主题。

即使是同一类主题在面对不同的对象时也需要做不同的处理,如一位教师为某一年级的学生进行人际交往辅导。通过课前调查发现,四个班中只有 3 班问题突出,学生特别喜欢打"小报告",一会儿你来说"某某不好","某某犯什么错误了";一会儿他来说"某某又欺负我了"……但仔细调查就会发现,学生检举揭发的都不过是一些鸡毛蒜皮的小事,而从这些小细节却看出一个普遍的问题:学生在交往中看到的往往只是别人的缺点,并乐此不疲地批评别人。教师为此将该班的辅导主题选定为:"同学交往,学会赞赏",从而为一节有效的心理活动课奠定了基础。

因此,要根据不同学生的身心发展特点和需求选择课题,有针对性地选取主题。

2. 选题应小而具体

课堂主题一般要小而具体,这直接关系到心理活动课的效果,因为课堂时间的限制,选题过大过空,必然导致对主题挖掘不深不透,空洞且难以落实。例如,一位老师考虑到现在的小学生基本上是独生子女,他们大多是在父母及家人的宽容、甚至溺爱中长大的,习惯了

小学心理活动课设计与实施(第二版)

别人对他们的宽容,却不太懂得宽容别人,所以确定了"宽容"的主题。而宽容是一个很大的范畴。在短短的 40 分钟里不可能一下子解决所有问题,因此,教师选取了学生们与同伴间发生的一些不愉快的事,并且重点引导在发生矛盾时首先想到站在对方的立场上想对方所想,化解矛盾,进一步将主题限定于"宽容他人"方面。这样,通过筛选、舍弃,缩小了主题的切入点,使得实际解决学生心理问题的针对性更强。因此,心理健康辅导课的切入点一定要有现实性,讲究实效性,也就是要找到"牵一发而动全身"的突破口。

(三)心理活动课主题的命名

心理活动课主题的命名应贴切、新颖、通俗易懂,这样可使学生对活动产生兴趣,在上课一开始就吸引学生的注意力。

主题的命名还须避免误导与"标签效应",如"差生进步营,"这样的名称本身就带有偏见。可以用隐喻的、积极正面的词语,体现助人成长的含义,如"学习有方法""你行,我也行"等。

表 4-1 列举了一些小学生心理活动课的主题。

表 4-1 小学生心理活动课主题示例

一 年 级	二 年 级	三 年 级
第一课 认识老师,认识同学	第一课 这就是我	第一课 为什么要学习
第二课 学校也是我的家	第二课 闪亮的我	第二课 主动学习
第三课 书包不是行李箱	第三课 我的"宝贝"	第三课 只是"看看"
第四课 我是课堂的小主人	第四课 为大家服务的人	第四课 处处留心
第五课 课间十分钟	第五课 文明就在我身边	第五课 "为什么"先生
第六课 爱自己,爱别人	第六课 我就要这个	第六课 喜欢所有的科目
第七课 自觉完成作业	第七课 我来当家	第七课 考砸了
第八课 "小报告"	第八课 尊老敬老	第八课 注意自己的小毛病
第九课 我们班被表扬了	第九课 我是小主人	第九课 囫囵吞枣
第十课 我是合格的小学生	第十课 我做事我负责	第十课 我学习我快乐
第十一课 星级课堂	第十一课 冷面大人物	第十一课 学习有计划
第十二课 读书好习惯	第十二课 快乐就在身边	第十二课 上好每节课
第十三课 好口才	第十三课 我不怕	第十三课 勤动手多动脑
第十四课 集中注意力	第十四课 老师不提问我	第十四课 巧记笔记
第十五课 告别拖拉	第十五课 伸出我的手	第十五课 定力在课堂

四 年 级	五 年 级	六 年 级
第一课 我爱老师	第一课 爱国情怀	第一课 只要青春不要痘
第二课 和老师交朋友	第二课 幸福在身边	第二课 不做"假小子"
第三课 受批评之后	第三课 掌声属于你	第三课 悄悄地长大
第四课 和朋友闹别扭	第四课 释放自己	第四课 衣要称身
第五课 新朋旧友	第五课 走出自我中心	第五课 随大流
第六课 参加小团体好吗	第六课 天才出勤奋	第六课 面具嘉年华
第七课 兴趣班由我选	第七课 探险王	第七课 你们真唠叨
第八课 有话好好说	第八课 真正的勇敢	第八课 锁上的日记
第九课 爸妈,你们辛苦了	第九课 诚实的我	第九课 青春有个度
第十课 做个受欢迎的人	第十课 流失的时间	第十课 情绪风暴

续表

四　年　级	五　年　级	六　年　级
第十一课　诚信从我做起	第十一课　渴望尊重	第十一课　竞争无处不在
第十二课　绿色小卫士	第十二课　我有我想法	第十二课　为别人喝彩
第十三课　谦让	第十三课　成功贵在坚持	第十三课　感谢挫折
第十四课　等待的魅力	第十四课　打败诱惑	第十四课　我是独一先二的
第十五课　陌生人的请求	第十五课　自律是美德	第十五课　恰当表现自我

资料来源：华南师大附小《小学生心理健康》。

二、制定心理活动课的目标

心理活动课的辅导目标是教师通过开展心理活动课预期达到的结果或标准，是学生通过心理活动课辅导后所要产生的心理或行为上的变化。确定心理活动课的目标，就是确立心理活动课的出发点和欲达成的最后结果。心理活动课目标制定在心理活动课的设计中起到了承前启后的作用，它不仅是辅导主题的浓缩，而且对辅导过程始终起指导作用，还对辅导效果起到反思和评价的作用。在实际教学工作中，有些教师在设计活动课方案过程中忽略了心理活动课目标的作用，或者设计的目标违背目标的内涵和原则，就如同没有方向的前进一样，这往往也是导致课程无法流畅、灵活进行的原因之一。因此教师在设计心理活动课的内容前需要先确定本节课的教学目标，而后才是具体的内容设计。

（一）心理活动课目标设计要求

1. 教学目标设计应科学、合理

教师在确定活动主题后应对其有比较深入的理解与分析，如果教师自己对辅导主题的理解有偏差，那么在确定活动课目标时就可能出现偏差。所以教师应在主题确定后查询相关资料，仔细分析主题的内涵与所涉及的概念、理论、理念等，以心理学、教育学等学科的相关理论为基础，准确合理地理解和应用相关理论，以此来设置教学目标。

如《学会宽容》一课，有的教师将宽容理解为忍让，所以目标定为在人际交往出现冲突时学会忍让。但从心理学的角度来看，忍让并不是最恰当地处理冲突的方法，反而对个体甚至人际关系起消极作用。那么宽容是什么？《不列颠百科全书》将其界定为"允许别人自由行动或判断；耐心而毫无偏见地容忍与自己的观点或公认的观点不一致的意见"，所以一位教师将目标设定为"引导学生学会客观地评价事情，学会欣赏他人；让学生在活动中体验宽容，提升人格魅力"，相较之下，就要恰当得多。

再如"学会赞扬"和"善用鼓励"这两节课，粗看似乎一致，但如果仔细分析就会看到二者的差异，赞扬主要是针对对方身上具有的优点、长处或取得的成绩、成功所作出的积极评价与肯定，使对方产生一种成功的愉悦感和自尊的满足；鼓励却往往是在对方存在不足、尚未成功或遇到挫折、自信较差时，对对方所作出的激励性评价与心理上的支持，以使其增加自我的正向肯定，增强信心，促进其努力。如果不能仔细辨析，在设定目标时就容易出现偏移或雷同。

2. 教学目标应具有操作性

心理活动课的教学目标应清晰、具体,要明确具体化为可以观察评定的和可以训练培养的行为特征。很多人习惯于用一些模糊、抽象的描述来阐述教学目标,例如,如果目标设定为"培养学生对父母的感恩意识",就会比较空泛,如何算是"感恩意识"呢?这样空泛的目标对教学活动的开展也是不利的,要使教学目标真正为教学服务,就必须明确阐释。目标越明确,就越好实施操作,越有利于实现,比如这样描述:"感受父母养育自己的不易和培养自己的良苦用心;能从父母的角度着想,理解父母;学会体谅父母,为父母做一些力所能及的事情",则不但清晰,而且可以通过一定的教育手段加以训练。

此外,目标定得过高,教师在实践中也同样不好把握,很容易成为"空中楼阁",不能真正指导教学,例如,一位小学老师在 40 分钟的活动中选定的主题是"合作精神的培养",确立的活动目标是:"通过游戏,使学生认识到集体活动的重要性;通过游戏,使学生认识到合作精神对形成班集体凝聚力的重要性,培养他们热爱集体、关心集体的良好品质;通过游戏,使学生认识到与人合作是培养他们合作能力的重要因素。"这样的目标对于小学三年级的学生来说,显然又空又难而且不切实际。

3. 教学目标应与学生的心理发展密切相关

心理健康教育活动课必须根据小学生的心理发展特点设置目标,不能脱离学生的年龄特征,强制性地灌输心理健康教育的知识;发展应是全面的发展,不仅是智力的发展,而且还包括情感、意志力等个性特征的发展;发展性原则还意味着教师应以积极的眼光看待学生,相信学生有自我发展的能力。

比如"我是一名小学生"[①]的设计者,如此分析:

儿童由幼儿园过渡到小学,从以游戏为主的幼儿,变成以学习为主的小学生,校园的生活、环境以及活动都发生了巨大的变化,他们渴望了解小学的生活,对小学的人和事都充满了新鲜感和好奇,可是却缺乏与人交往的方法。面对陌生的环境出现胆怯的心理,缺少对学习生活的认识。儿童对这一阶段的适应情况,直接影响着他们的学习兴趣以及能否形成良好的心理品质,对其今后漫长的学习生活有着深远的影响。

再如前面提到的《学会赞扬》这一主题,其教学对象是低年级学生,这一年龄阶段学生的特点为主要通过他人的评价来认识自我,尤其注重他人对自己的正面评价,但其对他人的评价却往往只看缺点不看优点,一有小事就向教师告状,从而影响了人际关系,据此这节课的目标可设定为"体验赞扬他人和被他人赞扬的愉悦感受;学会发现他人的优点,恰当地表达对他人的赞扬"。

(二)心理活动课教学目标的表达

在语言表达上,教学目标的表述应使用清晰、明确、简明而且具体的语言。

新课改在内容上提出的教学目标包括知识与技能、过程与方法、情感态度与价值观三个

---

① 王俊梅. 小学心理健康教育:教师用书(上). 沈阳:辽宁师范大学出版社,2007

层次。所谓知识就是人们在改造世界的实践中所获得的认识和经验的总和,它主要是指学生要学习的学科知识,包括事实、概念、原理、规律等。技能是指通过练习而形成的对完成某种任务所必需的活动方式,一般包括智力技能和动作技能;所谓过程就是指为达到教学目的而必须经历的活动程序;方法是指师生为实现教学目标和完成教学任务在共同活动中所采用的行为或操作体系,这里主要指学生的学习方法;情感态度与价值观,是人对亲身经历过的事实的体验性认识及其由此产生的态度行为习惯。

教学目标示例

主题:我是一名小学生

教学目标如下。

1. 知识与能力目标:认识自己是一名小学生,初步了解学校学习与生活的常规要求,养成良好的习惯。

2. 过程与方法目标:对比小学与幼儿园生活,对自己的学生角色进行认同,调节自己的行为。

3. 情感、态度与价值观目标:感受学校的温暖、老师的亲切、同学的友爱,体验作为小学生的愉悦感、自豪感和责任感。

曹梅静、王玲提出心理活动课的辅导目标包括认知目标、态度与情感目标、问题解决或能力目标。认知目标指对有关心理现象和规律的认知,态度与情感目标指对自我、他人、社会形成积极的态度与情感;问题解决或能力目标指运用有关知识技能和经验来分析及解决问题,或形成解决问题的能力。

教学目标示例

主题:我是一名小学生

教学目标如下。

1. 认知目标:了解小学与幼儿园生活的差异,初步了解小学生活;

2. 态度与情感目标:体验成为小学生的自豪感、愉悦感和责任感,形成对小学生角色的积极情感;

3. 问题解决或能力目标:学习作为小学生的要求与规范,养成良好的学习习惯。

心理活动课目标制定的方法和依据有很多,以上两种仅作为参考,在实际操作中,教师也并不需要刻板地按照上述格式进行,可以根据实际教学情况,选择适当的方法,只要辅导目标的制定要符合心理活动课辅导目标设计的原则即可。

第三节　心理活动课内容设计

在确定了心理活动课的主题,理清了心理活动课的目标之后,就可以进入心理活动课设计的主体部分——心理活动课的内容设计。首先心理活动课的设计者为教学目标确定辅导

小学心理活动课设计与实施(第二版)

的思路,然后选择合适的活动以完成辅导的过程。

一、心理活动课的思路分析

初学活动课的教师可能会遇到一个困惑,看经验丰富的教师上课时似乎很随意,同样的课每次上可能都不一样,即使设计了教案,也会在进行的过程中临时调整和更改,效果看上去也不错。但新教师如果模仿这种方式,却发现自己好像无法将全部的内容很好地整合起来,仿佛一盘散沙,形式上虽热闹,心里却没底,学生的收获也有限,甚至无法实现预期的效果。也有的教师会像教其他课程一样,控制得非常清晰,但又会发现学生的自发性无法呈现,效果也不理想,那么问题出现在哪里呢?

一个可能的原因是教师没有分析或理清活动课的思路。可以说,思路是心理活动课的灵魂,思路是先于技巧的。所以,在进行有关活动课的设计时,分析研究特定主题的相关理论,确定活动课的思路,是设计是否科学合理及实施能否取得成效的关键。活动课思路的分析主要包括两个方面。

(一) 查阅参考资料

当主题和目标确定后,教师就要通过查找相关理论资料,搜集相关活动方案,以了解有哪些可以借鉴的活动与经验?有哪些需要注意避免的问题?该主题的辅导在整个心理教育工作中会影响到哪些方面?或如何影响学生其他身心特点的发展?基于学生存在的倾向性现象在进行辅导时应偏重什么等等。

(二) 确定辅导策略

针对该问题应采用何种辅导策略?在班中能否操作?预期效果如何?一个有效的辅导策略应遵循相关的心理与教育理论的原则,比如,如何解决人际冲突,有的教师会要求学生宽容、忍耐,将宽容等同于容忍,而事实上,建设性地解决冲突才更有利于人际关系的维护,宽容也并非等同于容忍。因此,作为一个课程设计者,其相关的理论储备是非常重要的。

在此基础上,教师最终须确定在一节课中,通过热身要呈现什么样的气氛才有利于主体活动的进行,要用什么样的方式引发学生参与,对该主题要工作的内容是什么,借助活动使学生最终获得哪方面的领悟与体验,该体验最终可扩展到学生生活的什么方面等,在同一个单元的一组课中,还要考虑课与课之间如何连接、深入。

二、活动的选择与设计

心理活动课形式多样,所用方式也很多,目前也有大量的活动可供参考,教师可借鉴现有的、他人使用过的活动,本章第四节也对不同类型的活动进行了介绍。但并不是所有的现成活动都可以拿来就用,在选取活动时教师应仔细考虑,如:是否契和本主题思路?与课程时间、地点、道具、器材等是否可以配合?教师能否驾驭与操作?是否能结合教师的专长、个性与组织风格?活动是否可以随时加以修正?有无可替代的活动?活动是否适合本班学生的特点等,以选取合适的活动。

在教师经验不足时,最好先选择一些简单、易操作、结构性较好的活动,以能够为教师把控为度,如能在课前自己实际操作一遍以了解活动的进程会更好。当教师熟悉并有一定经验后,教师也可根据主题与目标自编活动,比如一位教师看到外边下雪,临时设计了以雪为主题的感知活动;另一位教师则根据学生的现状自编了想象暗示语。另外,同一个活动在修改后还可以用于不同的主题,如"滚雪球"往往用于团队热身,但也可以用于记忆练习,提高学生的记忆效能感,当学生互相熟悉彼此的姓名时,也可改为介绍自己的特点、爱好、愿望、格言等,教师可根据需要创造性地应用。

三、课程各阶段设计的重点

(一)心理活动课课程周期不同阶段的设计重点

如果心理活动课在某一班内初次进行,或由新的教师来组织课程时,以一学期或一学年为一个周期,不同的阶段有不同的设计重点。一般由易而难,由浅而深,由人际表层互动到自我深层经验,由行为层次、情感层次到认知层次,渐进式引导学生深入地开展心理活动。

1. 课程初期的设计重点

课程刚开始进行时,教师与学生都会有些压力,特别是后者,可能会焦虑、担心、犹疑、防卫、观望、拘束。教师不妨在方案设计与活动选择上做些特别设计,从营造温馨气氛开始,设计无压力状态下的互相开放的活动,澄清学生的期望,拟定课堂契约与规范,设计初步的、公开的自我表露,配合每次课堂的主要目标的活动。本阶段一般占用2~4个课时。

2. 课程过渡期的设计重点

在课程过渡阶段,学生之间彼此开放还不充分,分享不够具体深入,人际互动比较形式化,学生心理反应差异极大,有的学生投入、用心、开放、自主、喜悦、欢乐;也有的学生冷漠、沉默、焦虑、矜持、依赖、抗拒、持续观望、攻击防卫等。教师可在设计方案时,选择增加团体信任感与凝聚力的活动来催化团体动力。本阶段一般占用1~3课时。

3. 课程工作期的设计重点

当课程进入工作阶段,班内信任感、凝聚力建立了,学生在课堂上渴望学习、成长,期盼个人问题能够解决或团体目标能够达成。此阶段可以设计引发深层次的自我表露,设计引发成员间正向与负向的反馈,设计探讨个人问题的活动,设计促进改变行为的活动。本阶段将持续至本周期课程最后。

4. 课程结束期的设计重点

结束阶段可以为本段活动探索画上一个圆满的句号,并给每一个同学留下深刻的记忆,激励他们将课堂上的活动体验与课后的生活实践更好地衔接起来。设计的重点在于整理收获,将课堂上领悟的内容转向自己的生活,如果是毕业班,还要增加处理分离的内容。本阶段一般为本周期最后一次课。

在以后的课程期,如果学生已经熟悉了这类课程的模式,由同一个教师带领时,并且在上一个课程周期中已经建立了较好的团体氛围后,下一个周期的课程则可以适当缩短初始

小学心理活动课设计与实施(第二版)

阶段与过渡阶段的内容,具体可视学生在课堂中的氛围而定。

如果是为某单一主题的团体辅导设计一组课程,而团体的成员为相互间不熟悉的学生时,在团体进行的不同阶段,亦如一个课程周期有不同的设计重点,可参照上述内容。

(二)心理活动课单次课各阶段的设计重点

教学是在一节一节的课中去完成的,各种教学目标主要是在课堂上去落实,因此,学校心理活动课的教学设计研究最终将落实到具体的单次课课堂教学组织的实践中去。

1. 初始阶段:热身活动

热身游戏,也称破冰游戏,就像体育运动之前的准备活动,常用以提高参加者的思维活跃性,改善学生防御的态度,旁观的心态,创建和提升团体氛围,为进一步的主题活动交流做准备,如轻柔体操、大风吹等。本阶段旨在创设一种良好的活动氛围,激发学生参与活动的兴趣和探究的愿望,为课堂开场打破僵局,增加成员的开放度,增加班级或小组凝聚力、增进学生、师生间的互动,为主要活动做准备。

热身游戏有利于提高后续活动参与的积极性,甚至会收到意想不到的效果,但选用的活动应适当,否则可能适得其反,如以思维训练、言语为主的活动,配以身体活动较多、气氛特别活跃的热身活动就不太适合,反而会导致注意力分散,不利于静下心思考问题。热身活动可以不进行分享讨论,也可以做一句话的感受回应分享,切忌过多过长,喧宾夺主,一般 3～5 分钟为宜。热身不足,团体难以有效启动;热身过度会本末倒置,影响团体活动的正常进行。

热身活动往往在课程的初始阶段或团体启动困难时使用,当学生氛围较好,或已熟悉了心理活动课的模式后,也可不设计本阶段内容;反之,如果学生参与度低,氛围较差,则可增加本阶段的内容与时间。

2. 转换阶段:导入活动,创设情境

本阶段的人为创设情境、提出问题、激发学生探索成长困惑的欲求、催化团体动力的过渡时期。教师需以形象、具体的方式提出某个学生们共同关心的问题,引发学生中不同的观点和不同的认知方式、行为方式的碰撞和冲突,催化团体动力。

情境是心理产生和发展的空间,这种空间的营造可以是真实的情境,也可以是虚拟的情境,但都需要创设。情境的创设可以靠任务来激起,如竞争的情境只需要提出一项有成败有比较的任务即可;也可以靠语言来渲染,如利用故事、录像、图片呈现一个情境,只要有吸引力、有真实感,就可以让学生进入情境之中;也可以靠环境来营造,如带领学生到陵园、墓地去讨论自我与生命问题,自然就进入了这种情境中;也可以靠展示来创造,如让大家表演自己放学回家后是如何和父母说话的。情境就是让学生思维和情感聚焦在一个共同点上,这样才可以进行相互交流和相互学习。

情境的创设是否成功主要看能否激发学生的参与热情。以针对低年级的《我是谁?》活动课为例。在活动开始时,教师设计了一个"印指纹"的小游戏,让学生在纸上印下自己的指纹并观察每个人的指纹有什么不一样,从而让学生初步体会到世界上每一个人都是不同的,引发学生对每个人独特性的思考,为接下来学生探讨自我意识创设了情境。

本阶段的活动旨在创设情境、带出观点、引发思考,如同主体活动的先行官,要能引起学

生注意,引发学生不同的观点、思路,但同样不宜过长,一般控制在 3～5 分钟,以免喧宾夺主。

3. 工作阶段:主要活动

本阶段是活动课的主体部分,教师将设计中等强度以上的互动活动,在继续催化正向的团体动力的同时,有次序地设计为达到目标、满足学生成长和行为改变的活动。教师可综合使用本章第四节中提到的不同活动形式进行,如用"盲行"来促进人际关系中的互相理解,用"画自画像"来探索自我意识,用"信任跌倒"来促进对他人的信任等。有时,一个活动主题中可以采用多种形式和方法,要注意不要为了活动而活动,只图表面热闹,而应考虑活动之间的层次递进性。特别需要说明的是,活动课教学中,不论哪种形式的活动,都要服从活动的主题,配合主题的需要来安排。

在这一阶段,学生的分享与讨论变得非常重要,各类活动作为一个载体,引发了学生的不同体验与思考,学生通过体验、反思、分享、讨论及教师的深化、升华,最终获得某种领悟与成长,从而实现教学的目标。对于活动后的讨论,教师也需作适当准备,以便在活动后引导学生的思路,但这些讨论一般仅作为参考,在实际操作中,教师也往往需要根据现场的情形灵活调整。

本阶段活动由于人数和讨论深度的不同,活动时间往往在 15～30 分钟不等,其中讨论部分往往要用去 1/3 到 1/2 的时间,一般一节 40 分钟的课程设计 1～2 个活动,最多不超过3 个,以免活动无法深入。

4. 结束阶段:结束与延伸活动

要想让某种心理调控策略和方法有效而快速地内化为一种心理品质,还应该重视学习过程中的反思总结与体验。活动结束阶段,教师应留出适当的时间来,让学生畅谈活动的感受,通过分享经验使学生将他人的体验与自我体验加以整合,提升认识的高度,深化教育的效果。此外,要将策略真正转化为行动还需要课后的行为实践及在实践中不断地反馈和调整,布置适当的心理作业可以鼓励学生把课堂上学到的成果拓展。

这一阶段一般以分享、回顾、展望、祝福、布置心理作业等方式进行,通过让学生分享心得与巩固所学,教师为该节课进行总结,指定作业使学生实践所学,预告下次课的主题,从而使学生对活动留下深刻印象,激发学生参加下一次活动的兴趣,实现对课程教学成果的巩固与拓展。本阶段一般为每次课结束前 3～5 分钟。

上述活动设计的顺序是以课堂进行的顺序而设,教师在设计时可不依照上述次序,如可以先设计主体活动,再设计情境,添加热身、破冰活动和结束内容。如果是由多次单课构成一个完整的系列主题,本系列的第二次课及之后的课程,如果可以与上一节课很好地衔接,则可视情况做简单的回顾,缩短或省去第一、二阶段。

四、心理活动课常见误区

(一)重复照搬其他活动方案

由于操作教师和教学对象的不同,即使是一份很好的教案也未必适合所有课堂。有些初学者或者仅接受过培训的教师照猫画虎,盲目模仿,或者盲目地跟着德育大气候走,不考虑实际情况和年龄差异,或者简单地按照现成的教案直接操作,结果导致课程的针对性差,成员参与性也不高。所以,其他人的活动方案可以参考,但教师一定要根据自己的实际情况和学生的特点来设计或修改,如该活动教师可不可以操作、设计合理与否、是否适合学生、学生有没有参加过等。

(二)活动设计不当

设计不当的原因很多,比如理论背景知识不足出现错误,活动与主题不匹配而导致不能很好地实现主题,误以为心理活动课只要学生开心、放松就好,等等。教师只有不断地充实自己,能够将学习、掌握、理解、收集相关的背景理论与知识,不断地在实践中观察、尝试、总结、反思、研讨来提升自己的设计能力。

(三)活动设计过多或不足

心理活动课的目的是成员在共同交流中共同进步。因此任何一种方案或活动,都只是课程的工具或手段,而不是目的。教师应尽量避免活动过多,而不注重成员间的交流分享的问题。还有的教师,活动设计偏少,使得主题无法深入。

(四)活动设计预设较多或缺少预设

从心理健康教育课程的教学实践中,许多从事心理健康教育课程教学的教师不是不知道课程的目标和内容,也不是不懂得教学的方法和形式,但在教学实施过程中却往往无法取得应有的效果。究其原因,往往就在于他们在教学设计中往往只是从宏观上对课程进行总体把握,没有对具体教学活动的准备工作、活动的先后顺序、活动的具体安排、每个活动的注意事项和说明等进行整体把握,导致教学中往往没有具体的、可操作的活动指导,使心理活动课的教学活动在实施中感觉不够流畅、效果不佳。经验不足的教师可能会在实际操作中仓促应对,以致妨碍了活动的顺畅进行。还有的教师情况刚好相反,在准备教案时设计得非常具体细致,在操作中刻板地按照教案设计走,反而无法脱离原来的预设,影响了活动的灵活进行,限制了教师与学生的发挥,因此在进行教案设计时也应留出可变更的余地。

第四节 心理活动课常用活动形式

各式各样的活动是心理活动课的载体,教师想要寻找能够实现自己设计意图的活动,就要对各种活动熟悉和了解,设计时才会得心应手。心理活动课可用的活动种类很多,大致可分为下述几种。

一、认知类

认知过程是个体收集、处理和输出信息的过程,与个体的情感、意志过程密切相关,认知类心理活动通过学生的感知、想象、思维等认知活动来实现活动目标。

（一）讲故事

故事往往容易被学生喜欢和接受,好的文学作品会给个体提供各种范本,来帮助个体应对难题并处理真实生活中遇到的问题。神话故事、童话故事、寓言、诗歌和自传等都能被应用在心理活动课中。教师在课堂上提供故事给学生阅读、倾听或利用故事进行互动,用以创设情境、导入内容、说明道理、形成暗示、表达情感等,给来学生带来情感触动或者行为改变。例如,《国王与老鹰》可以被用来讨论某些人际关系,也可以用来讨论冲动的影响;《小马过河》的故事可以用来说明个体体验的差异,也可以用来讨论如何对待别人的观点;还可以根据需要让学生编写故事等。

小故事

国王与老鹰

有一天,国王到森林中去打猎。国王的手腕上站着一只强悍威武的老鹰,这只老鹰被训练出来专门打猎。只要国王一声令下,它就会飞向云端,向下四处寻找猎物。

这天,国王的运气并不好,他与大家走散了,天气又很热,国王觉得十分口渴。终于,国王发现有一些水沿着一块岩石边缘滴流下来。他想再往上走一点儿路,一定有一道泉水,而这块岩石一次就只有一滴水落下来。

国王从马背上跳了下来,从袋子里取出一个小银杯,将它拿去盛接那慢慢滴落下来的水珠。国王花了很长时间才将杯子装满。他实在太渴了,杯子几乎装满水了,他迫不及待地把嘴凑到杯边。就在这个时候,突然天空中传来呼呼的声音,接着他的杯子就被打翻了,水泼洒在地上,倏地就渗入缝隙中去了。国王抬头一看,原来是他养的老鹰。

国王捡起杯子,又继续接落下的水滴。这次,他没有等那么久,就在杯内的水才半满的时候,他就把杯子举到嘴边。但是,在杯子碰到他的嘴唇之前,那只老鹰又再一次扑下来,把杯子从他的手中打落。这一次,国王真的生气了。

他大声吼道:"如果你再来,我要把你的脖子砍断!"

然后,他又拿杯子接水。但是,在他预备要喝水之前,老鹰又冲下来。愤怒的国王拔出剑刺中了它,可怜的老鹰倒在了血泊中,国王的杯子掉进了岩缝中。

国王只好继续向前走,他想找到水的源头。后来,他终于找到了一个积水的池塘,但是他惊讶地发现,水池里有一条巨大的死去的毒蛇。他顿时明白了。他哭喊道:"我的老鹰救了我,它是我的朋友,而我竟然把它杀掉了。"

（二）讨论—澄清

讨论—澄清法是指全班或小组成员围绕某一问题发表自己的看法,从而进行学习的一种方法,这种方法有助于增强学生的注意力,提高课堂效率,调动学生参与的积极性,发展学生与人交流的能力,使学生的思路在讨论碰撞中得以拓展、澄清,并有利于培养学生相互间的合作,讨论澄清过程中所生成的领悟和体验更容易为学生所接受,程度上也往往更加深刻。

在内容上可以是专题讨论,可针对当前学生关心的敏感问题、热点问题、困惑问题展开讨论,如零用钱应该怎么花,和好朋友吵架了怎么办等等;也可以是在活动进行后,对活动过程中产生的现象与体验进行研讨;还可以是辩论,就争论性问题进行分组辩论,提出正反两方面的不同意见,在讨论充实学生理清思路,看到事物的不同方面。

在讨论形式上,如果时间有限,或者不需要所有人的参与,可以是全班讨论;如果班级人数较多,且需要每个同学通过发言讨论来获得领悟,则可考虑小组讨论,每个小组人数不宜过多或过少,一般 4~8 人为宜,讨论可以是自由式的,也可以按照一定的模式进行,如配对讨论法、六六讨论法等。

配对讨论:即就 1 个题目,先 2 个人讨论,提出 1 个意见,然后再与另 2 个人讨论的意见协商,形成 4 个人的共同意见。再与另 4 个人一起协调,获得 8 个人的结论。这种讨论必须经过深思熟虑,参与感会比较高,讨论的效果会比较好。

六六讨论:每组 6 人,在小组中每个人发言 1 分钟,在发言之前要给出个人思考时间。

二、情境体验类

如果说通往心理活动课目的地的必经之路是学生的体验与感悟,那么,没有比情境体验更能激发学生的体验与感悟的了。通过提供、创设一些具体的情境,学生能够在特定的时间内获得与在生活中类似的体验与感受,从而引发学生的思考与感悟。

(一)氛围式

教师利用录像、录音、电影等多媒体手段,真实地再现某些问题情境,以引发和激励学生思考问题,这样的呈现会显得更加真实、直接。比如在辅导学生"什么是美丽"的主题时,一位教师播放了一段录像,展示一位广告模特如何在经过化妆、图片处理后呈现出所谓"美丽"的画面,而这个事实上并不存在的美丽面孔却成了现实生活中美与不美的标准,以此引导学生思考:美的标准是什么? 我们所相信的美与不美的的条件是真实的吗? 这个过程很容易引发学生的感悟。

氛围式也经常用在课堂开始创设情境或者结束时,教师利用音乐渲染,富有感染力的语言描述,营造出与主题相映衬的生动气氛,使得情感的共鸣更加强烈,有助于强化学生的体验。

(二)心理剧表演

小品表演即是根据学生喜欢自我表现的心理特点,搭建舞台、创造机会让他们充分展示。教师可以根据教学目标和学生的实际,设定某个场景或选定某个专题,让学生自编、自导、自演。这种心理剧表演往往不设定明确的结局或结论,而是把问题和解决问题的方法留给学生,使学生思考、讨论、尝试,从而最终理清思路,深化认识,获得结论。

教学目标示例

下课了,小芳、小丽、小雨和菲菲一起玩跳皮筋,小芳和小雨一组;小丽和菲菲一组。

玩了一会儿后,小芳说:"我不和小雨一组了,她那么笨,老是跳不好!"

小雨一听,马上生气了,她指着小芳说:"你才笨呢,你数学考试从来没及格过,你才是笨蛋!"

小芳听到小雨骂她,伤心地哭了起来……

小丽一看小芳哭了,对小雨说:"都怪你,我去告诉老师你骂人!"

菲菲在一边干着急:"唉……怎么办呢?"

表演完毕,学生讨论下列问题:

假如你是小雨,你会怎么想、怎么说、怎么做呢?

假如你是小芳,你会怎么想、怎么说、怎么做呢?

假如你是小丽或者菲菲,你会怎么想、怎么说、怎么做呢?

(三) 角色扮演

角色扮演是根据活动需要,创设一定的情境,让学生通过对他人角色的模仿或替代,按角色需要思考、行动,体验该角色人物的思想、心理,使学生能够换位思考、换角色考虑问题,从而促进学生掌握处理这些情境的恰当方法,以起到疏导、训练和成长的目的。

角色扮演的具体方式有很多种,如空椅子表演、哑剧表演、角色互换、双重扮演等。

教学目标示例

1. 空椅子表演

一个人表演,将两把椅子相对摆放,学生先坐在其中一把椅子上,另一把椅子虽空着,但假设坐着一个人,让该生先表演彼此间曾经发生过的对话,或心中所想的话,然后坐到对面去,扮演对方的角色以对方的立场说话,如此重复多次,增进学生对对方的了解,改善与对方的交往。比如有些学生与他人发生冲突后不好意思向对方道歉和解,可用两把空椅子,假设双方分别坐在上面,引导学生分别扮演自己和对方进行对话,如此多次,使学生了解对方的感受,提升学生人际沟通、解决冲突的能力。

2. 哑剧表演

教师提出一个主题或一个场景,要求学生不用语言而用表情、动作表演出来。比如,让学生表演与新同学见面的情景,表演赞美别人、喜欢别人或讨厌别人的情景,以揭示内心活动,促进学生非语言沟通能力的发展。

3. 角色互换

与空椅子表演相似,但参与的人是两个以上。比如,辅导教师让一个学生扮演失败者,一个学生扮演帮助者,两人对话一段时间后,互换角色。

4. 双重扮演

两个同学,一个是有问题的学生;一个是助理演员。有问题的学生表现什么,助理演员就重复表现什么,这样表现,重复事实,帮助有问题的学生清楚认识自己。

(四) 游戏类

游戏是最受学生欢迎和喜爱的活动形式之一,也是心理活动课常用的活动载体。这是由游戏的特点决定的:游戏的趣味性,使学生得以在紧张中放松,在不安中坦然,充分放松自我、表现自我、流露真情;游戏的自主性使学生可以"自由选择"和"自由加入与退出",让参与者意识到自己的存在,不必一定按别人的好恶行事;游戏的虚构性使学生可以在一个虚构的情境下活动,抛弃了原来的角色,来扮演游戏中的角色,有助于参与者摘掉面具放松自己;游戏还具有创造性,由于是自主参与、积极性高涨,其思维也最活跃,他们可以自由地创造游戏内容、形式、规则,最大限度地发掘、展示自我;同时,由于游戏的团体性,团体成员之间的思维碰撞,激发的火花成为创造的又一源泉;游戏的组成是团体形态,因此,游戏还具有社会性,成员有共同的目标、规则、契约及互动中产生的感情成为凝聚团体的力量,在团体中能够达到彼此互相信任、经验分享。

不同的游戏可适用于不同的目标,如热身、活跃气氛可用"大风吹""轻柔体操""放松敲打";自我探索可用"20个我是谁""老照片";促进团体合作可用"同舟共济""心有千千结";建立相互信任与接纳可用"盲行""信任跌倒"等,教师可根据实际的需要选择。但并不是一个游戏只能实现一个目标,比如"盲行"既可以用于建立学生间的信任,也可以用于帮助学生换位思考、理解对方,还可以修改为一名"拐棍"带领一组"盲人",用于团队合作。

教学目标示例

1. 大风吹

除指导者外,所有人都有一个座位,围成一个圆圈。只要指导者大声喊"大风吹",其他人都要齐声问"吹什么"? 指导者回答某一特征,如"吹戴眼镜的",要求具有这种特征的成员用最快的速度站起来互换位置,指导者也参与抢占位子坐下,没有坐到座位的成员站在中间继续"大风吹"的活动。

2. 轻柔体操

指导者与全体成员围成圈,面对圆心,指导者先做一个动作,要求成员模仿做三遍,然后成员依次做一个动作,大家一起模仿。

3. 放松敲打

小组围成圆圈,每个人朝同一方向,后面的成员为前面的成员敲打背部和肩膀,使其放松身体,再全体向后转,继续前面的动作。

4. 20个我是谁

指导者让学生思考"我是谁"的答案,如"我是四年级的小学生。""我是小画家,我画的画很棒!"要求学生模仿上述回答,问20次"我是谁",并将答案写下来。辅导者可提示学生从家庭、学校、性格、兴趣等不同方面回答"我是谁"。

5. 老照片

让学生找出自己婴儿时期、幼儿时期、小学低年级时期的若干照片,请爸爸妈妈讲述自己婴幼儿时期的趣事,根据自己的实际情况,尽可能多地填写下面的句子:

以前我不会……,现在,我学会了……

以前我不敢……,现在,我敢于……

以前我害怕……,现在我不怕……

以前我……,现在我……

6. 同舟共济

以小组为单位。将报纸看作本小组在落水时唯一的一艘救生艇,请小组想办法让更多的人站到报纸上获救,每个人都必须踩到报纸作为支点。看哪一组获救的人最多。

7. 心有千千结

小组手拉手围成一个圈,每个人要记清楚自己旁边的人是谁。然后松开手,在原先圈内的范围内随意走动,当主持人喊"停"时,大家原地不动。站在原地伸出双手,拉住最初旁边人的手,左手和右手千万不要拉错了,形成千千结。在拉着的手不允许分开的情况下,大家齐心将结打开。

8. 滚雪球

若干人围圈而坐,从其中一个人开始,每人用一句话介绍自己,一句话必须包括:姓名、自己的一个特点或爱好。按照顺时针或逆时针顺序,当第一位成员介绍完后,第二位必须从第一位开始说起(例:我是坐在喜欢音乐的×××的右边的××,我很爱笑),一直到第八位成员都必须从第一位说起,这样做使全组成员注意力集中,不知不觉记住他人的信息。

9. 盲行

指导者要事先准备好盲行路线,若在室外设定有障碍的路线,如上楼、拐弯等;若在室内设置桌、椅等障碍物;准备好蒙眼睛用的眼罩。团体成员按照随机抽取的扑克牌确定"盲人"的扮演者,盲人被蒙住眼睛,在原地转3圈,暂时失去方向感。其余的成员继续抽签,抽到与盲人牌面相同的成员扮演该盲人的"向导",协助盲人。然后,盲人在向导的搀扶下,沿着指导者指定的路线,带领盲人沿室内外行走。要求:活动中向导不能暴露自己的身份,不能讲话,大家都要保持安静,向导只能用非语言的方式引导盲人走完全程,让盲人自己体验各种感觉。

10. 信任跌倒

小组围成圈,一人站在中间。主持人喊"倒下",中间的人可倒向任何一方,其他成员很平稳地扶住倒下的成员,再缓慢地把他推回中间位置。如此在大家很柔和平稳地扶住和推回中,使大家从最初的紧张到最后的放松。

三、艺术类

(一)绘画

当学生不容易直接用语言来表述时,借助绘画可以更清楚地表达某些主题与内容,如"画画20年后的我""画画我的家""画画我遇到的问题""画画我的情绪",即使是表达能力好的学生也可能借着绘画更好地或发现自我,或宣泄情绪,或澄清思路,由于投射作用,教师也可通过学生的绘画更多地了解学生。

(二)舞蹈

依据荣格的分析心理学、完形心理学及自我心理学,在所有生命体内部都存在着能量的自然流动。心理冲突可以影响这种自然流动,造成混乱的涌流。这种混乱涌流的外在表现便是适应不良性运动、姿势和呼吸动作。通过舞蹈这种运动形式,不仅可矫正人们的适应不良性运动、姿势和呼吸,而且也可将潜伏在内心深处的焦虑、愤怒、悲哀和抑郁等情绪安全地释放出来,使人们感受到自己对个人存在的控制能力。因而,舞蹈可作为促进身心健康的一种手段。在心理活动中,还可通过舞蹈增加学生的互动与开放性。舞蹈可以是模仿学习经典舞步,也可以是学生自编。

(三)音乐

音乐也经常在心理活动课上被使用,既可以是被动的欣赏,也可以是学生主动的演奏。优美悦耳的音乐可以改善神经系统、心血管系统、内分泌系统和消化系统的功能,促使人体分泌一种有利于身体健康的活性物质,这种活性物质可以调节体内血管的流量和神经传导。音乐声波的频率和声压还会引起心理上的反应。良性的音乐可以提高大脑皮层的兴奋性,改善人们的情绪,激发人们的感情,振奋人们的精神,同时有助于消除心理、社会因素所造成的紧张、焦虑、忧郁、恐怖等不良心理状态,提高应激能力。此外,音乐还可以在心理活动课中起到氛围调节的作用。如放松时,舒缓的音乐有助于放松,激昂的音乐有助于振奋,欢快的音乐则有助于积极情绪的产生。

四、尝试实践类

心理活动课也可结合一些实践活动,使学生在尝试实践中得到收获。

(一)工作

通过让学生参与某些具体的工作来获得领悟与体验,如,通过种植物、养动物体验做照顾者的责任与收获,通过"卖报一日捐"体验赚钱的辛苦与快乐等。

(二)测验

教师可以准备一些与活动主题相关的测验,用以增加学生的自我了解,从而更有助于活动主题的实现,如人格测验、兴趣测验、创造力测验、人际关系测验等。

(三)参观访问

针对不同的主题目标,通过组织参观博物馆、学校、工厂等地,访谈各类对象,从而使学生获得某些最直观的体验。

在活动中,上述几种活动模式是可以交叉运用的,并且由此还可组合派生出更多的活动形式。无论哪种活动模式都在有机地服务于主旨、有助于实现活动目标。总之,教无定法,教学设计中,应根据活动主题的需要选择适当的教学形式和方法,当然,具体哪种方法适宜,还应考虑实际情况,其根本目的就是要使活动不流于形式,有利于活动主题的深化。

第五节　教学材料的准备

一、教学场地的设计

对心理活动课来说,较为理想的场地是一间比较宽松、可以容纳所有参与者的教室。场地面积视人数而定,不宜太小,里面的桌子和椅子可以移动,可采取环形、马蹄形、双环形、双马蹄形或分组的布局。不同的座位安排有助于营造出不同的课程气氛,如全体环形座位可以让每个人都看到彼此,常用于教师带领学生进行全体讨论与分享;分组环形则用于需要以小组为单位完成的任务;马蹄形、双环形、双马蹄形则在观摩视频、演示、教师讲解时方便集中学生进行观察与倾听。一般来说,心理活动课往往需要有较多可移动的座位,可在教室中只保留椅凳,或利用坐垫席地而坐,以方便活动时移开,从而得到较大的场地。同时在活动后进行讨论分享时,学生又可以坐下来进行较为深入的分享讨论。如需跑动,最好有更宽阔的场地或在室外进行。带有桌子的座位常用于学生需要书写、绘画、记录等活动中。

但是,目前很多学校受限于条件仍然需要使用学生的普通教室来完成心理活动课,这就需要教师发挥自己的创造力,尽可能地利用有限的场地来完成课程,例如将多余的桌椅移开以获取适宜的场地;或者在活动设计时须考虑到环境限制,设计一些不需移动在座位上即可完成的活动;或者将学生分为几组,轮流在有限的空地上进行活动;或仅由部分学生演示,其他学生进行观摩。

此外,教师还可利用绿色植物、柔和的灯光、柔软的纺织品,或者在墙壁上贴一些美丽的风景画等,以营造温馨、安全的课堂气氛。

二、课件与教学用具的设计

心理活动课的教学中,为了营造良好的心理氛围,给学生提供更为生动、直观的情境,可选择和利用各种教学资源。如通过课件将视频、音频、文字等多种资料编排组合运用,延伸学生的视觉感观,提供更多感性材料,便于把感性的知识提升为理性的认识。如一位教师在设计一节《我爱我班》的主题活动课时,在课前,教师悄悄拍摄该班学生日常活动中的照片,在课上用多媒体播放,展示平时大家是如何相处的,一下子抓住了学生的注意力。在进行一些活动时,如放松训练,很多教师也都喜欢选取一些适合的音频作为背景音乐渲染气氛。

需要注意的是,任何材料的设计与加入,都是辅助课程活动的,要避免喧宾夺主,比如,有位教师课件设计得非常漂亮,还加入了一些小动画,看上去活泼有趣,但是很多学生经常被不断变化的动画所吸引,这样的设计反而会分散学生的注意力。

心理活动课经常需要一些教学用具,包括发给学生的文字材料、活动所需道具等,如"盲人和拐棍"需要可以蒙住眼睛的布条或眼罩;"同舟共济"需要用一些报纸让学生做"船"用,这些用具可以由教师统一准备,也可要求学生在上课前自己备好。由于小学生年龄较小,自我保护能力不足,所以所用材料须注意安全、无潜在危险。例如,避免使用尖锐、有棱角的坚硬材料,考虑到学生有可能会摔倒在地上,活动室可准备一个较厚的垫子。

思考题

1. 结合某小学生班中的具体情况,选定一个心理教育主题,谈谈你对这 主题的认识与思考。

2. 搜集和题1主题相关的三个不同的心理活动课设计方案,比较其教学目标、教学内容的设计,谈谈你的看法。

3. 根据上述思考,为题1中的班级设计一节心理活动课。

4. 如果为其他年级设计题1中的主题,在教学目标、教学内容的设计上应注意哪些问题?

第五章　心理活动课的操作要点

第一节　心理活动课的阶段特点、任务和常用技术

在小学阶段开设心理活动课,需要掌握一些开展心理活动课所必要的技术和方法,由于处于小学阶段的个体身心发展较快,所以有些技术和方法需要结合具体情况灵活地使用,并非固定、刻板的。本节,我们将按照一般情况对开展心理活动课的不同阶段加以分析,但在具体应用中需要根据不同年级和班级及专题内容来进行选择和灵活变通。

每一次心理活动课都有不同的目标、手段、形式、方法等,因此可以说每一次心理活动课的开展不管是对于教师还是对于学生都是全新的体验。可以从两个角度来把握对心理活动课操作要点的认识:角度一,把一堂心理活动课看作一个完整的过程,在每一堂课中划分出暖身阶段、过渡阶段、工作阶段和结束阶段;角度二,把一个专题的辅导或是对一个班级或团体在一段时期内的辅导看作一个过程,在这个过程中将系列的心理活动课按照任务和目的划分为暖身阶段、过渡阶段、工作阶段和结束阶段。不管从哪个角度把握心理活动课的操作要点,作为心理活动课的辅导教师应对各个发展阶段及其表现特征有清晰的了解,从而可以采取适合不同阶段的辅导策略。

一、暖身阶段的操作要点

暖身阶段可以说是一个探索的时期,教师与学生之间开始接触,慢慢熟悉,学生与教师逐渐建立彼此之间的信任感,共同形成一定的规范。

(一)暖身阶段的特征

在心理活动课的初始阶段,大多数班级会表现出三个特征。其一,结构松散,学生不了解心理活动课是做什么的,自己在课堂上需要做什么和能够做什么,哪些行为是不允许的;其二,人际沟通不深入,大部分学生为了保持一种"公众形象",往往表现出社会接受的行为和观点,很少暴露自己的真实想法和体验;其三,学生心中存在多种情绪体验,一方面会对心理活动课充满希望,一方面又会在一定程度上对心理活动课感到不安和焦虑。

(二)暖身阶段辅导老师的任务

1. 信任感的建立

在心理活动课开始阶段,有的学生往往会担心自己不被他人接纳而显得特别谨慎和小心翼翼,有的学生则会故意表现出一些令他人不快的言行来考验周围环境能否接受他的行为和情绪,也有的学生因强烈的新鲜感而特别兴奋,表现出过于自我,不关注他人等特征。这个时候辅导教师需要建立信任感。首先,教师要进行自我介绍。自我介绍时,教师应该是精力充沛的、坦率的和具有亲和力的,这样才能够给学生以亲切感;其次,教师要表明自己有热忱的态度,唯有这样学生在心理活动课上的积极性才会被调动起来;第三,教师要说明心理活动课的规则,表述要清楚、明确和简洁;最后,教师要鼓励学生表达,表达自己真实的感受,真实的情绪体验。慢慢地,学生就会看到表达消极情绪是可以接受的,自然就会去探索对自己更有意义的事情。

2. 示范的作用

在开展心理活动课的暖身阶段,大部分学生都会依赖辅导教师,因此,教师应时刻提醒自己被学生看作一个权威人物的行为和语言,从而保持对课堂的掌控力。辅导教师在开展心理活动课时,首先应该是一个树立榜样的参与者,确定课堂的步调和行为规范。因此在首次开展心理活动课时应向学生公开表明自己的期望,体现人际互动的诚恳和行为的主动性。

3. 确定班级目标和个人目标

辅导教师应向学生阐明心理活动课的目标,并帮助学生确定、澄清和建立有意义的个人目标。在心理活动课上,学生可以进行自我探索和自我尝试,使自己能够为别人所了解,能够有效地和别人沟通,倾听别人的见解并做出真诚的回应,面对自身所处的困难和矛盾并进行处理,产生新的领悟,并运用到课堂之外。具体到每一个学生,个人的成长目标不尽相同,辅导教师需要帮助每个学生建立真实的、可达到的个人目标,明确自己的努力方向。在帮助学生确立目标时要做到目标具体明确、真实可实现、可以验证。

4. 形成规则

在心理活动课的暖身阶段,辅导教师往往要形成在课堂上大家公认并遵守的一些基本规则。比如坦率和真诚,相互之间尊重,保守秘密等。教师要以身作则,以自己的行为严格遵守这些规则,如果需要,可以适时加以强调,反复提出。

(三)暖身阶段常用的技术

在心理活动课的暖身阶段,辅导教师需要运用一些技术来调动学生的积极性和主动性,增进学生之间的沟通和交流,营造良好的氛围。

1. 开启技术

如果是初次开展心理活动课,尽快地使学生们建立相互的信任,激发参与感,并将其转化为积极的团体动力,可以采取开启技术。开启技术有很多种,采取何种方式要依据班级容量、学生特点等,如串名字游戏、面对面介绍、我是谁、交换名片等。

2. 分组技术

在心理活动课中常常需要将学生分成小组,小组人数大概控制在 6~8 人,适当的组合方法有助于学生相互之间积极谈话的氛围。如按照兴趣分组,学生会觉得与自己兴趣相投的人交流会产生很多共同语言,少了很多隔阂。有一些比较简单的分组办法如报数随机组合法、抓阄随机组合法、按生日随机组合法、同类组合法、内外圈组合法、活动随机组合法等。不管采用哪种分组技术,在分组的过程中最好不要刻意地违背最初的分组原则,也不要有意识地调换学生或给予学生过多的暗示。

3. 倾听技术

"倾听"是开展心理活动课的辅导教师所具备的基本能力之一,这里所说的"倾听"不是一般意义上的"听",而是要"倾身而听",全身心地投入去听,包含"专心"与"主动"的含义,是心、身、眼、耳的统整活动。在暖身阶段,辅导教师的倾听可以激励学生多说、多思考,促使学生提高其主动性与自发性。当然,在后续阶段中,倾听技术也有不可替代的作用。倾听的时候辅导教师要做到以下方面:身体姿势要开放且放松;向发言者迈出一小步;与发言者有目光交流;面部表情轻松自然;表示鼓励与专注;积极回应。

二、过渡阶段的操作要点

在过渡阶段,学生的互动常常是表面层次的,但是彼此之间越来越熟悉,开始了进一步的接触和了解。在这个过程中,辅导教师要善于观察,把握机会,主动介入,鼓励学生认识并表达他们的想法和感受。

(一)过渡阶段的特征

在这个阶段,首先,学生往往会产生防卫心理,会产生"如果我在课上公开表达自己的真实想法会有什么好处""别人会做何感想""老师和同学们会批评我吗"诸如此类的担心。随着学生渐渐充分信任他人和教师,这种防卫会逐渐减少;其次,挑战权威即向领导者提出异议的倾向,这在高年级中出现的概率较大,但也表明了学生开始走向自主;最后,有些学生可能会表现出抗拒,这是一种不可避免的正常现象,辅导老师应尊重学生的抗拒行为,因为抗拒是个体进行自我保护的方法。

(二)过渡阶段辅导教师的任务

辅导教师在过渡阶段面临的重要问题是选择在恰当的时机给予及时的引导和介入。在心理活动课上,教师既要给予支持,又要予以挑战,如果能够成功地解决充满防卫和冲突的困难,就可使得班级凝聚力增强,从而更有效地开展活动。辅导教师面临的一个基本任务是协助学生建立表达自我的模式、提供鼓励和挑战。如果辅导教师能够在过渡阶段很好地处理学生的焦虑、矛盾冲突、抗拒并接受来自学生的挑战,就可以使心理活动课的开展更为顺利和成功。

(三)过渡阶段常用的技术

在过渡阶段辅导的教师需要有敏锐的观察力,并应选择在适当的时候对学生提供鼓励和挑战,在这个过程中采取适当的技术主动介入、进行指导和组织是非常必要的。

小学心理活动课设计与实施(第二版)

1. 处理冲突的技术

在一个班级团体内,人际互动常常会发生意见分歧、观点不一的情况,这样的冲突是不可避免的。早期对冲突的理解有些片面,认为冲突是具有破坏性的,容易造成冲突各方的心理紧张和焦虑不安,其实不然。如果处理好冲突,冲突也会带来正面的作用,比如在冲突中可以激发创造力,可以提高决策的质量,还可以促使个体重新评价自己和他人等等。所以辅导教师在面对冲突的时候要看到其有利的一面,然后促成其向有利的一面发展。

在冲突出现的时候,辅导教师可以直接面对学生之间的冲突,并给予回应。比如有学生说:"我不喜欢小明,他这样做不对。"教师就可以直接回应他:"那你能不能说一下你为什么会有这种想法","如果你是小明,在那样的情况下你会怎么想,又会怎么做呢?"要注意的是,教师要更注意那些被批评的学生的反应,并适时地加以引导。

2. 处理沉默的技术

在班级里,有些学生会表现得像个旁观者,少言寡语,经常沉默。沉默会减少与他人交往的机会,从而不能从课上充分受益,同时也会对其他同学的情绪造成不良影响,影响良好的班级氛围的形成。沉默现象的产生有多种原因,比如,个体的性格内向、被动,或者个体缺乏自信,不敢在别人面前暴露自己的真实想法,抑或是个体对心理活动课的专题缺乏兴趣等。

作为辅导教师要全面认识沉默现象,了解沉默的原因,不可武断地进行判断。对于不同原因引起的沉默行为应选择适当的方法进行处理应对。如,对于性格内向的学生可以多鼓励他们发言;对于缺乏自信的同学可以帮助他们改变一些不合理的观念,引导其他同学多支持和鼓励他;对于缺乏兴趣的同学可以结合其经历来突出心理活动课的价值和意义。

3. 处理攻击性行为的技术

有的学生会表现出较多的攻击性行为,如否定他人、贬损他人、讽刺他人等。这些做法往往会引起其他同学的不满进而引起冲突,破坏气氛。辅导老师要认识到学生表现出攻击行为的原因是多方面的,可能是由于在以往的生活中受过伤害,对别人失去信心,充满敌意,也有可能是个性过强、固执己见、不善与人相处。遇到这种情况,辅导教师要分辨清楚攻击性行为背后的原因从而加以引导。在课堂上,老师要协调班级成员间的坦诚沟通,同时在课下的时候可以考虑进行个别辅导。

4. 处理爱表现学生行为的技术

有的学生喜欢在群体中表现自我来引起别人的重视,如果这种表现过于突出,则会引起周围学生的反感。在心理活动课上会发现有的学生总是抢先发言,有的学生会滔滔不绝,甚至有的学生会炫耀自己,打断别人发言等,这样的表现会给心理活动课的课堂效果带来一定的消极影响,应该及时采取措施加以处理。同样,辅导教师要分析明辨这种行为产生的原因,是自我中心,炫耀自己,不顾及他人还是因为缺乏安全感而抢着发言,抑或是为了赢得同学和老师的接纳而做出的夸张表现。

辅导老师可以在分析原因的基础上采用以下措施:在尊重学生发言意愿的前提下,采用机会均等的方式,随机选定发言者,比如可以按照坐标的表示方法来选择发言人,2.7 表示第二列第七排；对以自我为中心的学生，辅导教师可以与其个别接触；对于那些焦虑和缺乏安全感的学生，辅导教师可以创设条件，营造安全温暖的氛围，以增进学生之间的互相尊重和理解；对于那些希望赢得他人接纳的学生，可以正确引导他们，使其学会选择适当的方法与他人相处，真正被他人接纳。

三、工作阶段的操作要点

如果学生在心理活动课上的互动和交流越来越多，彼此相互熟悉，开始感受到安全、信任和温暖，那么这样一个班级就开始走向了正常工作阶段。

（一）工作阶段的特征

工作阶段也被称作凝聚力阶段，活动气氛自由而安全，可以说此阶段是这四个发展阶段中工作过程最长的时期。学生之间彼此信任、相互尊重和支持、关系亲密且投入集体。工作阶段的特征有团体凝聚力增强、学生愿意自我表露和认知重建。团体凝聚力增强表现为班集体对学生的吸引程度增强，学生有较强的归属感，相互之间更为团结；学生愿意自我表露是指学生开始表达真实的自我，开始表达一些冒险的和具有挑战性的问题，这样可以使学生进一步认识自己并进行自省；认知重建是指学生可以面对自己的困扰和失败进行分析和检讨，并重新认识和解释，以此来增加自己对客观情况的了解和对问题的正确认识。

（二）工作阶段辅导老师的任务

1. 协助学生更深入地认识自我

众所周知，完善自我的前提是认识自我，在一个和谐温暖的课堂氛围里，学生更愿意深入地探索自己，那么辅导老师在这个时候应该把握机会，协助学生更好地完成这个自我探索、自我认识、自我改善的过程，这是一个个体自我发展的重要基础。

2. 鼓励成员之间相互尊重、关怀和帮助

在工作阶段，学生比以前更加坦诚，每个人都敢于且善于表现自己的独特性，彼此之间也相互尊重。这个时候，若有学生表露自己的困扰或伤痛，其他同学能够及时给予关怀和支持，这对于其有非常大的安慰和支持作用，并能够增加其勇气和信心。另外，同龄人群体之间可以相互共享资源，分享自己的经验、知识和技能，相互帮助，也能协助每个人解决问题。辅导老师需要鼓励学生之间彼此尊重、关怀和相互帮助。

3. 协助学生把领悟转化为实际行动

学生通过在团体中不断地接受来自周围的反馈和反省，逐渐对自己有了更新的了解和领悟。此时辅导老师应协助学生把这些领悟和认识转化为自己的实际行动。比如有学生领悟到自己的人际关系不理想，并不是周围人对自己有偏见，而是自己对同学的关心和帮助不够，那么只是反思到这个结果还是不能改善他/她的状况，必须要转化为具体的行动，这时辅导老师可以协助行为具体化，比如每个星期要记录自己对学生们的关心和帮助，及他人的反馈和自己的感受，以此来鞭策和强化学生的行为。

(三) 工作阶段常用的技术

1. 面质技术

面质并不是敌意的攻击,而是出自关心和真诚的建设性挑战,这需要建立在充分信任的基础上。面质的目的是协助学生发现自身的矛盾和盲点,并达到开发个人的潜能和成长目标。比如在心理活动课上发现一个学生的前后表述自相矛盾,或者模棱两可、闪烁其词时,再或者发现其语言信息和非语言信息相互矛盾的时候,辅导教师应能敏锐地发现,并委婉道出,这样常常可以使学生坦率地面对自己,直视自己想逃避的思想、行为或感受,从而作出更为深刻的自我觉察,明确自己问题的核心和实质。

2. 引导技术

引导技术在团体形成初期应该尽量少用,因为有可能会束缚学生的思维,从而妨碍团体动力的进一步催化,而在工作阶段则需要辅导教师重点掌握。因为在工作阶段,学生之间的互动增多,交流增加,产生的歧义或纷争增多,讨论的时候会出现摇摆或模糊。引导技术作为心理活动课过程中的一项关键性技术,是指辅导教师以鼓励和启示性的语言,引领班级团体成员理清思路、避免偏离主题,或者改变发言学生的思考方式从而对自己作出深入了解和剖析。"引导"一般是辅导教师通过提问来实现的,也可以辅助其他手段,如倾听、支持等。在运用引导技术的时候要注意以下方面。

(1) 要多使用接纳性的语言,如鼓励语句和启发式问题,避免使用批评或者责备的语句;

(2) 要多使用开放性的问句,少使用封闭性的问句;

(3) 语气应是真诚和深切关注的,切忌刻板、冷漠或者程式化的语气;

(4) 要选择恰当的时机,做到"不愤不启,不悱不发";

(5) 问题应具有针对性;

(6) 问题不能太多,太碎,要有节制。

3. 自我开放技术

"自我开放"又称作"自我暴露"或"自我揭示"等,是指辅导教师在心理活动课上根据当时的具体事件或问题,公开暴露自己的一些人生经历和感受,包括一些失败的经历和负向的体验。自我开放技术会使得团体成员感受到辅导教师的真诚与坦率,增进学生对教师的信任。

一般在工作阶段或结束阶段可以使用自我开放技术,也就是说在已经建立了一定的团体氛围的基础之上,在心理活动课上可以进行自我暴露。如若在暖身阶段或过渡阶段使用自我开放技术则不会起到相应的效果,因为此时成员还没有心理准备,团体气氛也不稳定,若这时使用自我开放技术可能会导致辅导教师"满腔热情"遭遇学生的"冷眼旁观"。另外,自我开放的内容不宜过多,且应该紧扣主题,因为自我开放技术是一种手段,是为达到预定的活动目的而服务的。在使用自我开放技术时,不要涉及私密性问题,不要做深度的自我开放,否则可能会对团体成员造成意想不到的伤害。

4. 团体讨论的技术

团体讨论是指团体成员针对一个共同的问题,根据已有的资料与经验,互相合作、深入探讨的方法。团体讨论是在团体工作阶段运用较为普遍的一种方法,目的在于团体成员可以沟通意见、集思广益并解决问题。常用的具体方法如下。

(1)圆桌式讨论

圆桌式讨论即让学生按圆桌就座,这种方式比较民主,学生彼此之间也容易熟悉,气氛较和谐。在圆桌式讨论中虽然未必让每一位学生都发言,但辅导教师要有意识地引导不主动发言的学生去表达其想法,也要适当控制爱表达学生的发言时间。

(2)分组讨论

将学生分成若干小组,分别讨论相同主题,然后整合小组各成员的意见进行归纳,在团体内由各组的代表发言,其他成员补充。该方法的优点是每个学生都可以有机会发言。在分组讨论中,辅导教师要注意引导每位学生参与讨论,并有意识地控制学生的发言时间,尽可能做到每个学生占有的讨论时间比较均衡。

(3)辩论式讨论

团体成员就一个讨论话题分成正方和反方,意见对立的两组用理由来说明对问题或事物的见解,与对方进行辩论。在辩论式讨论中辅导教师也可以与几个学生事先成立评委小组,评委小组成员可以由学生投票选举产生。

(4)脑力激荡法

脑力激荡法在组织的时候,一般 6～12 人一组,需要 30～50 分钟,每组学生在辅导教师给定的时间内就某一题目发表意见。脑力激荡法有助于成员之间相互了解,各抒己见,相互激发想法,培养团体合作精神。讨论过程应注意以下方面:①对他人的意见不评论是否正确;②办法多多益善;③自由联想,越奇越好;④争取超过别组。题目在选择的时候应根据团体成员的特点和心理活动课的课堂目标而定,但是要求具体性和可操作性,如"如何提高记忆力""如何提高自信"等。小组讨论结束后,由每组代表来发言。辅导老师也可引领大家一起评论并给予奖项,如"幽默奖""趣味奖""创意奖"等。

四、结束阶段的操作要点

团体结束阶段的主要目的是巩固一段时间以来的成果,帮助学生总结经验,将所学到的内容组合整理起来,并运用到现实生活中去。

(一)结束阶段的特征

在结束阶段常常出现的一个特征是群体成员出现离别情绪。比如小学毕业班的学生分离在即,大家会在不同的中学开始下一个阶段的学习。在一些学生中会充满离愁别绪,想利用最后的时间对他人表露自己对同伴和班级的不舍,同时也会出现另一个特征即对未来的担心。现在的班级解体之后,每一个人都会进入另一个新的班级,未来的环境会如何,是否还会拥有现在的尊重、支持和理解,学生对此可能会产生一些担心和焦虑。

(二)结束阶段辅导教师的任务

1. 处理离别情绪

结束阶段的离别情绪不仅存在于学生中,辅导教师也会有。有些教师在辅导一个班

小学心理活动课设计与实施(第二版)

级一段时间以后,特别是辅导的效果比较理想时,就会很享受那种成就感,也会和学生纠缠在一起,大家都充满一些非理性的感伤。因此,这个时候辅导教师要首先处理好自己的情绪。在处理好自己情绪的基础上,寻找适当的时机,抚平学生心中的伤感,为分别做好心理准备。

2. 协助学生准备适应新环境

学生往往期望新学校、新班级会跟现在一样,希望新同学也跟现在的同学一样关系融洽、互相帮助、互相支持、互相尊重。辅导教师应该让学生了解,需要通过自己的行为去影响环境,而不能被动地去等待。同时,辅导教师也可以带领学生一起讨论对未来生活的担心,引导他们互相支持,互相鼓励,坚定信心,增加适应力。

3. 继续给予和接受反馈

在心理活动课上,学生之间一直彼此进行着反馈,到了结束阶段,也会给予最后的反馈。有参考价值的反馈应该是没有主观偏见的、没有价值评判的真实感受和体会。辅导教师可以组织一次或几次这样的心理活动课,让学生们彼此之间进行反馈,这些反馈应该是具体和明确的,如"当我……时我感到很紧张,而你面带微笑地看着我,并鼓励我时,会让我感到很舒服"。

(三)结束阶段常用的技术

通常在结束阶段,辅导教师会带领学生做一些团体活动,如"真情告白""未来同学会""心灵之约""赞美和祝福"等,来引发学生回顾一段时间以来所付出的和所收获的,所给予的和所得到的,并充满信心地展望未来的生活。也可以带领学生做一些"联欢会"类的活动,营造一种轻松愉快的氛围,在这样的氛围中大家相互话别,相互祝福。

第二节　心理活动课的操作原则

心理活动课有着不同于其他课程的运作规律,辅导老师只有掌握这些规律,并在开展活动课的过程中遵循这些规律,方能达到预定的教学目标,取得良好的课堂效果,学生也能够在活动课上有所收获并不断成长。在小学阶段开设心理活动课,要遵循小学生的身心发展特点。一般来说,可以将心理活动课的操作原则简要地概括为六原则,即活动性、趣味性、主体性、情感体验性、互动性、有序性,下面分别加以论述。

一、活动性原则

心理活动课关键体现在"活动"上,这也是心理活动课区别于其他课程的关键所在。这就要求学生必须"动"起来,因此辅导老师要遵循这一原则精心设计好活动形式。总体来说,活动课形式要灵活多样,根据不同内容、不同年级以及不同班级采取不同的活动形式,如竞赛、表演、演讲、游戏等。"活动"与"发展"是心理活动课最核心的要素,学生的心理发展、心智成熟不是外力强加的,而是通过主体的活动来实现的。

因为只有活动才能有效地调动学生的主体参与性,改变学生的意识和情绪状态,使他们专注于辅导主题的展开,从而降低心理防御水平,更放松地敞开其内心世界。同时,也只有活动才能打破课堂环境中长期存在的"知识本位""教师中心""灌输为主"的固有模式,建立民主、平等的师生关系,构建以学生为中心、以学生自主活动为基础的辅导过程,并增强班级团体辅导的开放性与实践性。所以,活动是构成辅导的基本环节,精心设计好活动形式是辅导成功的关键。[①]

需要注意的是,心理活动课上要避免以"讲"代"动",避免知识化的偏差,将心理活动课上成理论课。对于缺乏经验的辅导教师来说,在时间紧迫、难以调动学生参与积极性的时候,常常会在课堂上讲授系统的心理知识。

如《勇敢地面对——你的学习》的安排,先是分析影响学习的主要因素,外因是教师、家长、学校、考试制度、运气;内因是智力因素和非智力因素(学习动机、学习兴趣、自信心、努力程度、性格、情感等);接着分析各因素的作用及相互之间的联系,配合系统板书;最后是学会运用学习的各种因素,老师总结出"当学习灰心的时候,请你做1~9"的几点建议。又如《学会交往》的授课,先是教师引导学生说出"影响人际交往的因素"(外貌、相近性、相似或互补性、能力、特长、性格等);接着学生在讨论之后得出"怎样进行人际交往"(尊重他人、以诚待人、合理解决问题、完善自我);最后,让学生谈谈他们的交往经历和体会。其实,上述答案都是教师早已准备好的为人共识的现成答案,这道理谁都懂,就是做不到。[②]

心理活动课必须精心设计好每一个环节的活动,在活动中让学生真正"动"起来,充分调动学生的参与积极性。

二、趣味性原则

心理活动课的设计要符合趣味性原则的需要,即生动有趣,以便满足学生的参与愿望和娱乐要求,这一原则对于小学生而言格外重要。对于小学生而言,他们活泼好动,需要丰富多彩的校园生活,他们不喜欢贫乏、枯燥和没有吸引力的课堂。辅导教师要重视小学生的这一特点,在活动设计中添加一些富有趣味性的环节,做到寓教于乐,从而激发学生的兴趣,使得学生能够在轻松愉快的氛围中有所收获。

比如在《我的自画像》这节心理活动课中,辅导教师组织的第一个活动是"刮大风"游戏。学生围坐成一圈,教师则站在圈外,喊口令"大风吹,吹呀吹,吹……的人",说出某一类型,诸如戴眼镜的人,穿运动鞋的人,喜欢听音乐的人,喜欢画画的人等。那么符合这一类型的学生要快速跑到场地中间,最后一位入场的学生要表演一个节目。这样课堂上的气氛马上就会活跃起来,而且每一个学生都参与进来了。当然,这个活动结束后,也促成了学生对自己的反思,就是是否充分了解自己的特点。

可以说,活动富有趣味性是提高学生的参与程度、调动学生积极性的重要条件,但不是

① 钟志农. 班级心理辅导必须注意的六个问题. 人民教育,2002(10)
② 裴利华. 心理健康教育课的三种偏向与纠正. 教育探索,2004(10):90-92

小学心理活动课设计与实施（第二版）

最终目的,因此强调趣味性,但不能一味地追求趣味性而忽视活动主题内容。一堂课下来,如果学生只是记住了课堂上热烈的活动和高涨的情绪,并不能说明这堂课是成功的。心理活动课最根本的价值还是要归结于真正的理性思考和升华以及行为的改善。

三、主体性原则

心理活动课强调学生的主体性,关注每一个学生的成长。学生是课堂的主体,学生的成长归根到底还是依靠自己,正如罗杰斯所认为的,每一个人都有一种内在的需求和动机,用以促进自己的成长和提高;而且每一个人也都具有解决自身问题的潜在能力,哪怕是心理适应不良的人也是如此。在活动的过程中,辅导教师应该做到面向每一个学生,关注每一个学生,眼里没有所谓的优等生和差等生。在课堂上,辅导教师要提醒自己注意到每一个学生,用心倾听每一个学生所说的话。同时,辅导教师还要引导全体学生注意倾听教师及任何一位学生的发言,让每一位学生都能感受到周围人对自己的关注和尊重,唯有这样,学生的主体性才能得以发挥。

另外,要充分体现学生的主体性,辅导教师要注意自己不要"喧宾夺主",也就是说,不要把课堂看成展现自己才华的舞台。缺乏经验的新教师往往希望能够在学生面前表现自己,展示自己的能力,这样的过于表现常常会阻碍学生主体性的体现。比如,辅导教师不由自主地接学生的话茬,然后滔滔不绝地表达自己的人生感悟、丰富的阅历和渊博的学识,非常享受学生钦佩和羡慕的目光。久而久之,学生越来越习惯于听,而不习惯于说;越来越习惯于看,而不习惯于动,何来主体性呢?

最后要注意的是,辅导教师在心理活动课上要引导学生改变原有的认知模式和行为方式,也就是说学生要自己做出改变的决定,而不是由辅导教师告知要其作出改变,做到"助人自助",这也是体现学生主体性的一个重要方面。

四、情感体验性原则

心理活动课要做到的一个重要环节就是进行心灵沟通。小学生的心理世界有时候是隐蔽的,因此在心理活动课上要创设一些情境,让学生在情境中切身体会,产生情感,并进行表达流露,产生共鸣。比如在《交朋友》这堂课中,向学生提出"如果你和你的朋友之间闹矛盾了,你的心情如何?""如果在你需要帮助的时候,你的朋友向你伸出友谊之手,给你提供帮助,你有什么样的想法和感受?"等问题,让学生体会当事人的情感,经历内心的体验,用心灵去感悟。

创设具体情境是实现情感体验性的前提,因此辅导老师要在这一环节下功夫。辅导教师需要在平时密切注意学生的思想动态、生活情况、行为表现等方面,从而可以选择恰当的内容来进行精心设计。在创设情境的时候,要注意以下几个方面:问题的呈现要力求具体避免抽象;模拟的生活场景设计要符合学生的实际生活和年龄特点;角色扮演或者小品类的活动应具有情节设计和道具准备。

在一个小学生心理活动课《烦恼》的教案中,共设计了六个活动环节,其中第一个环节和

第三个环节都涉及创设情境。

教学目标示例

1. 音乐进入情境。

(1)先请同学们来欣赏一段音乐,请大家用心去听、去感受。

(2)在听这段音乐的时候,你有什么样的感受? 心情是什么样的?

(3)音乐能带给我们快乐,看来经常听听美妙的音乐是能让人天天感受到快乐的。

2. 你有没有遇到烦恼的时候? 当时你的心里面高兴吗? 一定很失望、伤心、难受对不对?

这里我们的主人公小丽遇到了几种情况,下面请你们选择其中的一个问题来进行讨论,帮她出出主意,你们认为有哪些方法可以帮她解决烦恼。

(1)本来计划今天去春游,东西都准备好了,但是天公不作美,下起了倾盆大雨。

(2)做数学习题的时候遇到一道难题,左思右想都没有思路,觉得很烦恼。

(3)早上起来照镜子,看到脸上长了很多小痘痘,到学校后受到同学们的取笑,觉得很伤心。

(4)爸爸、妈妈因为一些事情吵架了。

在上面的这则教案中,辅导教师通过呈现音乐创设一种轻松的氛围,让学生在音乐中体会快乐的感受,接着在第二个环节呈现小学生常常为之烦恼的问题,把来自环境中的具体问题放置到活动课上,让学生体谅当事人的情感并澄清问题的实质。

五、互动性原则

心理活动课的开展过程同时也是一种互动的过程,可以说互动是团体的基本特征,也是团体达到目标的重要条件。因为每一个个体都是生活在充满人际互动的行为世界之中,这个行为世界是由参与互动的双方或多方共同建构的。

在心理活动课上,每个学生在认知上的矫正或重建,情感上的体验或迁移,行为方式的改变或强化都与成员之间的交流和互动密不可分。美国学者柏恩认为,团体的每个成员在互动中可以促进对自己和他人的认识,并从中得到他人的支持和反馈,进而促进个人成长。在互动的过程中,学生把自己所遇到的烦恼和困扰与其他成员分享和探讨,其他同学则会给予其支持、反馈、建议和经验的分享。当事人在这样的互动中可以进行自省和思考,对自己的问题有了更深入、更客观的看法,从而促使其在观念、态度、价值观和行为上发生改变。

发生互动的一个前提是每个成员的参与,也就是说要让每一个学生都愿意说话,而且都有话要说。但在传统的班级座位排列中是很难实现这一点的,教师面向所有学生,所有学生只看教师,学生与学生之间缺乏交流,自然不可能做到人人参与。一般来说,在团体活动中要加大学生参与的力度,通常会将全班学生划分为小组,至于小组的分组方法在第一节中已经有所介绍。至于分组后小组座位的排列方式也是应该讲究的。座位排列不当,限制了人际互动的程度,往往会影响课堂效果,不利于理想气氛的建立。所以小组座位应该以四人弧

小学心理活动课设计与实施(第二版)

形排列、四人圆形排列、六人马蹄形排列为主要形式,再以这些小组为单位,组合成全班的圆形、方形、扇形、弧形、梅花形、鱼缸(内外两圈)式等人际交流互动模式。

六、严谨性原则

一些缺乏经验的辅导教师常常从形式上去理解心理活动课,以为在课堂上用温和的语气说话,脸上挂着微笑,就可以让学生觉得师生之间是平等的,师生之间可以融洽相处。其结果常常会让学生觉得教师"脾气好"或者"底气不足",而导致课堂秩序一反常态,有时甚至陷入混乱。辅导教师看到学生的这种表现,与自己的预想和期望相差甚远,甚至在面对学生无聊的玩笑时变得一筹莫展。要实现心理活动课的严谨性需要做好以下几个方面。

(一)精心开场,提升凝聚力

心理活动课从一开始就要营造平等和谐的氛围,精心开场,在一开始聚起人气。只有在第一个环节做好了,环环相扣才有可能。在开场的时候如果吸引住了每一个团体成员,凝聚好团体成员的向心力,才能使得每个成员专注于团体活动的目标和方向。精心开场的具体方式有多种,如相互问候、游戏、音乐、角色扮演等。

(二)精心选题和设计活动

辅导教师需要结合学生的生活实际、身心发展特点进行选题,只有选题切合学生的心理需要,学生才愿意投入进来。小学生的身心发展较快,低年级和高年级学生的特点及所感受的压力源、引起困惑的事件、产生的体验等截然不同,因此辅导教师需要综合各方面的情况进行选题,切不可草率。在具备了明确的辅导动机之后,辅导教师需要探究如何设计活动环节来达到这一目标。如果在设计环节下足了工夫,活动进程就会自然顺畅,达到水到渠成的效果;如果设计环节不够成熟,就可能出现磕磕绊绊、气氛僵化,甚至阻力重重的情况。

(三)教师良好的精神状态

心理活动课需要辅导教师具备良好的心理素质,不管遇到什么情况都要积极主动,以良好的精神面貌面对学生。如果辅导教师精神不振、消极被动,势必会将这种不良情绪传递给学生,挫伤学生参与课堂的热情。在开展心理活动课的过程中,辅导老师本身要豁达开朗,有自信、有激情、有能量,这样才能具备感染力去感染学生,打动学生和催化学生,促进教师与学生、学生与学生之间的和谐互动。

(四)建立团体规范

所谓规范是指在团体活动中,成员公认的适当的期待、想法或行为。成功地开展心理活动课离不开团体规范的建立,如果成员没有对团体的顺从,则团体活动会无法运作,互动会变得混乱无章。团体规范决定了成员在团体活动中的行为准则,并由团体成员共同建立并维持。团体规范的存在使得个体能够预测他人行为和团体可能会发生什么事,并能做出准备给予反应。同时,团体规范也界定了团体成员可以做和不可以做的,应该做和不应该做的,具有价值判断的意义。下面是一则《小学生心理辅导活动课学生活动须知》,供辅导教师作为与学生协商规范内容的参考。

小学生心理辅导活动课学生活动须知①

- 坦率真诚——把老师和同学当作自己最真诚的朋友,诚恳地向大家说出自己的真心话,不必担心讲错。
- 保守秘密——在活动课上听到的事情,要为同学保密,不到其他地方乱说,以免伤害跟你说真心话的同学。
- 认真倾听——在别的同学发言时,要认真倾听他的意思,并表示你很理解他说的内容。
- 相互尊重——不管别人说的话是对还是错,你都应该让他把话说完,即使对方讲错了,也绝不去嘲笑或讽刺。
- 和谐有序——你想说的话尽管说,但不要随便拿别人开玩笑,更不要伤别人的心。
- 参与交流——积极参加讨论,和别人交流自己的各种想法,并进一步了解别人对一些问题是怎么想的。
- 助人自助——用爱心关怀你的同学,使他能在你的帮助下学会解决自己的问题,同时你也必定得到同学们给你的建议和帮助。
- 促进成长——天天努力,快快成长,让自己的明天比今天更进一步。

第三节　心理活动课的操作要领

心理活动课的操作要领为"八重,八不重",即"重感受,不重认知;重引导,不重教导;重目标,不重手段;重口头交流,不重书面活动;重真话,不重有无错话;重氛围,不重理性探讨的完美;重应变,不重原定设计;重自我升华,不重教师概括总结"。②

一、重感受,不重认知

心理活动课和其他学科类课程不同,它并不强调答案的唯一性,它强调的是学生在课堂上的真实感受和体验。所以开设心理活动课并不是要学生掌握心理学的一些概念和原理,或者记住一些方法和技巧,而是要让学生在这种不同于其他课程的课堂氛围中,在团体的助力下去审视自己,反思自己,促进个人的自我成长和发展。在心理活动课上,学生不要求记住所谓的知识点,不要求做笔记,只要用心去感悟,然后有所触动,就是一种成长,就是一种发展。因此,心理活动课特别强调情意活动的介入。

---

① 钟志农. 心理辅导活动课操作实务. 宁波:宁波出版社,2007.
② 钟志农. 班级心理辅导活动课的操作要领. 思想·理论·教育,2001(10)

二、重引导，不重教导

心理活动课强调学生是主体，占主动地位，强调学生自己去反思、去体验、去领悟，这个过程需要辅导老师的引导。心理活动课上的引导，是指辅导老师通过一些手段、方法、技术去带动学生的发展，这与教导是有本质区别的，教导中会存在一些强制性的说理和武断的解释，如果是必需的忠告和说服，也要最低限度地加以使用。

辅导教师需要引导学生自己去思考问题并得出结论，而不是给学生以答案，替他做决定。引导中关键的是如何先"引"后"导"，辅导教师在课堂上要注意观察和倾听，在适当的时机"引"出问题，然后顺势诱"导"，将问题进一步深入，促使学生进行思考。在这里要说明的一个问题是，这里的"不重教导"并不是"不教导"，心理活动课上并不能排除辅导教师一些必要的指示、暗示和忠告。

三、重目标，不重手段

随着现代化教育技术的不断发展，教学手段越来越多样化，但是心理活动课强调的是把握好辅导的理念和辅导的目标以及活动的设计，并不过分强调教学手段的新颖。当然心理活动课并不排斥新颖的教学手段，因为每种教学手段都有其优势，比如多媒体的教学手段图文并茂，呈现的信息量大，且教学节奏快，可以更好地吸引学生的注意力，但是如果选择的时机不合适，可能会显得突兀，破坏已有的课堂气氛，使得整个过程失去流畅感。所以现代化的教学手段只是起到一种辅助作用，它的使用要服从辅导目标的需要。

四、重口头交流，不重书面活动

心理活动课区别于其他课程的一个重要特点就在于学生在课堂上通过群体交流产生影响力，也就是说，在心理活动课上强调学生的表达和相互的交流。口头交流的作用表现为：学生能得到相互的理解和支持；宣泄心中的积郁；增加与他人的交往而获得安全感；倾听和综合他人的意见；得到社会性发展的经验等。因此辅导老师需要根据不同的班级容量来选择恰当的组织形式，促进学生之间的沟通和交流，增加学生之间的互动。必要的书面活动也是应该开展的，如一些测试，制订计划，进行自我描述等，但应注意时间不可过长。

五、重真话，不重有无错话

小学阶段是个体身心发展的重要阶段，在成长的过程中，难免会有一些不成熟甚至错误的想法和观念，了解到这些内容才能够把握其成长契机，辅导教师才能够顺势加以引导。但是了解到学生真实的想法并不是一件容易的事情，因为很多学生会出于自我保护，担心受到责怪、批评甚至惩罚而不敢流露自己的真实所想。心理活动课要建立师生之间及学生与学生之间的信任感，因为只有信任才能让学生敞开心扉，畅所欲言。因此，辅导老师在课堂上对学生的错话持一种宽容而积极的态度，使得学生可以坦率交流，真情表露，不说违心的话。

但是宽容学生的错话并不意味着认可其错误的观念，也不意味着放弃对学生的价值引导,只是引导要避免武断、生硬和粗暴,做到循循善诱和平等商讨。

六、重氛围,不重理性探讨的完美

我们在之前的章节中论述了团体动力学是心理活动课的理论基础之一,团体动力学强调"场"的概念,衍生到心理活动课上就可以看作是"氛围"。心理活动课开展得是否顺利或成功,在很大程度上取决于课堂氛围的建立。如果已经成功建立成员之间相互信任、理解、支持、尊重、接纳的氛围,身处这个群体的每个成员就可以打开心扉,形成良好互动的人际交往模式。因此,营造坦诚和信任的团体氛围,消除学生在沟通和交流中的防卫心理,是辅导老师最重要的任务,也是心理活动课最基本的环节,这远比完美的理性探讨重要。

氛围一旦形成,就会对身处其中的所有人产生影响,从而改变人们的行为,因此辅导教师要精心营造和维护课堂氛围,不要因为急于求得活动的完整结论而草草结束。理性结论的得出远不如投入地交流,哪怕面红耳赤的争论也能够给学生以启迪。

七、重应变,不重原定设计

心理活动课是在一个动态的背景下开展的,学生的想法是动态的,学生的反应是千变万化的,因此辅导教师开展心理活动课应该做好充分的心理准备。一个优秀的心理活动课辅导教师会灵活地把握学生的发展势头,在看似不可估计的变化之中,拥有着对课堂的掌控力。

辅导教师要避免将学生生拉硬套局限在自己的教案里,刻板地希望学生的回答在教案预想的水平。如果学生回答不到所谓的"点子"上,就不厌其烦地"循循善诱",甚至"点化提醒"一番。心理活动课有着其独有的一些特点,不能与其他课程等同而论,这便是其中一点。在心理活动课上,学生的潜力会被激发出来,奇思妙想和过往经历会瞬间呈现,整个课堂也会变得生机勃勃和充满挑战,这种情形往往是辅导教师始料不及的。因此辅导教师必须学会随机应变,因势利导,不能固守在自己原先设计的思路里。当然,这并不是说心理活动课不需要备课,不需要写教案。相反,备课和写教案对于心理活动课同样非常重要,只是心理活动课对辅导教师的要求更多一些,不仅要做好教案的准备工作,也要做好课上的应变准备。

另外,"重应变"还体现在需要辅导老师对各种辅导教材的变通处理。在使用教材时,辅导老师要把握目标体系和辅导理念,具体的活动内容和素材则要根据班级情况和学生特点灵活地加以调整。

八、重自我升华,不重教师概括总结

心理活动课重视学生的自我成长和发展,这与学生的自我领悟和升华是密不可分的。辅导教师所要做的就是帮助学生将合理的观念内化为自己的观念,或者将已有的价值观进行重建,这些主要靠学生自己完成,外在的压力和管束无法干涉。常常在心理活动课的

小学心理活动课设计与实施（第二版）

结束部分，学生借助自己的内省和来自同伴的反馈以及辅导教师的建议，对自己的认知体系进行调整。尽管有些时候学生的领悟还显得比较粗浅和幼稚，辅导教师也不可越俎代庖。

不重教师概括总结也不是说完全不能概括总结，如果学生经过思考讨论之后仍然没有思路，教师可以提供既有的方法和技巧，帮助学生完成认知上的飞跃。

为了帮助辅导教师更好地开展心理活动课，下面提供一份《中小学心理辅导活动课教师操作须知》以供参考。

中小学心理辅导活动课教师操作须知[①]

（1）营造氛围——班级心理辅导活动课成功的关键在于营造一种真诚、和谐、宽松而不庸俗化的团体氛围。构建这种辅导氛围的技巧在于：教师精心设置活动情境，善于抓住学生反馈中的共性问题，以及教师准确把握学生情感共鸣、心灵共振的团体互动时机。

（2）构建关系——辅导教师要注意改变"教育者"的角色定位，与学生平等相处，具有"积极关注"、"真诚"、"共情"、"尊重"等基本态度，使学生感到温暖、安全，从而在团体中真正放开自己，形成相互信任、相互关怀的师生关系和同学关系。

（3）认真倾听——倾听是最基本的班级辅导技术，是每位辅导教师的基本功。教师要"心耳并用"，认真听懂学生在活动中语言表达的真正含义。必要时，教师要采用"复述"和"澄清"的技术，把学生表达的信息加以浓缩、精简，突出重点，并使信息明朗化、具体化。

（4）注重互动——班级心理辅导活动的目标，主要是在学生互动中达成的。教师要把关注的着力点放在推动学生团体的互动关系上，其操作要领则是改变传统的师生"对峙"型课堂组织模式和座位排列形式，积极使用小组合作型学习模式，并使小组活动与全班回馈有节奏地、流畅地组合起来。互动的最终目的是达到团体成员之间的沟通、理解与互动，以促进学生在同龄人的启发下自我成长。

（5）适时引导——班级心理辅导活动主要应该是"非指示性"的，但这并不排斥辅导教师必要的引导和点拨。老师引导的关键在于把握住将问题引向深入的契机，或者运用"面质"技术对学生的认知方式及思维方法提出"挑战"或异议；或者将学生共同的感受或意思加以衔接，产生并联；或者把学生未察觉到的易混淆的问题加以澄清，从而增加学生的认同感，并引导他们走向改变认知和行为的积极方向。

（6）聚焦中心——辅导教师必须明确辅导主题及其理念，在活动中将辅导的焦点集中在中心问题上，防止因界定不清、似是而非而出现辅导理念的错位或辅导主题的偏移。

（7）及时调停——当班级辅导活动在学生互动过程中出现偏离主题、漫无边际、浪费时间、氛围不融洽甚至个别成员的反应含有敌意等特殊情况时，辅导教师要及时施加适度而巧妙的干预，以保护团体氛围不受干扰和保护团体成员不受个体极端反应的刺激。

（8）临场应变——班级心理辅导活动的辅导理念和辅导主题必须是明确而稳定的，但辅导活动的设计和活动素材的选择则是灵活的。班级辅导活动过程中最生动、最感人、最富

---

① 钟志农.心理辅导活动课操作实务.宁波：宁波出版社，2007

有教育启示意义的素材往往来自团体互助及全班回馈的过程中。每当这种难得的辅导素材突然在团体活动中闪现时,辅导教师必须紧紧抓住,随机应变,调整原有的活动方案。

（9）自我发展——班级心理辅导活动的最终目的是促进学生的自我发展与自我成长。这种成长首先来自于学生自身认知的改变和情感的体验,它的影响也许不会立竿见影,却可能会长期地伴随学生的人生进程。因此,辅导教师不要习惯于自己得出的结论并对学生加以灌输,而应积极带领学生在参与活动中进行探讨、思考、反省、感悟和升华。

（10）包容歧见——班级心理辅导过程追求一种真情的流露和真我的风采,言不由衷或屈从于压力不是辅导所期待的结果。因此,辅导教师要鼓励学生在活动中讲真话,为学生创造一种发表己见的宽松氛围,允许并尊重学生的不同看法,不强制性地改变学生的原有认知或行为方式,并相信学生在不同见解的争议当中,早晚会做出适合自我发展的正确抉择。

思考题

1. 心理活动课可以分为哪几个阶段？每个阶段的主要特征及辅导教师的任务是什么？
2. 简述心理活动课各个发展阶段中常用的技术。
3. 心理活动课的操作要领有哪些？
4. 心理活动课的操作原则是什么？

第六章　心理活动课对教师素养的要求

第一节　心理活动课教师的素养

教师素养是指教师在教育教学中体现出来的,决定其教育教学效果,对学生身心发展有直接而显著影响的心理品质的总和。教师专业素养是指教师在教育和教学实践中获得的,在教育活动中体现出来并直接作用于教育过程的,具有专门性、指向性和不可期待性的心理品质,是教师从事教育工作的基本条件。小学教师的专业素养包括教师职业道德素养、理论素养、学科素养、人文素养、科学素养五个方面。小学心理活动课教师除具备上述素养之外,还需具备符合心理活动课实施要求的其他相应素养。

一、心理活动课教师的角色

有效的心理活动课必须依赖于四个条件:一是学生认同活动目标,二是有称职的活动领导者,三是学生积极参与活动,四是适宜的活动。在这四个基本条件中,领导者(即教师)是决定心理活动成败的关键要素。在带领团体的全过程中,教师往往要扮演多重角色。根据心理活动课中指导者所发挥的作用,可将教师扮演的角色概括如下。

1. 领导者

教师必须利用自己的知识和技巧使学生发挥他们的能力,实现他们的个人目标。为此,教师要设计一套心理活动计划,提供适当的学习机会,控制整个情境,为心理活动中的学生建立行为模式,促进意见交流,使学生尽可能地表达他们的思想、情感和意见。

2. 协调者

心理活动课中的学生来自不同的家庭背景,具有不同的特性,这些特性包括态度、个性、价值观。学生的个别差异固然有助于交流成长,但也容易形成意见相左、对立冲突的场面。在这个时候,教师就需要扮演协调者的角色,协助调解这些冲突、矛盾与纷争,以促进团体的良性发展。

3. 教育家

学生参加心理活动课的动机通常是想探索自我、肯定自我、获得信息、学习技能、提高自信等，而教师则需要向学生教授新的观念、理论与方法，提供新的信息，介绍新的价值观。与此同时，教师还要以身作则，为学生示范，以适当的方式为学生提供模仿的榜样。

4. 好朋友

在心理活动课中，学生间的互相依赖是非常重要的，而这种依赖感的产生要靠教师自身在活动中的表现。教师要做到全身心地投入，真诚地聆听学生的表达，细致地观察成员的行为，教师犹如学生的知心朋友，通过营造平等、依赖、尊重和融洽的氛围来减轻学生的心理防卫，真实地暴露自己，安全地进行自我探索。

5. 治疗师

教师在心理活动课中经常要利用各种技术来协助学生矫正偏差的观念和行为，例如澄清技术、引导技术、梦的解释和角色扮演等。通过运用相应的技术，教师能够更高效地改善学生存在的一些不良观念和不良行为。

6. 评估者

心理活动进行前的主题设定、计划拟订、学生活动、教学过程、课后追踪与学生反馈等，都需要教师细心地分析、评估。只有这样，教师才能真实地掌握团体成效与发展动力。教师可以通过自我反思、学生反馈、他人观察等来评估过程和效果。

综上所述，教师在心理活动课中所扮演的角色是多样的，需要根据学生的特点，因时、因地、因环境以及团体活动的性质做出灵活的选择，扮演适宜的角色，以促进学生发展。

二、心理活动课教师的人格特征

心理活动课的教师是否拥有影响学生心理素质提高的有效的人格特质，在一定程度上会影响心理活动课的效果与学生的发展。具体而言，教师的行为和其对学生所起的作用，受教师本人的价值观、人格和心理需求的影响，这些内在的人格特质与领导技巧同等重要。教师只有具备了迷人的人格魅力，强烈的亲和力，学生才会乐意接受他的指导和帮助，从而取得事半功倍的效果。因此，加强自我修养，努力塑造良好的人格，应当成为小学心理活动课教师专业素养的一个重要内容。

究竟哪些人格特质有助于促进学生出现内在成长性的改变呢？针对这个问题，不同的专家存在着不同的看法，但总体来说，可以将心理活动教师的有效人格特质归纳为以下七点。

1. 真诚

真诚是内心的自然流露，不是靠技巧就能获得的。真诚建立在对他人的乐观看法、对他人的基本信任、对求助者充满关切和爱护的基础上，同时也建立在接纳自己、自信谦和的基础上。真诚是心理活动课教师的基本素质，这种素质是潜心修养、不断实践的结果。

2. 同理心

同理心是指教师在聆听学生的叙述时，能够进入学生的内心世界，以感同身受的方式体验学生主观的想法与情绪,还能跳出学生的内心世界,将自己对学生的了解传递给学生,使学生感到教师很理解他,明白他,从而产生一种温暖、被接纳以及舒畅的满足感。

3. 关怀

无条件地关怀学生,保持教师自身良好、稳定的情绪,积极关注学生的言语与行为,对他的长处、进步给予表扬,让学生认识到自身的能力与潜力。但是人无完人,教师不是"万能者",教师应该时刻注意提高自身涵养,避免在授课过程中表现出自身的一些不良特质,如被动、顽固、防卫、主观、自负、攻击性、缺乏耐性等,这些都会影响心理活动课的效果甚至会给学生造成许多负面的影响。

4. 尊重

要求教师对学生的价值观、人格和权益,予以接纳、关注、爱护,给学生创造一个安全、温暖的氛围,使学生感到自己受尊重、被接纳,获得一种自我价值感。尊重意味着完整地接纳一个人,意味着彼此平等,以礼待人,信任对方,保护隐私,以真诚为基础。

5. 成长性

有自信并能依赖他人,不刻意掩饰自己的缺点,自我尊重,具有自我成长的取向,不断拓展自己的视野,进行自我探索。

6. 敏感性

能快速体察学生的情感变化,借助行为语言了解学生此时此地的心态。教师应有"第三只眼睛"和"第三只耳朵"去了解隐藏在学生表面言行后的真情实感。

7. 客观性

在投入活动的同时仍然能够不失理智,站在更高的角度审视每位成员的表现,从客观的立场通观全体。

三、心理活动课教师的专业技能

具备一定的专业技能是教师从事心理活动课的基本前提。心理活动课教师的专业技能主要包括心理辅导技能、心理咨询和治疗技能、心理诊断技能和心理测量技能、领导技能五个方面。

1. 心理辅导技能

心理活动课教师应该具备团体心理辅导技术,能够做到通过倾听技术、提问技术、澄清技术、引导技术和面质技术等一些专业技术来协助学生解决相关心理问题。

2. 心理咨询和治疗技能

心理活动课教师必须了解有关心理治疗的主要理论,如心理分析理论、行为治疗理论、认知治疗理论、森田治疗理论及以人为中心治疗理论等,熟悉心理咨询和治疗的基本程序,掌握心理咨询和治疗的一般方法,以便给予学生必要的帮助。

3. 心理诊断技能

在心理活动过程中,教师要善于了解发现学生存在的共性问题,根据大部分学生的需求与不足来设计心理活动,提高学生整体的心理健康水平。教师也要善于发现团体中个别学生存在的较为严重的心理问题,通过与个别学生谈话、调查、访问、测量等方法追踪了解学生的详细情况,根据所获得的资料和信息,对学生的心理问题进行分析判断,找到问题的症结所在,从而对症下药。对于一些比较严重的超出自己能力范围的问题,可以转介给相关权威人士与医院,但同时要跟踪了解学生的治疗进展情况,并向学校汇报。

4. 心理测量技能

小学心理活动课教师必须具备对不同测量工具适用情况进行辨别的能力,掌握智力测验、人格测验、心理评定量表的实施方法,掌握测验量表的分数转换与常模的建立,掌握测量的信度、效度与项目分析,掌握测量结果的解释。在施测过程中,教师应严格按照测量指导手册的规定进行操作,善于调控学生在施测过程中的情绪反应,控制可能出现的影响信度、效度的各种因素,保证将测量误差控制在最小范围内。通过对学生进行某些特征的测量,从而了解学生的具体信息,察觉潜在的问题,及时采取解决方法。

5. 领导技能

教师在心理活动中需要扮演领导者的角色,这一角色扮演的成败在很大程度上将影响心理活动课的成败。教师作为心理活动的主要组织策划领导者,在整个活动过程中,犹如一个舵手,掌控着团体行进的方向。包括活动前的动员,活动中的启发、激励、引导,活动结束时的分享与总结以及结束后的效果追踪、反馈等。因此,心理活动课教师必须具备较好的领导者特质、心理活动的策划、组织能力等。

在基本掌握上述专业技能的前提下,教师承担心理活动课教学任务之前,最好先接受团体辅导专业训练,以免因经验不足对学生造成心理上的伤害。同时,教师要随时自我反省,进行能力评鉴,及时发现自己专业技能的不足之处,进而与同行交流或向专家寻求指导和学习。

四、心理活动课教师的咨询经验

在心理活动中,学生会发生许多事件、矛盾与痛苦,教师必须能迅速地洞察其中反映出来的问题的本质,并能够带动心理活动课程的顺利进行。教师要做到这一点,离不开丰富的咨询经验和治疗理论的背景支持。

要成为一名优秀的心理活动课教师,丰富的团体咨询和个体咨询经验是必不可少的。除了团体咨询经验外,一对一的个体咨询经验也是必需的,因为在领导团体的过程中会出现各种各样的情景,教师的个人咨询经验越来越多,就越易于同时针对个人和团体实施咨询,有助于提升团体心理训练的效果。

五、心理活动课教师的任务和工作原则

(一)心理活动课教师的任务

1. 设计心理活动计划

在上心理活动课之前,教师的首要任务就是设计一个明确的书面计划,这个计划就像是

小学心理活动课设计与实施(第二版)

一张地图,指导心理活动的方向,使教师心中有数。书面计划的内容包括:活动的目的、学生的特征、教师的责任、心理活动与过程、预期结果等。

2. 创建与维系心理活动的团体

心理活动课是多名学生共同参与的团体活动,教师在心理活动课初始阶段所扮演的角色十分重要,关系着心理活动的成败。教师要为心理活动设定时间、地点,并在活动过程中保证团体的完整性。在整个心理活动中,教师承担着领导的角色,是学生之间联系的纽带,教师应尽可能让学生在较短的时间内投入活动,以取得良好的效果。

3. 塑造心理活动团体规范

心理活动课开始之后,教师要引导学生共同遵守团体互动的规范,使学生认识到某种行为应该或不应该表现出来。学生应能够自由地说出他们对于团体、其他学生和教师的感受。教师应鼓励学生诚实和自发性地表达意见,主动配合团体,进行自我暴露、自我了解和自我改变。

4. 实施心理活动团体计划

心理活动过程中,教师引导学生融合于团体而不失自我,使每个学生找到自己在团体内的位置。引导学生通过互相探索、解决矛盾、互相适应,使学生互相学习待人处事技巧,从参与心理活动中发展潜能而有所成长。

5. 组织团体评价

心理活动结束后,可以通过不同的方法,搜集心理活动课目标达成的程度、学生的行为表现、学生对于心理活动的满意度等信息,便于学生和教师了解心理活动的成效。可以要求学生自己观察和记录某些行为表现的次数,或者要求学生之间以及与学生有重要关系的他人观察记录学生的行为,来评价学生行为的改变。也可以采用心理测验量表或者问卷来测量、调查学生行为和情绪的变化,以评估心理活动课的效果。

(二)心理活动课教师的工作原则

1. 信息性原则

教师在活动过程中要耐心启发学生、认真倾听,从学生的言行中获得需要的信息,了解学生真实的内心想法和问题,以便于有的放矢地解决问题。

2. 保密性原则

心理活动课教师要保证未经学生允许不对外公开学生的私人信息,不强迫安排学生参与心理活动。在心理活动课过程中,教师有责任为学生吐露的隐私保密。

3. 公平性原则

教师要尊重学生的个别差异,公平对待每个学生,不能根据学生成绩的优劣、性格特征、智力水平等因素区别对待。

4. 发展性原则

在心理活动课过程中,教师要以发展的观点来看待学生的问题,要在问题的分析和本质把握中善于用发展的眼光做动态考察。

第二节　提升心理活动课教师专业素养的途径

一、专业化的学习和训练

心理活动课教师必须受过专业训练,对相关专业知识进行过系统的学习。但这些是远远不够的。有专家总结过一个成功的心理活动教师应该具备的 11 项特征:①认识自己、接纳自己,拥有自爱和自信;②敏锐的自我觉察;③自我肯定;④投入并参与;⑤个人心理与行为的协调和表里一致;⑥愿意做典范;⑦愿意接触和面对个人需要;⑧清楚了解个人价值观;⑨信任心理活动小组;⑩保重自己,不断更新成长;⑪个人力量与勇敢。从这些特征看到,心理活动课教师必须不断地参与专业的训练与培训,在生活中不断成长、反思、实践,才能让自己的人格实现成长。

二、不断进行教学反思

对教师的教学工作来说,完成教学任务只走了不到一半的路程,教师还需要对教学活动如何展开,做出师生互动式的整体设计。在完成设计后,还要直面处于成长发展中的个体组成的学生群体出现的种种问题,在时时变化的复杂教育情境中面对教学的矛盾与困惑,不断处理、重组教学过程中因学生积极参与而不断生成的新资源,做出及时调整与新的策划。如果心理活动课教师注意对教学过程中问题的总结,那么,对学生心理问题的把握会增强,驾驭心理活动课的能力也会提高。

三、积极参与专题论坛

专题论坛是开放性、互动性的交流平台。这种研修主要有专题研讨、名师沙龙、专家讲座等形式,有计划、有针对性地邀请专家现场指导或合作进行课题研究,为专业理论的学习、课题研究、课改实验等作专题讲座或与一线教师开展面对面对话和交流,会取得积极的效果。专题论坛的内容主要是基于教师在教育教学实践中产生的问题和疑难。这些要研讨的问题一般提前定期发布,供有兴趣的教师钻研。参加研讨的教师要围绕专题查阅大量资料,思考总结自己的经验,有时还要进行调研访谈,并且要回复同伴的各种质疑,这对主讲人无疑是一次全新的挑战和走向成熟的机会,当然对其他人也是一次重要的学习和提高的机会。"名师沙龙"的对象主要是学校热心教改的骨干教师和学校领导,也可以面向全体任课教师。教师登台不仅仅是介绍经验、做辅导,更重要的是名师用新理念对教学一线出现的教育问题进行理论化解读。如名师通过听课、课题研究、教育著作研读、外出学习、调查访谈等途径获取大量信息,经研究整理提炼,在论坛上进行有针对性的交流和展示,接受教师们的质疑问难,这既开阔了大家的视野,又有助于教师走上专家之路。

四、积极进行阅读和总结观察

教师素养的提升需要静悟、体察,需要个人在教学过程中慢慢品味,心理活动课教师素养的提升更是这样。小学教师生活在鲜活的教育经历中。这些经历,或令人振奋,或令人激动,或令人感慨,或令人惊诧,或令人不安,或令人遗憾,或令人悔恨,等等。教师可以通过撰写教育日记,随手记下一个个真实的故事、一点点真切感受,养成阅读心理学专业书籍的习惯,在写作和阅读过程中体悟小学生行为的特点,提升自己的心理学专业水平。

思考题

你认为心理活动课教师应该具备哪些素养?

第七章　教学资源的开发与利用

传统的小学心理活动课教学资源单一,把教材作为唯一的资源,而注重实践的心理活动课应改变过去的课堂教学中资源单一的缺点。学校、社会、网络、教师、学生都可成为课程的资源,这些资源如何开发,如何为教学所用,是研究的主要内容。

第一节　教学资源概述

一、小学生心理活动课教学资源的概念、分类和筛选

（一）教学资源的概念

教学资源是指一切对课程和教学有用的物质与人力。广义的课程资源是指有利于实现课程和教学目标的各种因素;狭义的课程资源是指形成课程与教学的直接因素来源。

在此探讨的是广义教学资源,即课程实施所需要的资源。教学资源是课程建设的基础,它包括教材以及学生家庭、学校和社会生活中一切有助于学生发展的多种资源。教材是教学资源的重要组成部分,它是从教学资源中开发出的产品,教材是教学资源的核心和主要组成部分。

（二）·教学资源的分类

1. 按功能特点分类

按照教学资源的功能特点,可以把教学资源分为素材性(或要素性)课程资源和条件性课程资源。

所谓素材性课程资源,是指作用于课程并能够成为课程的素材或来源。包括知识、技能、经验、活动方式与方法、情感态度和价值观以及培养目标等方面。所谓条件性课程资源是指作用于课程却不是形成课程本身的直接来源,但很大限度上包括直接决定着课程的实施范围和水平的人力、物力和财力,如时间、场地、媒介、设施和环境等。它们的特点是作用

于课程却不是形成课程本身的直接来源,但它在很大限度上决定着课程的实施范围和水平。

2. 按空间分布分类

按照教学资源空间分布的不同,大致可以把课程资源分为校内课程资源和校外课程资源。

它们都可以包括要素性课程资源和条件性课程资源。校内的课程资源包括专用教室、心理咨询室、学校图书馆、录像片、VCD、计算机软件以及其他各类教学设施和实践基地等;校外课程资源主要包括公共图书馆、博物馆、网络资源、乡土资源、展览馆、科技馆、家长、校外学科专家、上级教研部门、其他学校的设施、学术团体、科技活动中心、少年宫、社区组织、电视、广播、报纸、杂志等广泛的社会资源及丰富的自然资源。

（三）心理活动课教学资源的筛选

1. 要有利于实现心理健康教育的理想和办学宗旨

心理活动课是一种面向全体学生的、以正面教育为主的活动课程,辅导目标重在发展、预防,是对学生情绪的唤醒,注重学生的心理感受及心理体验。因此,心理健康教育活动课筛选的教学资源要更好地发挥心理健康教育的实效。

2. 要与学生学习的内容条件相一致,符合学生身心发展的特点

心理活动课教学资源应该满足学生的兴趣爱好和发展需求,丝毫不加重学生的负担,要能促进学生的学习,为学生提供一个放松心情的缓冲地带,使学生在这里能够重新审视自我、认识自我、悦纳自我,为更好地发展自我奠定基础。

3. 要与教师教育教学修养的现实水平相适应

心理活动课过程中,师生关系应是一种新型的人际关系,平等、相互尊重、真诚、亲密,像大朋友和小朋友的关系;学生是关系中的主体,教师发挥的是主导作用,对学生持非批评态度,鼓励学生自主探索,为学生提供心理服务,教师给予学生充分的尊重、理解、信任。师生之间的活动是一种合作的、民主的、商谈式的协助活动,教师不是代替学生解决问题,而是协助学生解决问题。

二、心理活动课教学资源的开发和利用

（一）心理活动课教学资源的开发和利用途径

（1）开展当代社会调查,不断跟踪和预测社会需要的发展动向,以便确定或揭示有效参与社会生活和把握社会所给予的机遇而应具备的知识、技能和素质。

（2）审查学生在日常活动中以及在实现目标的过程中能够从中获益的各种课程资源,包括知识与技能、生活经验与教学经验、教与学的方式和方法、情感态度和价值观等方面的各种课程素材。研究一般青少年以及特定受教学生的情况,以了解他们已经具备或尚需具备哪些知识、技能和素质,以确定制订课程教学计划的基础。

（3）开发和利用课程实施的各种条件,包括图书馆、实验室和各种活动场馆、专用教室等的合理建设。

（4）鉴别和利用校外课程资源，包括自然与人文环境，各种机构、各种生产和服务行业的专门人才等资源，加以利用，使之成为学生学习和发展的财富。

（5）建立课程资源管理数据库，拓宽校内外课程资源及其研究成果的分享渠道，提高使用效率。

（二）心理活动课教学资源建设中应该注意的问题

1. 使学生关注的新闻事件成为心理活动课的教学资源

心理活动课对学生的评价方式不能和其他学科一样，因此学生希望心理活动课有意思一些，能获得一些其他学科中不能获得的知识与技能。如果心理活动课在内容上不能吸引学生的眼球，那么心理辅导课上就会出现"昏睡百年"的现象。

引入了新闻事件的心理活动课，学生们会更愿意参加讨论、分享、游戏。他们的参与热情会更高，教师更容易把学生们的兴趣、好奇心都调动起来，也有利于学生们准确地理解和掌握心理学知识或常识。

将新闻事件引入心理活动课，首先要有一个清晰的课程目标，根据目标选择、开发最有价值的新闻事件。即首先要明确本节课的教学目标是什么，新闻事件是否有利于教学目标的实现。具体的操作要求如下。

（1）围绕课程与课题的目标，筛选新闻事件。心理健康教育要以防为主，以培养发展学生的良好健康心理素质为目标。既然如此，在筛选新闻事件的时候，就应该清醒地意识到这个目标。如将某个负面新闻事件引入心理活动课中，教师就要引导学生防止这类情况的出现，强化学生培养健康心理素质的意识。

（2）根据学生的关注程度，确定新闻事件。并不是与教学目标相吻合的新闻事件就一定要引入课堂，还要了解学生关注什么类型的新闻事件。如进行偶像崇拜问题的心理健康教育时，教师就要有意识地了解学生比较关注哪些偶像，为什么关注，关注点在哪儿，然后将其引入课堂，对学生进行心理健康教育。

（3）了解新闻事件的相关知识。将新闻事件引入课堂，无形中就需要教师掌握与新闻事件有关的知识与常识。2006年世界杯决赛中齐达内撞人事件轰动一时。将此新闻事件引入课堂，就需要教师具备一定的足球比赛常识。因此，将新闻事件引入课堂之前，教师要对新闻事件相关的知识进行一定的了解。

（4）考虑新闻事件的突发性、及时性、教育实效性，可以适当地调整教学计划。新闻事件具有突发性、及时性，如果没有及时地将新闻事件引入课堂，而是等学生对新闻事件的关注度降低后，再进行教育，就错过了新闻事件最佳的教育时机。

2. 教师是最重要的课程资源

教师是课程实施的组织者和促进者，也是课程的开发和研究者之一。与条件性课程资源的利用和开发相比，素材性课程资源的利用和开发具有更大的灵活性和创造空间。兼具条件性与素材性课程资源两种性质的人的要素，在整个课程资源，特别是素材性课程资源的开发和利用中起着主导和决定性的作用。换句话说，教师不仅决定课程资源的鉴别、开发、积累和利用，是素材性课程资源的重要载体，而且教师自身就是课程实施的首要的基本条件

小学心理活动课设计与实施(第二版)

资源。所以,从这个意义上来讲,教师是最为重要的课程资源,教师的素质决定了课程资源的识别范围、开发与利用的程度以及发挥的水平。因此,每个教师应该结合自身的特点来开发教学资源,比如,针对自己的性格优势、所掌握的信息、自身教学的技能等特点来设计课程内容和教学形式等。

3. 学生是重要的课程资源

心理活动课的最终目的是促进学生心理健康发展,提升学生的心理素质。因此,它必须以学生的需要为出发点,以学生为主体,以灵活多变的形式、丰富实际的内容去吸引学生,提高学生的自助能力。通过活动,让学生的心理在活动中外化,使学生成为活动的主人。让他们在玩中练、乐中学、论中理、演中明,让全体学生主动参与活动的整个过程,使活动过程成为学生心理成长的自助过程。

在心理活动课中要开发利用好学生这一重要资源可以从三方面入手。

(1) 关注生活,让学生真情投入。

学生是学习的主体,心理活动课的活动内容必须关注学生的实际生活,从生活中找话题。在心理活动课中,教师要善于走进学生的情感世界,用自己的心发现学生的心,精心选择与学生的实际生活联系最密切的话题,找到他们渴望解决的问题,拨动学生们的心弦,引起共鸣,引发大家的话题。做到知其心、辅其需、引其道。

在心理活动课中,针对小学生心理发展和生活、学习环境的特点,教师要做有心人,采用调查、观察等方式深入学生,了解他们在生活中、学习中和人际交往中所碰到的难题,遇到的困惑,为心理辅导提供素材,并由此设计心理活动课内容。在此基础上,开展内容不同、形式各异的团体心理辅导,为学生排解心理烦恼,使他们的身心更加健康,精神更加愉快,使心理辅导落到实处。特别是每学期的新学生,在学习、环境的适应上有很多的问题行为。

(2) 开放情境,让学生表现自我。

心理活动课就是学生的心理体验课,学生内心体验是提高学生心理健康水平的重要阶梯。通过形式多样、目的明确的活动让学生充分显示自己的个性,认识、了解自己,学会沟通与合作,寻求发展与创新,让学生在自我表现中增加心灵体验。

心理素质的训练过程,是激发或唤醒学生心理活动的过程,从而激发其情感共鸣,诱发其行动愿望。良好心理氛围的创设在活动中就成为十分重要的任务。

① 利用录像、录音、电影等多媒体手段,真实地再现生活场景。

② 利用音乐渲染、富有激情的语言描述,营造出与主题相映衬的气氛。创设愉快、和谐、开放的课堂气氛和有利沟通的环境,给每个学生自我表现的机会,让学生说真话,吐真言,愉悦童心,放飞童思,促进学生主动发展。

③ 教师要做到尊重、理解、信任学生,言语激励或暗示学生,以发展的眼光看待学生,用心体验学生的感受等。这样的氛围,有利于促进学生个性发展,心理健康。

通过创设开放的氛围,引导学生在表现中体验,既可以使学生之间增进相互沟通,达到自助、助人的活动收益,又让学生感到教师真诚的期待,共同活动的乐趣。心理辅导活动课不拘泥于课堂固定座位,可采用"扇面式""圆弧式""自由结组式"等有利于师生之间与学生之间沟通信息、传达情感的座位形式,让学生产生积极的情绪体验。同时可以安排一些情境表演,通过表情、动作、手势表演出来,将问题融于情境中,让学生在具体的情境中体验,鼓励个性化的思维。

改变活动方式,提供有利于学生发言的机会,给每一位学生表现自我的空间和时间,鼓励他们主动回答问题,在交流中获得知识,体验情感。

（3）形式多样,促使学生感悟升华。

心理活动课如果没有学生的参与就不能称为活动课,学生积极主动地全身心地投入是课程顺利进行的保证。通过开展极富启发意义的活动,引发个体内心的认知冲突,唤起学生内心深处存在的一些心理体验,增强其心理感受,以达到心理健康的目的。活动的设计提倡用创设问题情境、小组讨论、游戏、角色扮演、小调查、小测验等各种活动辅助辅导,通过各种形式的活动让学生思想活跃起来,获得心理感悟,通过感悟内化为自己的行为习惯,通过习惯形成稳定的心理品质。

第二节　学科教学中心理活动课教学资源的开发

在小学生心理活动课的教学资源中,学科教学资源无疑是最为重要的资源。这不仅是因为学科课程本身所蕴含的丰富的心理健康教育资源和学科教育的独特地位,而且因为各个学科的教学对学生的心理发展具有极其重要的作用。

一、学科教学中对心理健康教育教学目标的设定

（一）心理健康教育目标是次级目标

在各学科的课堂教学中,各学科首先必须完成的是学科本身的知识、技能、能力的规定性目标,这是学科教学的主要目标。而心理健康教育在学科教学中的渗透只是次级目标。因此,在学科教学中渗透心理健康教育,理应以学科本身的任务为主线,以渗透心理健康教育为副线,后者服从前者,为前者锦上添花,绝不能主次不分,更不能本末倒置。

（二）符合学科及其教材的内在规定性

其主要有两层含义:一是在目标设定时应充分考虑并利用本学期可借助的心理健康教育资源,同时要充分认识各学科之间的本质差异性,如社科类可较多直接结合相关题材进行渗透,自然科学类可更多地通过活动以获得丰富的心理体验。二是每一堂课所要渗透的心理健康教育内容应是该堂课的教学素材中所蕴含的,是分内的、自然的,而不是脱离教材外强加上去的,任何牵强的、贴标签式的目标设计都是既不科学也不合理的。

小学心理活动课设计与实施(第二版)

（三）目标设定应符合学生的心理状况，具有客观针对性

各学科教师在设定心理健康教育目标前都应充分了解班集以及大部分学生的心理状况，在符合内在规定的前提下，力求有针对性地设定心理健康教育的目标。如同样一节课，根据不同班级的实际情况，甲班可设定"团结互助"，乙班可设定"关心集体，顾全大局"，丙班可设定"学会竞争"等各有侧重的心理健康教育目标。

（四）目标设定应尽量避免过于线性化

学科教学中渗透心理健康教育贵在潜移默化，它更多的时候是内隐的、暗示的、渲染的，而不是外显的、径直的、刻意的。因此，学科中渗透心理健康教育的目标设定应更多地考虑教学过程中的心理健康教育因素，应注意心理健康教育与学科知识传授的同步性，应注重良好的课堂心理氛围的营造。也就是说，学科教学中渗透心理健康教育的目标设定不宜过于呆板、过于线性化。

二、学科教学中心理健康教育的课堂管理问题

（一）选择适当的课堂管理模式

课堂管理模式直接影响课堂心理氛围，也是一种隐性的心理健康教育因素。应该说，在众多的管理模式中，除了恐吓型管理模式有辱学生人格而不宜采用外，其他各种管理模式各有其优、缺点，教师应根据具体情况加以选择。譬如，民主型管理方式可充分调动学生的积极性，学生的归属感较强，师生关系也比较融洽，但教师的控制作用较弱，有时管理效率不高。这种管理方式比较适合年级较高的学生或班风较好的班级。专制型管理方式效率高，教师控制性强，但学生自主性较差。这种管理方法比较适合年龄小的学生或班风较差班级的早期管理阶段。放任型管理方式，师生关系好，学生自主性强，但管理成效差甚至毫无成效。这种管理方式比较适合高年级且自觉性强的学生，也适合自我管理能力强的班级。当然，这是相对的。很多情况下教师要根据班级、课堂乃至每一节课的性质来选择或综合运用这些管理方式。但需要指出的是，多数情况下，民主型管理方式应该是学科教学中心理健康教育的首选课堂管理模式。这是因为民主型管理模式比较容易营造师生之间的平等、民主、合作的氛围，易于缩短师生之间的心理距离，学生具有较高的安全感和自主性，师生之间的互动也较为自然、和谐，这样学生能从中汲取的积极的心理养分也就大大增多，师源性的心理伤害相对减少，因此有利于学生的心理成长和心理健康。当然，这种管理模式也特别符合学校心理健康教育的理念与实质。

（二）形成有效的课堂管理

如果说选择适当的课堂管理模式是策略性的，那么形成有效的课堂管理则是操作性的。这种操作性涉及课堂秩序的建立、课堂活动的组织与反馈、课堂中的表扬与惩罚、课堂中学生行为问题的处理等诸多方面。这些方面的有效管理也是落实课堂教学中渗透心理健康教育的重要途径。无数的教育实践业已证实，教师在课堂上如何使用以及能否正确使用奖励

与惩罚手段、教师能否使用恰当的策略处理学生的课堂行为问题等,都会对学生的心理成长和心理健康产生各种不同程度的影响。因此,教师应在正确的学生观的指引下,充分利用心理学与教育学的有关原理和知识,努力形成能促进学生心理健康的行之有效的课堂管理方法。

（三）努力营造良好的课堂心理氛围

课堂心理氛围是指班集体在课堂上的情绪、情感状态。这种心理背景的优劣一定程度上标志着学生在课堂上的状态,而这种状态恰是学生能否悦纳教与学的最重要的心理基础,进而构成影响学生心理健康的潜在教育因素。好比到一个商场买东西,消费者希望获得舒心的、有价值的服务,而服务员则想方设法营造某种气氛以打动消费者,使消费者能愉悦地接受消费。如果这种心理环境的营造是成功的,消费者就乐于接受并享受消费,如果是不成功的,消费者可能就不消费或即使消费了也不会有好心情。课堂教学也是如此。在课堂教学中,教师应在坚持愉悦性、激励性、差异性、支援性等课堂教学的心理卫生原则的前提下,着力于通过认真组织教育内容、积极改进教学方法、精心设置问题情境等引发学生的兴趣,寓教于乐,鼓励成功,通过平等、民主、合作的师生关系来带动课堂的良好气氛。只有这样,课堂教学才有助于学生形成积极的学习态度、正确的学习动机、愉悦的学习情绪并保持高度的学习注意力。也只有这样,课堂教学才能真正发挥其心理健康教育的应有功能。

三、学科教学中心理健康教育的教学策略

（一）自然

教师要根据学科教学的具体内容和这些内容所蕴含的可利用资源寻找心理健康教育的合理结合点。虽然学科课程中蕴含丰富的心理健康教育资源,但并非任何内容、任何时候都可以进行心理健康教育。学科教学中的心理健康教育贵在自然、贴切,它与整个学科教学的具体过程是紧扣的,是有机融合的。因此,学科教学中心理健康教育的首要策略就是顺其自然,尽量避免生硬。

（二）适度

在具体教学中,心理健康教育应适时有度。所谓适时,就是在一节课的有限时间内,心理健康教育的时间不宜过长（一般只能利用 3～5 分钟的时间）。所谓有度,一是要注意目标不宜过高也不宜过低;二是要注意梯度,即在了解学生个性心理及个别差异的基础上,尽量考虑各层次学生的可接受性及循序渐进;三是要注意效度,即教师要经常搜集学生的有关动态信息,适时调整策略,把握最佳时机。

（三）灵活

学科教学中的心理健康教育没有固定方法。从教学设计取向看,学科中心理健康教育可以学生为中心,重视学生的人格塑造,促进学生的心理发展;可以以问题为中心,理论联系实际,帮助学生解决心理问题;也可以以活动为中心,加强心理训练,塑造学生良好的心理品

质。从形式上看,有分散式与集中式、集体式与个别式、讨论式与写作式等。从具体方法来看,有移情体验法、角色扮演法、认知矫正法、游戏法等。在不同取向引导下,各种不同形式和方法的灵活运用便构成了不同的策略。值得一提的是,目前在学科中心理健康教育的教学中,许多教师普遍存在死板的问题。各种公开课中最常见到的一幕就是教师在该节课结束前的几分钟让学生在稿纸上写出课堂心得。显然,这样的方式痕迹太重,过于呆板,也不可能取得预期的效果。

总之,通过心理活动课教师与各学科教师积极合作,使得心理健康教育能够渗透在学生的学习过程中。课后心理活动课教师还应该积极与各个学科的教师及时沟通,对教学过程中的问题进行整理,使得心理活动课的课程内容更加适合学生的实际情况。

第三节 学生工作中心理活动课教学资源的开发

一、学生为主体的心理健康教育的组织

(一)学生心理健康协会

学校可以成立学生心理健康协会。根据实际情况,隶属于学生会、团委或者少先队部门。心理健康协会成员包括会长、副会长、干事和班级心理健康委员等。学生心理健康协会作为学生开展心理健康教育活动的核心机构,来指导和举办各种心理健康教育活动。同时,学生心理健康协会要和心理健康教师联系,开展各种心理健康知识的培训和学习。心理健康教师要对学生心理健康协会成员进行访谈、倾听技巧等心理学知识方面的培训,提高心理健康知识水平,以便更好地开展活动,最终将心理健康教育渗透到学生会、团委或少先队活动之中。

(二)同伴心理互助小组

同伴心理互助小组的本质就是朋辈心理咨询,是指同学之间或年龄相仿的朋友之间进行心理开导、安慰和支持等心理帮助,是具有心理支持功能的帮助过程。同伴之间通常有共同的价值观念、经验、生活方式,具有年龄相近、性别相同或所关注的问题相同等特点。自然性的鸿沟小、防御性低、共通性大、互动性高,具有良好的人际关系,这是同伴之间能产生相互的心理支持的关键。因此,该做法将有利于普及心理健康知识,全面、深入地了解和掌握学生的心理动态,及时发现和解决学生的心理健康问题。学生的一些心理问题,通过学生之间的相互交流、沟通可以得到及时的解决。学生心中的压力通过向同龄人倾诉可以得到及时释放。

(三)学生心理健康委员

心理健康委员作为学校心理健康教育的重要学生力量,能够促进更多的学生了解和掌

握心理健康知识,在心理健康教育机制中发挥重要的作用,可以在学生群体与班主任、学生心理健康教师之间架起一座桥梁。学生心理辅导员按照班级设立,是班委会的组成成员之一,其名称可以相对自由,根据不同的班级情况来确定。为了更好地协助开展好心理健康教育工作,心理健康委员的选拔要考虑以下条件:要具有良好的心理品质和较强的心理适应能力以及社会生活适应能力;有一定的心理健康知识;能热心为同学服务等。

心理健康班委主要职责是:积极向本班同学宣传心理健康和心理卫生方面的知识,使同学们了解心理发展的规律;有计划地组织开展班级心理健康教育活动;协助、配合学校心理健康教育机构开展有关工作;对本班存在心理问题或心理障碍的同学及时提供帮助,并及时与心理咨询中心联系;积极接受学校心理健康教师提供的心理健康知识培训。

二、学生为主体的心理活动课的内容

(一)心理健康教育知识的宣传

心理健康教育知识的宣传可以通过多种方式,心理健康小报、校园广播、校园网等都是很好的宣传途径。心理健康小报是心理健康教育对内、对外宣传与教育的主要载体和途径之一。学生心理健康协会可以定期编辑出版心理健康小报,利用学校宣传栏、印刷纸张或者通过电子邮件的途径发行。通过创办专刊、报刊和心理橱窗,向全校师生普及心理健康常识,引导学生树立心理健康和心理保健意识。心理健康小报类型分为两种:一种是普及心理健康知识的一般小报;另一种是针对特定时期和特定问题的专刊。专刊的针对性和拓展性比较强,可以包括毕业班专刊、考试专刊、家长专刊、新生适应专刊、情绪情感专刊、人际关系专刊等专题。校园广播既可以播送一些心理健康知识,也可以播放一些有助于心理调节的优美音乐,可以缓解学生的学习压力,起到放松的效果,让教育更加人性化。校园网也可以发布一些和心理学有关的文章,或者一些趣味性的心理测试,或者通过电子邮件的形式,发送电子贺卡、生日祝福邮件等,让学生体会到被尊重和被关注的美好感觉。

(二)举办心理素质拓展训练

心理素质拓展训练强调的是一种体验、一种感悟,是一种由内至外的自我教育。其理论依据主要是:"努力/放弃"(积极/消极)的心理力学模型以及"体验、了解、控制、超越"的心理适应规律。素质拓展训练使参加者的创新能力、沟通能力、团队协作能力、应变能力、学习能力、思维能力、领导能力、激励能力等心理素质得到提高。心理素质拓展训练的基本过程为:通过体验项目活动中的情境设置,使参加者充分体验所经历的各种情绪,尤其是负面情绪,从深入了解自身(或团队)面临某一外界刺激时的心理反应与后果,进而学会控制、实现超越。这一过程主要由五个环节组成:体验、分享、交流、整合、应用。

体验:活动的开始,参与者投入其中,要充分体验项目带来的心理感受。体验是整个活动的基础。这个阶段,要有充分的情绪唤起。

分享:有了体验以后,参加者要与参加相同活动的小组成员分享他们的心理感受。

交流:分享个人的感受后,参加者还要把分享的东西结合起来,与小组其他成员探讨交流。

整合：在这个步骤中，参加者要从经历中总结出结论或归纳提取出精华，是从感性上升到理性经验的阶段，最终实现心理成长。

应用：最后一步是探讨如何将这些体验应用在实际的学习和生活中。

（三）设计表演校园心理剧

所谓"校园心理剧"，就是把学生在生活、学习、交往中的冲突、烦恼、困惑等，以小品表演、角色扮演、情境对话等方式，编成小剧本进行表演。通过学生们的自编自演，把大道理用心理剧的形式表现出来，既能够让学生从中受到心灵上的启迪，又能使学生感受到现实生活的美好，还能够增进学生间的互动和交流，增进学生间的感情和友谊。如果条件允许，最好能邀请学生家长积极参与剧本的设计，家长最了解自己的孩子，由家长参与校园心理剧的创作，更能够真实反映学生的心理情况。设计表演心理剧需要具备以下条件：首先，提供必要的设备，包括舞台、观众席和必要的道具。其次，选择好表演者，当事人、工作人员、观众都可参与进来。最后，表演者要大胆表演，并及时引导剧情向目标发展。还要邀请观众进行评论，以加强获得的效果。

（四）开展心理健康教育主题活动日活动

心理健康教育主题活动日是学校普及心理健康教育知识、培养心理健康意识、展示优秀成果、提高学生自主心理健康教育水平、全校师生都参与的重要活动，具有内容丰富、形式多样、时效性和直观性强、参与度高等特点。学校可以在一个月或者一个学期举办一次。在心理健康教育主题活动日中，可以综合运用各种方式，举办丰富多彩的心理健康教育活动，吸引学生的参与。主要内容有：通过广播、校园网、校园海报等各种途径宣传心理健康知识，举办心理健康教育知识的讲座，心理学电视电影观赏、绘画比赛。在短时间内，开展一系列的心理健康教育活动，力求形成规模效应。在活动过程中，心理健康协会要和教师配合，并联合其他学生社团共同组织好系列活动，扩大心理健康教育的影响力。

三、班主任工作中的心理健康教育

（一）班主任工作中心理健康教育应注意的问题

1. 引导学生发展方向

教师在班主任工作中，要注意对学生的引导作用。对小学生而言，小学阶段正是心理发展的重要时期，往往会出现发展方向上的问题。这个时候，教师要担负起引导学生发展方向的作用，让学生的心理发展朝向积极健康的方向，在总体上保持和主流价值观的基本一致，让学生的心理发展朝向积极健康的方向，在总体上保持和主流价值观的基本一致，让学生的行为符合社会和文化的要求。

2. 重视榜样的影响力

对学生来说，教师是继家长之后对其影响最深刻的人。在小学阶段，教师依然是学生心目中的权威人物。班杜拉的社会学习理论指出,权威人物的行为对学习者而言有着巨大的影响。所以,教师的一言一行都将对学生的心灵产生巨大的影响,教师公正、幽默、乐观积极的心理态度,都是对学生最大的教育。如果教师本身态度消极、情绪低落、愤世嫉俗甚至存在人格问题,其学生的心理健康也必将受到极大地损害。

3. 平等尊重的态度

被尊重是人的基本心理需求,学生也不例外。在小学阶段,学生的自我意识开始发展,更迫切希望得到别人的尊重,希望成年人以平等的态度和他交流。许多的师生关系和亲子关系问题,都是由于双方没有以平等尊重的态度来沟通造成的。只有在平等尊重的前提下,沟通才有可能,学生才会将自己真实的心理活动呈现出来,教师才能把握学生心理发展的状态,师生之间才有可能营造一种和谐的人际关系,促进学生的心理健康。

4. 发挥班干部的作用

从管理的角度来说,班主任就是一个管理者,心理健康教育理念和措施的执行情况依赖于教师的管理水平。教师要充分调动班干部的力量,共同开展好心理健康教育。心理健康教育是一项全员参与的工作,其工作氛围大、内容多。在班级中,班主任必须和班干部密切配合,通过班干部的参与和协助,将心理健康教育的理念和内容贯彻到学生的日常行为中。班干部来自学生群体,对学生情况了解得更直接、更及时,和同学的关系更密切,可以帮助班主任及时地处理人际冲突,对一些不良的行为和发展趋势,及时和班主任沟通,以便采取有效的方法解决。

5. 以发展为目标

促进学生心理的健康发展是小学心理健康教育的重要目标之一。和心理学教师不同,班主任对心理学知识和技能的了解有限,所以在班主任工作中,要把发展作为主要目标。通过培育良好的班级心理氛围、有效地引导、积极地鼓励和综合利用各种心理效应来帮助学生在潜移默化中受到影响,促进心理健康发展,达到塑造良好心理素质的目标。

(二)班主任工作中心理健康教育的主要内容

1. 建立心理档案,了解学生背景

个性化的教育要求对学生的背景有全面的了解。通过建立心理档案的方式,可以全面了解学生成长经历,从而更有针对性地进行教育和心理帮助。学生心理档案应包括以下内容:学生姓名、性别、出生年月、民族、籍贯、父母姓名和工作类型、家庭的教养方式(民主、权威、专制)、亲子关系、同伴关系、兴趣爱好、气质和性格类型、成长中的重要事件、学习状况以及心理健康量表的得分。

2. 营造健康的班级心理氛围

班级是学生学习生活的重要场所,班级的心理氛围对学生有着潜移默化的影响。良好的班级心理氛围会让学生对班级产生亲和力与自豪感,产生积极的心理动机,让学生拥有积极向上的心态。

在学习方面,要努力形成公平竞争、互相帮助、共同进步的学习氛围。在这种氛围中,学生之间通过相互学习和互帮互助,既能有效提高学习成绩,又能加强联系,从而有效地提升人际交流水平。这样,学生才会更主动和高效地接受学校与教师的教育。

在同学交往方面,要提倡在师生之间、学生之间建立融洽的关系。班主任要起到榜样作用,建立良好的师生关系。以平等的态度对待学生,尊重、理解、信任学生,学会去发现学生的优点,以积极的眼光看待学生,以真挚的感情、诚恳的态度和学生相处,增进师生的情感交流。在此基础上,班主任要认真处理学生中存在的人际关系问题,通过自身经验的分享,指导学生如何建立和谐的人际关系,让学生意识到人际关系的重要性,同时教会学生人际关系的基本技巧。

3. 开展心理健康教育主题班会

班主任可以针对一段时间内班级中出现的突出问题,召开相应的心理健康主题班会。主题班会过程中,活动不需要太多。重在让学生充分参与,从对主题班会的感受中获得一些思考,引起心理上的一些改变。

心理健康主题班会可以围绕以下主题:心理健康、人际交往、男女交往、自信与自卑、学习心理、情绪情感、意志品质、个性心理。班主任在召开心理健康主题班会之前要做好以下工作:明确主体和内容,思考采取的形式和方法,落实班会的重点,准备相关的心理学知识。上课过程一般分为以下阶段:①导入阶段。主题班会是否收到预期效果,第一印象很重要,导入就是给学生整节课的基本印象,一种基调。在导入阶段要充分唤起学生的情绪反应,提高参与的积极性。②主体阶段:活动—反馈—小结—活动—反馈—提出期望。在反馈和小结阶段,要让尽可能多的学生参与,并通过自我承诺来加强班会课的效果。在班会课的最后,要再一次确认合理的应对方式,要让学生明白遇到类似的情况应该具备怎样的心态,并采用怎样的方法解决问题,以便在今后的实际生活中可以学习、模仿、运用。

第四节　课外活动中心理活动课教学资源的开发

课外活动是指在课堂教学之外,由学校组织指导或由校外教育机关指导的,用于补充课堂教学,实现教育方针要求的一种教育活动,是根据受教育者的教育需要和自己的努力以及教育教学的需要,在教育者的直接或间接引导下,来实现教育目的的一种活动。与课堂教学相比,课外活动具有很高的自主性、灵活性、伸缩性和实践性。本节从科技活动、艺术活动和社会实践活动三个方面分别进行探讨。

一、科技活动中的心理活动课课程资源

科技活动是课外活动的重要形式之一,许多学校通过组织科技节或科技兴趣小组等途径进行科技教育,学生可以根据自己的兴趣、爱好、特长、需要和精力来选择与参加。科技活动能使学生开阔视野、增长见识、提高科学素质,同时,也是增进学生身心健康的绝佳时机。

（一）科技活动中心理健康教育应遵循的原则

1. 师生协同原则

科技活动的开展,离不开教师的引导和学生的参与,要在其中渗透心理健康教育,则需要教师能从学生的兴趣、爱好出发来设计、组织活动,以便充分调动学生的主动性和积极性,使之在最大限度上融入活动。在活动过程中,教师应该尊重学生的自主权,避免包办活动;而只是适当鼓励、引导学生发现问题、独立解决问题,尽量不帮助学生能自行解决的问题。这样,活动过程中师生相互协同,相互促进,学生的动手、观察、思维、创造能力才能得到培养,心理健康教育的效果才能得到体现。

2. 启发创造性原则

开展科技活动的主要目的之一便是鼓励和发展学生的创造性思维,因此遵循启发创造性原则是渗透心理健康教育工作中至关重要的一环。而所谓创造性思维,是重新组织已有的知识经验,提出新的方案或程序,并创造出新的思维成果的思维方式或过程。遵循启发创造性原则一方面体现为:教育者最大限度地调动学生在科技活动中的学习积极性、自觉性和创造性,鼓励学生利用已有的知识解决问题,在活动中融会贯通,使形象思维和抽象思维更好地相互作用,发展创造性思维、创造能力和创造性人格。另外,参加科技活动的学生都有自己的个性特点,因此遵循启发创造性原则还体现为:教育者应顾及学生的个体差异。知识基础程度不同、爱好不同的学生在活动中便体现出不同的参与度与侧重点,如有的学生倾向于撰写研究性论文,有的学生倾向于设计实验,有的学生则热衷于发明创造。针对不同的学生,教育者应给予不同的引导和支持鼓励。这也是学生的创造力得到保护和发展的重要保证。

3. 开放性原则

科技活动的开展一般根据组织机构的实际情况和受教育者的身心发展状况来确定,所以在活动规模的大小、活动时间的长短、活动内容的选择等方面都不应该有固定的模式,这就是所谓的开放性原则。

开放性原则体现在以下三个方面:首先,科技活动应该使学生在广泛涉猎、掌握多种学科知识的基础上纵观全局,解决问题。参加活动的教师和学生都应该持着开放的心态,允许各种问题及其解决办法存在。其次,科技活动中的发明创造,结果丰富多样,这些结果往往需要经过实践的验证才能知道是否对人类的发展和进步有益,甚至有的结果以我们目前的知识还不能断定其好坏,因此,参加活动的教育者和受教育者都应该持发展的眼光,不要对活动中得出的结果妄下定论。最后,在科技活动中难免发现,已有知识不能解决活动中遇到的问题或是与新发现的问题相矛盾。这正说明了人类正在发展,对于前人的知识我们应该批判地继承,取其精华,去其糟粕。

（二）科技活动中心理健康教育的方法

举办科技活动通常采用实验活动、户外观察活动、讲座宣传活动等方式。在这些活动中渗透心理健康教育,需要根据每一项具体活动的特点进行。如有的活动与实际生活相结合,

小学心理活动课设计与实施(第二版)

有的活动要求学生相互竞争。在科技活动中渗透心理健康教育,应根据各种活动方式灵活应变,以下列举两种方法。

1. 情境法

有一些活动是在实验室中利用各种仪器、设备、道具模拟自然现象,这些情境的创设有益于学生提高学习兴趣,树立志向,培养相关的爱好和特长。如在实验室里模拟大气污染情况并寻求解决方法的活动。在面对大气污染的模拟情境时,便可帮助学生树立从事科学研究解决世界难题等远大志向;寻求办法解决难题时,可鼓励学生进行创造性思维;在实验屡遭失败时,可对学生进行挫折教育,锻炼其意志品质;在实验取得进步时,学生将获得积极的成功体验。

2. 应变法

在科技活动中还有很多时候可以让教育者因势利导进行心理健康教育。如需要团体合作的项目,可以使学生从中学会沟通、协作、与人交往;需要个人完成的项目,可以锻炼学生独立思考的能力和意志力;科技竞赛等比赛项目可以用来帮助学生树立正确的竞争观、荣誉观,使学生以正确的态度对待事物和挫折;在气氛融洽的活动中学生可以体验到快乐、放松、成功等积极情绪;成功的活动可以满足学生自尊和自我实现的需要,使学生对活动和学习产生更加浓厚的兴趣,克服困难的意志将更为坚定。

二、艺术活动中的心理健康教育

课外艺术活动是学校实施美育的重要途径。艺术活动的重点不是知识和技能的训练,而是审美意识和审美能力的培养、审美素质的提高和综合能力的增强,最终目的是培养全面发展的学生。在艺术活动中渗透心理健康教育,能培养学生的爱国主义精神和集体主义精神,培养学生的创新精神和实践能力,提高学生的审美能力和文化素养,开发学生的潜能,促进学生全面和谐发展。

(一)艺术活动中心理健康教育的原则

1. 全程美化原则

课外艺术活动是对学生进行审美教育的主要途径,其中教育者的审美主导意识就应该表现在活动流程的美化上,包括活动设计的美化、活动节奏的美化、活动结构的美化、活动环境的美化以及活动氛围与学生情绪的协调、知识点与美感的契合等。美的活动流程不但能促进学生对知识的掌握和吸收,也能使学生在活动中逐步培养自己欣赏美、理解美、创造美的能力。随着活动的开展,学生的学习紧张、心理疲惫也能得到调解,想象能力、心灵感受能力、顿悟能力也能得到发展。

2. 联系生活原则

在艺术活动过程中,教育者要善于提醒学生注意欣赏生活中的美,发现蕴含在各种事物和事理中的美,让学生不仅能在活动中得到美的熏陶,也能将发现美、欣赏美的能力迁移到生活中去,特别是要学会从逆境中发现美,学会从容面对生活。

3. 善于引导原则

当今世界纷繁复杂,学生由于自身认知水平有限,在审美标准上存在模糊的认识,容易把不属于自己年龄应有的行为甚至是低级、庸俗的东西作为美的榜样来推崇或模仿。在艺术活动中,这种风气可能愈演愈烈。如举办校园歌手赛,学生可能挑选不符合该年龄的歌唱曲目,或者在舞台表演上模仿不应有的低俗风格。因此教师需提供正面的榜样和典范,帮助学生认清美的本质,鉴别"美"与"丑",引导学生将注意力集中到健康的、美的学习和娱乐中,避免审美认知的偏差。

(二)艺术活动中心理健康教育的方法

1. 巧用时机法

特定的纪念日是举行艺术活动的高峰期,教育者应结合纪念日的主题对学生进行心理健康教育,把这些艺术活动当成一场团体辅导。例如利用节庆日庆祝活动进行情感教育:如在三八妇女节、母亲节、父亲节、重阳节等节日,鼓励学生给父母亲、长辈送花、写诗、唱歌、做贺卡等,教育学生体贴长辈,学会感恩;又如利用升旗仪式、国庆典礼等进行爱国主义教育,使学生产生热爱祖国、热爱社会主义的情感;再如利用五四青年节、毕业典礼等活动对学生进行生涯辅导,启发学生认识自我、思考人生,认清自己该阶段所扮演的角色等。

2. 寓教于乐法

艺术活动吸引学生通过形象认识生活,从整体上把握事物,使灵魂深处受到触动,从而自觉地按照美的规律去改造世界和改造自身。教育者若善于挖掘潜藏其中的心理因素,精心设计活动,就能利用艺术活动这种寓教于乐的特性对学生进行心理健康教育。如组织学生到郊外写生,可以让学生放松心情,深化审美意识,强化热爱祖国、热爱家乡的情感;又如课本剧、舞蹈剧、话剧、音乐剧等活动,能激发学生的学习兴趣,提高学生的表达能力,满足学生的表现欲,增强学生的判断力,培养团队精神和协作能力等。

3. 潜移默化法

艺术活动在提高学生审美意识、知识水平的同时,也能使学生进入特定的心理氛围,受到感染。如办黑板报、墙报、文学刊物等,学生自行设计、自主完成,使其沉浸于有益的文化内容中,提高文化素养;又如利用校园广播播放优美柔和的音乐,使学生在课间舒缓紧张的学习气氛,提高学习效率。

(三)艺术活动中心理健康教育能达到的效果

1. 优化情绪

教育者通过组织丰富多彩的艺术活动,让学生在各种艺术形式中感悟艺术的乐趣,陶冶情操、开阔心胸、减轻压力。如书法活动可以抒发积极情感或宣泄消极情绪;绘画活动可以消除心理紧张;音乐可以提高大脑皮层的兴奋性,可以改善人的情绪,振奋人的精神;舞蹈可以使人舒展心灵,振奋情绪;戏剧也有助于帮助减轻社会束缚感,使人乐观地对待现实。

2. 化解心结

某些艺术活动可以使学生的心理问题得到体现。如书法、绘画作品能体现学生的心理活动、情绪变化等,关注学生心理健康的教育者可以利用这个途径与学生交流,了解学生,解决学生的心理问题。某些艺术活动可以使学生的心理问题得到解决或缓解。如心理剧的编排、表演和观赏,能让学生站在他人的角度或客观的角度看待日常生活中出现的矛盾,从中受到启发和教育,变得容易理解他人,善待他人,化解矛盾。

3. 满足爱好

在学校的学习生活中,学生的大部分精力都在学科的学习上,无暇顾及自己的兴趣爱好。在艺术活动中,学生可以参加自己喜欢的活动,如弹琴、唱歌、跳舞、书法、绘画等,这些活动不仅能使学生的爱好得到满足,还能起到劳逸结合的作用,提高学生的学习效率。

4. 学会休闲

休闲是指个体在完成学习、工作后剩余的可自由支配时间内的一种状态,是每个人生活中必不可少的重要组成部分。艺术活动中渗透心理健康教育,可以帮助学生了解自己休闲方面的偏好,学会选择有益的休闲方式,树立正确的休闲态度和休闲目标,提高休闲生活的质量,获得充实、多彩的休闲生活,进而培养良好的个性和高尚的情操。

三、社会实践活动中的心理健康教育

社会实践活动是指学校统一安排,每学期有一定时间保证,旨在让学生接触社会、了解社会、关注社会、促进知行统一的活动。活动形式主要有社会调查、公益劳动、国防教育、社会服务、军事训练、研究性学习、生产实习、志愿者活动、勤工俭学等。心理活动课教师结合学生的社会实践活动让学生学会适应环境、人际交往、承受挫折,使学生树立为他人和社会服务的责任感、增强创新精神和实践能力。

社会实践活动中心理健康教育应遵循以下原则。

1. 科学性原则

社会实践活动教育目标的设定应该与参加实践活动的学生的身心发展状况相符合,与之相关的心理健康教育的目标也应根据学生的年龄、年级制定。如生涯教育中相对应的小学生教育目标为:对自我、职业角色、社会角色、社会行为及自身应负的责任等方面有初步的认识,对生涯的意识初步觉醒等。

2. 实践性原则

社会实践活动的选择与学生生活、学校条件、地方特色、社会实际和社会发展密切相关,将受到多种限制。因此,与之有关的心理健康教育应根据活动的实际情况设定目标,切忌脱离活动主题和活动条件开展心理健康教育。要结合学生在实践性学习活动中的亲身感受和体验进行,不能牵强附会。

3. 控制性原则

学生在进行校外的社会实践活动时,由于缺乏相应的经验和技能,难免遇到阻力、挫折,感到困惑,这些冲突会让他们重新评估所学的知识和理论,如果没有教育者的指导,学生很可能受社会不良风气的影响,形成错误的价值观、人生观、世界观,不利于其心理健康发展。因此,在提倡学生自主实践的同时,不能忽略教育者在活动中的主导作用。

教育者对实践活动的过程控制,表现在两个方面:一是针对学生自主安排的社会实践活动,如暑期社会实践等,不能只要求学生提交社会实践报告或鉴定表,要对报告或表格的真实性进行审查和监督,这样才能避免学生盲目攀比、弄虚作假,以保证学生的诚信精神,树立学校的正面形象,提高社会实践教育的有效性。二是教育者与学生一起参加实践,可以以身作则对学生进行感染教育,也可以引导学生在实践中发现不足,运用适当的手段和方法对学生进行正面的引导,防止和消除负面影响,保证其心理的健康发展。

4. 教育性原则

社会实践活动通过加强学生与社会的联系来帮助学生获得亲身参与实践的体验和经验,在这样的体验中,学生获得的教育是多元的,包括对自然、对社会和自我联系的认识,包括创新精神、实践精神、社会责任感和良好个性品质的发展。心理活动课教师可以结合以上各种可以利用的资源为心理活动课服务。

第五节　校园文化中心理活动课
教学资源的开发

一、校园文化情境的心理健康教育价值

校园文化是以师生价值观为核心及承载这些价值观的活动形式、物质形态和物质情境,即物质文化和非物质文化的总和。

(一)校园的物质情境具有心理健康教育价值

学生总是要学习、生活在一定的校园物质环境中,其所处的物质环境的优劣必然使学生产生不同的心理效应,从而影响学生的心理品质与心理健康。例如,就自然环境来说,安静、美丽的校园自然环境无疑能够陶冶学生的身心,激发他们的美感和求知欲。就时间环境来看,有关实验研究表明,人的生理、心理活动在 24 小时内有不同的表现,不同年龄学生每日最大限度的学习时间也不同,因此学校能否科学、合理地安排和分配时间,对学生的身心健康有很大的影响。就空间环境来看,不同的空间组织形式和空间组织密度对学生的心理健康和教学活动效果可以产生不同的影响,其中与教学空间关系最为密切的是班级规模和座位编排方式这两个环境因素。研究发现,增加班级人数可降低协作行为和增加侵略行为,而且还容易分散教师的注意力。而不同的排列方式具有不同的空间特点和功能,因而会对学生的生理、心理产生不同的影响。就设施环境来看,建筑设计、景观设计以及教学场所、数学用具等的设计与优化也是非常重要的,光线、声音、温度、空气、色彩、布局等都会产生明显的心理效应,影响学生的审美感受和心理体验,进而影响学生的心理健康。

校园物质情境的心理健康教育功能是通过学生对物质情境的不断感悟与解读,通过学

小学心理活动课设计与实施(第二版)

生与物质情境的心理交融与对话,使物质情境寓含着的文化信息、价值理念、审美资源等客观信息转换为心理意义,从而实现学生个体认知的、情感的、态度的、价值的、人格的、行为的变化。

(二)校园的精神文化具有心理健康教育价值

与物质文化相比,校园的精神文化对学生心理健康的影响无疑更为直接,也更为重要,因为它还是校园物质情境功能得以全面发挥的前提。校园的精神文化宽泛而又丰富,它们都具有心理健康教育的价值。从校园的心理环境来看,学校的办学思想、优良传统、校风学风、人际关系、班集体氛围、课堂心理氛围、舆论环境等,对学生的心理健康无疑具有极其重要的影响。这里仅以人际关系为例加以说明。学生的人际关系是否良好,直接影响学生的心理健康,或者说本身就是心理是否健康的标志之一。无数的教育实践都表明,良好的师生关系、同学关系、亲子关系可以有效地增强学生适应环境的能力,有助于学生形成积极的人生态度,而且容易形成良好的性格;反之,恶劣的人际关系可大大降低学生的社会适应能力,形成不良性格,严重的还可能导致病态人格。从校园的制度文化来看,学校的各种规章制度、公约守则和集会庆典等集体组织的公约式活动,对学生不仅有团体的约束力,而且有强大的号召性和感召力。它以文字条约或约定俗成的形式出现在学生面前,实际上形成了人们对学校中一切学习、生活行为的评价标准,因此它对学生良好品质的塑造和正确习惯的养成起着事实上的导向作用,其制度本身的合理性与否、学生对制度的认可程度及由此形成的文化氛围,都构成学生心理健康的潜在影响因素。从校园的文化活动来看,学生置身其中,可以尽情表达思维成果和情感,实现多向沟通,丰富心理体验,加深教育教学情境在身心结构中内化积淀的程度,从而不仅有利于个体心理的发展,而且有助于增强团体的活力和凝聚力。

校园的精神文化涵盖了校园文化建设中的观念形态层和制度层,其中观念形态层是校园文化的核心及深层结构要素,集中反映着一所学校的本质和个性,而制度层作为学校价值的一种反应形式,它又可反作用于观念形态层,以其强制性的力量保证并维持着校园文化意识的认同。同时校园的精神文化比物质文化更为动态,对学生心理健康的濡染作用也更为直接,许多时候并不需要通过感悟、解读或转化就能直接产生心理意义。因此,校园的精神文化是隐性心理健康教育课程最重要的构成部分。

二、心理活动课教师应该积极发掘校园文化的心理健康教育价值

(一)认真研究本校校园的硬环境,充分理解校园静态文化的心理健康教育功能

所谓硬环境,指的就是学校的物质环境。学校的人工物质环境设计与改造,一般都符合建筑学、心理学、教育学、卫生学、美学的原理。具体来说,学校建筑在造型设计上具有校园特色且富有个性;在布局上层次分明、错落有致;在色彩匹配和室内设计上一般都符合学生的年龄特征。其次,学校还拥有一些必备的现代教育技术设备和图书资料、科学实验设施设备、体育艺术器材及场地、社会劳动实践基地以及体现各时期对学生要求的少而精的标语口

号以及心理健康教育主题的校报、校刊、壁画、黑板报、墙报、招贴画等。这些校园的物质情境充分体现校园物质文化的价值取向和审美情趣,同时影响学生的审美感受和心理体验,具有心理健康教育效能。

（二）认真研究本校校园软环境,充分发挥校园动态文化的心理健康教育功能

所谓软环境,就是校园的精神环境。这种看不见、摸不着或者要通过活动加以体现的精神环境构成了校园的动态文化。校园动态文化对学生心理健康的影响要比静态文化来得更直接,也更具情境性、渗透性、持久性、暗示性和深刻性。第一,认真研究学校的办学思想和教育观念,了解本校的学生观和人才观 。第二,要了解本校的校风、班风。校风、班风是集体中长期形成的在价值上、言论上的共同倾向,它是一种无形的教育力量,学生置身其中自然受其影响。第三,了解本校的教学心理环境和人际关系。学校中的教学心理环境和人际氛围是校园文化中极其重要的构成部分,也是影响学生心理的主要因素之一,心理教师应该切实了解本校这方面的信息,同时在活动课的设计内容中有所体现。第四,了解本校的制度管理,发挥其育人功能。学校管理者必须理顺管理思路,建立管理网络,制定出行之有效的规章制度,使学校各项工作井然有序,使师生行为有章可循。第五,了解本校丰富多彩的校园文化活动。比如:科技节、读书节、艺术节、体育节、各类社团活动和传统教育,以及各种训练活动、比赛活动、表演活动、游玩活动、宣传活动、仿效活动、竞选活动等,切实把握学生的心理体验。

需要指出的是,从影响受教育者的因素来看,校园中的物质环境和精神环境是综合发生作用的。物质环境和精神环境构成了共时态、共空间的校园整体文化情境,形成了文化形态的校园隐性心理健康教育课程。因此,心理教师应该了解本校这方面的信息,使得心理活动课课程内容更加符合本校学生的实际情况。

第六节　网络资源中心理活动课教学资源的开发

网络不仅给人们带来了一种全新的生活和学习方式,同时也在深刻地影响并潜移默化地改变着人们的认知、情感、思想与心理。随着校园网的建成,加上家庭网络、社会网吧近两年内大量增多,使学生上网人数和上网机会大大增加。网络资源信息量大,传递信息快速,教师可以借助网络教学环境的优势挖掘心理活动课课程资源。

一、开发网络中心理活动课教育资源的构想

（一）在心理活动课上利用网络环境进行心理教育的内涵

网络环境下的心理教育是一个动态的概念,它至少包含五个层面的内容:①网络心理

教育是通过网络进行的心理教育过程,网络被视为心理教育的一种工具或媒介;②网络心理教育意味着把网络作为心理教育的一种环境,可以利用网络超越时空界限的特点进行心理健康教育;③网络心理教育是开发和利用网络知识与信息的资源,是对资源的开发、利用和再生;④网络心理教育把网络作为心理教育的内容,关注、预防和矫正与网络有关的各种心理障碍与问题行为,如网络焦虑、网络成瘾等;⑤网络心理教育着力于利用网络所提供的快捷便利条件形成心理教育的网络系统,即利用网络来矫治网络问题行为。

网络心理教育既是信息网络社会发展的客观需要和必然,又是一种专门的网络教育活动。它大致包括准备性网络心理教育、过程性网络心理教育和补救性网络心理教育三个方面。因此,网络心理教育是心理教育适应现代科技发展的表现,是计算机网络和心理教育的整合,是心理教育的现代内容,又是心理教育的新方式。充分利用网络资源进行心理健康教育既是一种探索,也是心理治疗的新尝试,这对于拓展心理教育的内涵、方法都有着积极的意义。

（二）心理活动课中网络心理教育的特点

第一,心理教育资源丰富、信息共享,有利于广泛收集、迅速传播和及时提取;第二,心理教育信息容量大、视野开阔,便于开展心理教育调查分析和研究;第三,心理交流、沟通平等自由、全面及时,有益于学生进行自我心理教育,提升人的主体发展性;第四,各个领域、各层次心理教育能相互联系和沟通,有利于系统整合,形成心理教育合力;第五,心理教育理论与实践的互惠互动,使基础理论研究、应用研究、心理教育实际操作技术研究三个层面之间可以网上交流和沟通,不再彼此脱离、封闭、各自为政。因此,网络心理教育不仅变革了心理教育的传统模式,而且开创了心理教育的现代化方式。

（三）心理活动课中网络心理教育的重心问题

利用网络着重解决以下八个突出问题:网络道德与网上人际关系;网络自由与个人秘密及心理隐私的保护;学生上网的认识障碍;网络与非网络心理教育的矛盾;培训网络心育的主体;建立、健全网络心育系统;丰富活跃网络心育实践活动;大力加强网络心育的理论与方法研究。

（四）心理活动课中利用网络进行心理教育的内容

一是利用网络实现网络问题行为者的治疗数据和信息档案的管理;二是利用网络进行同类问题行为者的心灵沟通,交流治疗的心理感受与体验;三是充分利用网络自身的有关网络问题行为研究的资料,提高网络问题行为者对自身问题行为的认知和评价;四是利用网络进行网络行为者的治疗效果的全程跟踪和反馈;五是利用网络进行网络问题行为者在线治疗,克服被治疗者的心理恐惧和羞涩,同时节省空间、时间和金钱;六是利用网络进行网络问题行为的社会调查与分析,及早发现新的问题,提出有效的干预方法与策略;七是利用网络进行心理教育,可以实现问题行为者利用网络进行网上求助,扩展心理治疗的渠道,提高心理治疗的效率。

二、心理活动课上利用网络资源的具体做法

（一）做好学生上网前的心理辅导，提高学生的选择能力与免疫力

网络是一个既现代又脆弱的虚拟世界。它带给人们的不仅是信息、通信和商机，还有诽谤、色情、偷窃和欺骗，因此，应该做好上网学生的心理辅导，提高学生的辨别能力与免疫力。告诉学生不要将太多时间用在网上，如果有合适的机会上网也必须是有一定的目标，比如：查找与学习有关的知识、素材、获取有价值的信息或进入一些健康的与学生学习生活相关的论坛。远离一切有害的网络行为。网络是全世界人们共同组建的一个网络社会，它不是一个公司，它不属于某一个企业，也不属某一个人。教师可以为学生推荐一些有价值的网站或学生论坛，如《中国小学生报》《学生在线》等，给他们讲一些典型实例，对于提高学生的选择能力与免疫力是很有帮助的。

（二）引导学生制作健康、有意义的主题网站

现代的学生不会再一味地被灌输道德规范，他们要以自己的实践和理论思考作出自己的判断。所以，教学生制作个人主页，使其通过自身的内心体验，在认真思考的基础上，得到启发和教育，完成思想的转化，发挥学生的主体作用，从而培养学生独立、创新的人格。活动中，学生们每个人都有一个研究主题，比如：制作《中国传统戏剧》《中国民族乐器》《中国的传统节日》等的网页，在制作过程中他们不仅了解了中华民族历史文化，还增强了民族自豪感；再比如制作《宇宙探索》《科普小站》《海洋世界》等科普性网页，满足了学生的好奇心，并激发了其对科学知识的探索兴趣；还可以制作《水》《绿色环保》等环保网页，加深学生的环保意识；在学生们各式各样的作品中，他们自己能感受到成功的喜悦，与此同时也接受了教育的洗礼。

在网络时代的今天，心理活动课应该有效利用网络这种现代化的手段，为心理健康教育工作开辟新的渠道，这不仅仅是心理活动课教师应该考虑的问题，也应该是所有教育工作者要思考的问题。

思考题

1. 如何理解课程资源的概念？

2. 作为一名心理活动课教师，你认为应该如何在自己的工作中有效开发和利用心理活动教学资源？

第八章　小学心理活动课评价

　　心理活动课评价是指根据心理健康教育的目标,运用科学、可行的方法,对心理活动课的要素、过程和效果进行价值评判的活动。[①] 心理活动课在小学阶段只有二十来年的发展历史,相对于学科课程来说是一种新课型,而且对于大部分未受过系统专业训练的心理辅导教师而言,关于心理活动课的实质、特点以及如何使心理活动课的设计和实施更加科学、合理、规范、有效还很难把握。因此,开展心理活动课的评价工作,发挥评价的监督、激励和导向作用,使评价的过程成为促进学生成长、教师发展和教学实践不断改进的过程,对于规范和促进学校心理活动课教学具有非常重要的意义。

　　心理活动课要评什么,众说不一。有学者认为应从心理活动课的辅导目标、辅导内容、暖身活动、活动情境的设计、辅导过程、学生反应、教师表现、辅导作业、辅导方法与策略、辅导效果十个方面进行评价。[②] 从评价的性质来看,应采用形成性评价与终结性评价相结合的方式,并以形成性评价为主。[③] 从心理活动课的构成要素来说,包括教师、学生和活动三个方面,也有学者提出还要对班级进行评价。从评价的时间来划分包括即时评价、单元结束后评价和期末评价(学年评价)等。这些评价对指导学校心理活动课的实践有重要的意义。但是若将其直接运用于心理活动课的课后即时性评价,存在一定的困难,因此建立科学、易于操作的评估标准是心理活动课实践者的心愿。

　　本章将从心理活动课的心理活动过程和活动效果两方面探讨评价的标准以及心理活动课中容易出现的典型问题。

第一节　小学心理活动课的过程评价

一、心理活动课过程的评价标准

(一) 西方及中国香港、台湾地区的心理活动课评价的内容标准

心理活动课在西方和中国香港、台湾地区已相对科学和规范并逐渐走向成熟,其评价的

---

①　施丽君,隋光远. 学校心理辅导活动课评价问题探讨. 佳木斯大学社会科学学报,2005(1):119
②　刘宣文. 心理辅导活动课的设计与评价. 教育研究,2002(5):60-61
③　王淑敏,张大均. 关于心理素质训练课评价标准的探讨. 河北师范大学学报(教育科学版),2003(3)

内容标准也相对系统和完善。现以英国、美国和中国台湾地区为例进行介绍。

1. 英国和美国的心理活动课评价的内容标准

以英国和美国为代表的西方国家实施的心理活动课,从方案的设计、过程和效果均有一套严谨、深入的评价体系,评价内容包括以下五个方面。[①]

(1)专题设计方案的评价。包括:①方案是否体现了辅导活动的目标与实质,是否从提高学生心理健康和发展个性出发。②方案是否获得了物质和政策保证,是否切实可行。③方案实施是否遵循辅导伦理,是否安全。

(2)辅导活动指导的评价。包括:①活动领导者是否提供了口头或书面的活动指导纲要?②所提供的指导是否做到了既必要又有策略性,即在学生最需要的时候给予了正确的指导,并富有启发性,激发了学生潜能的发挥?

(3)活动组织管理的评价。包括:①活动的组织气氛是否温暖而充满活力,是否有利于每一个学生参与积极性的发挥?②领导者与成员是否建立了一个有效的沟通网络,可以及时彼此沟通与分享?③学生是否成为辅导的主体,并尽力体验心灵上的成长?

(4)辅导活动协调性的评价。包括:①在方案进行的全过程中,与学校、家长、社区的联系与沟通是否周到、及时、恰当?②在活动过程中,学生和家长们的参与、反馈情况如何?

(5)辅导活动效果的评价。做法是:每个辅导活动方案结束后,辅导教师通过收集学生在相关主题上的前后测验或访谈结果进行对比,以判断活动的成效。

2. 中国台湾地区心理活动课评价的内容标准

中国台湾学者在前人的基础上进行整合,提出从十二个维度评价心理辅导活动的实施过程。[②]

(1)教师辅导的专业知识与能力是否充分?教师于教学前已建立的专业理论、技巧与实务是否能胜任辅导教学?若仅因配课而担任课程,能否自我充实或观摩他人教学以提高专业的知识和能力?

(2)教学设计单元是否适当?教学是否以学生为中心?是否顾及学生旧经验?

(3)能否充分了解学生特质?是否了解班级文化?是否了解学生的互动模式或讨论状况?是否了解学生喜欢探讨的主题或内涵?是否能善用学生口语与学生多元互动?

(4)辅导目标是否顾及认知、技能、情感?是否包括活动单元目标、行为目标?

(5)教学过程是否流畅、符合学生程度?教学方法是否生动有趣?能否提高学生的兴趣?时间安排是否适当?

(6)评量工具是否具有颇佳的信度与效度?是否有适合评量目标的评量工具?若无适合的评量工具,教师能否自行编制?

(7)评量技术是否具备?是否了解评量工具的编制方法与历程?是否了解如何验证信度与效度?是否了解命题原则?

(8)评量人员是否包括教师、家长、学生?各类人员是否包括学生在不同情境的行为与

---

① 施丽君. 班级心理活动课评价指标体系的建构研究.浙江师范大学硕士学位论文,2005

② 李坤崇. 班级团体辅导. 台北:五南图书出版公司,1998:111

态度？家长与学生是否积极参与？

（9）评量历程是否涵盖开始、过程、结束与追踪等阶段，兼顾安置性、形成性、诊断性、总结性等评量？

（10）评量结果解释是否正向化、鼓励化、增强化？是否能顾及团体表现与个人努力？

（11）教师教学反思是否切实？活动或教学结束后是否填写"班级团体辅导教师活动自评表"（表8-1）？能否随时自省自己的教学方法、教学内涵、师生互动、学生学习成效？

（12）教师能否剖析班级团体辅导在班级情境、教学内容、人数、时间或地点的限制？能否寻求替代或解决的策略？

表 8-1　班级团体辅导（心理活动课）教师活动自评表

活动名称：　　　　　　　　班级：　　　　　　　　　　　　　　日期：　年　月　日

请教师自我评析这次活动的心得或感想，作为今后设计活动的参考。请就下面每个题目符合你的想法或感受的程度，在适当的位置上打"√"。

评 量 行 为	教师自评			
	非常符合	有点符合	不太符合	很不符合
1. 活动设计符合单元目标				
2. 活动内容、过程生动活泼				
3. 学生能用心参与活动				
4. 学生讨论相当热烈				
5. 各组讨论主题相当深入				
6. 活动分组相当适切				
7. 学生颇能遵守活动的规则				
8. 善用教具，让学生更喜欢参加活动或活动更顺畅				
9. 活动时间分配相当妥当				
10. 活动准备充分，活动场地或环境布置较佳				
11. 整体而言，这次活动相当成功				

对这次活动，我的心得是：

这次活动中，我最高兴的事情是：

今后需改进的事项：

签名：＿＿＿＿＿

资料来源：李坤崇．班级团体辅导．北京：中国人民大学出版社，2010

从表8-1可以看出，该评价不仅关注心理活动课教师现有的专业知识、能力、科学测量技术水平，还强调对学生、班级的特点与需求是否了解的评价，对教师的后继成长有重要影响的方面，如课后反思、剖析等也列入评估，这些评估指标不仅体现了心理活动课不是任何一个人都可以信手拈来的课程，还具有很强的科学性、专业性和人文性，并为广大心理活动课教师的专业成长提供了明晰的思路和动力。这对我国的心理活动课的实施及评价有很强的借鉴意义。

（二）我国心理活动课评价的内容标准

基于目前我国开展心理活动课的专业人员和专职人员少，临时兼职的多，专业水平和专业研究能力相对比较薄弱等现实情况，上述评价标准无疑很难实施。因此，我们必须从实际出发,将评价聚焦在心理活动课的形成性评价上,促进教师对心理活动课实质内涵的把握,促进其心理辅导能力的逐步提高。为此,从一次好的心理活动课为出发点,设计心理活动课的评价内容标准,具体应该包括以下几个方面。

1. 活动主题具有针对性且易于操作

(1) 活动主题要有针对性。

心理活动课是以活动性、体验性为主的新课程类型,旨在激发、发展学生的潜能,促进学生的心理健康。因此一个好的心理活动主题要根据学生、社会、时代的需求确定。具体来讲,选择心理活动主题要充分考虑学生心理发展的年龄特点,学生共同的兴趣爱好与心理需求,同时也要考虑其社会性和时代性,因时因地因境的不同相应的活动主题也有所不同。也就是说要确立具有共同性、针对性、典型性的,能"以需定辅、以辅导需"的活动主题,才能"一石激起千层浪",产生最佳的活动效果。如"管好你的小手"是小学低年级的一节活动课,一个"管"字只充分反映了教师用遵循集体纪律的要求(社会要求),代替个体发展注意指向性和集中性的心理需求,没有考虑到小学低年级儿童正处于认知发展的具体运算阶段,动手是他们学习的最好方式,更没有顾及小学生心理发展无法达到社会要求时内心所承受的焦虑与压力。这样的主题可以说不是一个好主题。而另有一位老师调查发现学生在考前容易出现焦虑、紧张的现象,则有针对性地设计了"放松祝你成功"的心理活动主题,该主题契合了学生们的需要,学生参与的积极性与活动的有效性大增。

(2) 活动主题要具体明确,易于操作。

小学的一节心理活动课一般为 40 分钟,过大的活动主题很难在有限的时间内挖掘深透,这样蜻蜓点水般的走过场,活动质量很难保证,因此,选题不宜过大,我们提倡"小题大做""一课一得"。一节活动课应该避免出现两个或多个活动主题,可以是一个主题,多维目标,既可以有知识层面上的,也有情感、态度、价值观方面的。另外,过大的活动主题可以从小学生的实际出发,将之设计成系列的心理活动。如小学生人际交往是一个很大的活动主题,小学生人际交往能力的提高需要学会很多东西,我们可以根据小学生人际交往中存在的问题和需求设计辅导活动主题,如"学会感谢""学会尊重""学会原谅""我与同桌""男生女生怎样交朋友"等。再如胡惠萍[①]老师的心理活动主题刚开始定为《走向宽容》。首先,宽容是个很大的范畴,包括自己对别人的宽容和别人对自己的宽容两大方面。其次,做到宽容也可以有很多的途径,不可能在短暂的 40 分钟内完成。再次,结合学生的共性、典型的问题,其将主题不断分解、筛选和舍弃,最终确定为《宽容他人》,使心理活动更加具体明确,增强了活动的针对性和实效性。最后,还要避免选择学生不愿暴露或私密性的话题。当活动主题涉及学生的隐私时,学生会因为缺乏安全感而拒绝参与、走过场应付或者出现"调侃"现象。

2. 心理活动设计的适切性和逐层递进性

心理活动是实现心理活动课的主题,达成活动课目标的重要载体,因此,设计的心理活动,首先,要为活动主题服务,防止活动的无效性。设计活动时要切忌:牵强附会,生搬硬套;

---

① 胡惠萍. 选题实而小,交流诚而深——以《走向宽容》为例谈谈心理活动课的几点认识. 小学德育,2008(20):34

小学心理活动课设计与实施(第二版)

活动呆板单调,无变化,甚者有的多节心理活动课总在重复用同一个活动;还有就是为了活动而活动。其次,设计的心理活动形式要生动活泼,具有动感、有层次递进性。具体体现在:心理活动过程中每个环节的设计都要紧紧围绕目标和主题需要,并逐层深入;各项活动环节之间要衔接紧密、过渡自然、容量合理、时间分配适宜,切忌为了环节的完整而设计一些与目标、内容无关的活动。

3. 心理活动过程氛围和谐,参与性高

一节成功的心理活动课,给人的第一印象大多是"氛围和谐,参与率高"①。在场的参与者和旁观者都能感受到课堂充满生机和活力,这不仅是心理活动课实现活动目标的前提条件,也是心理活动课受学生欢迎的魅力所在。

(1)营造和谐、活跃氛围,提高学生的参与性。

心理活动课上,教师自始至终的一个重要任务就是将团体动力启动、催化直至高潮,因此,教师要善于运用团体动力学的理论,通过暖身(破冰)活动、情境创设以及与学生良好关系的建立等,逐步激活团体动力,推动其一步步地向前发展,使学生参与热情高涨,跃跃欲试。

(2)成员积极互动,共同分享。

心理活动课上成员间的互动是团体动力持续发展,促进学生相互启发、积极反思、共享经验的重要环节和举措。小组内活动是心理活动课的主要活动形式,因此班级成员的参与积极性和互动质量的提高,需要调控好小组活动,确保小组内的互动具有实质性的意义,而不是表面上互动热烈,实质上学生已脱离互动主题,相互嬉闹,因此,教师在设计活动方案时,应该考虑大多数学生的需求,使整堂课中不同类型的学生都能进入角色,人人都是主角。再者为学生设计的话题或主题要集中且有较大的探索、讨论空间,这样学生才能乐此不疲、积极思考、津津乐道。由此,基于高质量的小组活动的全班分享会使学生抒发真情实感,吐露肺腑之言,才能使整个心理活动课"有动而活,而且活而有悟"。

(3)心理活动课堂活而有序。

心理活动课堂以活动、学生充分的互动为主,但是在活动中也是很有序的,不会出现心理活动现场"无中心"或"多中心"的失控现象。若在心理活动中出现学生各行其是,对教师的引导、组织的活动等无动于衷,就需要教师进行"自我反思",思考是否心理活动的选题、设计思路、活动安排以及自身的组织能力等方面出现了问题,而不要一味地责怪学生无组织性、无参与活动的积极性等。

4. 教师有较强的专业能力与辅导技巧

教师有较强的专业能力,并能自如运用辅导技巧,这是上好心理活动课的重要保证。因此必须将教师的专业能力与辅导技巧纳入心理活动课的评价之中。

(1)教师对心理活动主题要准确把握,正确理解。

活动主题即心理活动的中心,亦即活动内容的核心。对活动主题的理解正确与否是心理活动课的一个根本性问题,它关系活动设计是否合理、有效,并最终关系到将学生的心理发展引向何方的问题。因此,教师必须具有深厚的心理学专业知识与能力,才不至于造成满

---

① 钟志农.心理活动课操作实务.宁波:宁波出版社,2010:353

盘皆输的局面。

教师对心理活动主题的理解与把握上容易出现的问题主要表现在以下两个方面。

① 对心理活动主题的理解出现偏差。

对心理活动主题的理解出现偏差，会产生"失之毫厘，差之千里"的不良后果，对学生的成长产生消极的影响。如某教师在小学高年级上了一节《放飞烦恼》的心理活动课。烦恼是每个人的生活和学习中都不可避免的事情，是人的一种正常情绪反应，它对个体的成长有积极的现实意义，在现实中如何将之变成一种积极的正能量，需要对学生进行正确引导。但是，在活动课上，该教师传递给学生片面的信息：烦恼是一种消极的情绪，是很无奈的事情，要尽快摆脱它，不希望其光顾我们。因此，整个活动中，面对不同烦恼时的对策就是倾诉，做自己喜欢的事，大哭一场等，这本身没错，但是对一些关系到学生健康成长和发展的烦恼问题仅这样表面化的处理，就显得过于肤浅，使学生不能直面烦恼，调动个体和他人的有利资源进行有效的解决。再比如，教师对一些与心理活动主题相关的核心概念理解错了，也会导致整个心理活动的实施迷失方向。如情绪和情感，气质和性格，自尊和自负、友谊和义气等等，这些概念有联系又有本质的区别，不能混为一谈。可见，教师对心理活动主题的理解有偏差，则会对学生产生误导。

② 对心理活动中学生偏离主题的发言不能及时发现并进行引导。

经常出现学生在课堂上的发言偏离主题的情况，若教师未对心理活动的主题进行深入思考和辨析，教师就不会及时发现学生的跑题现象，并进行引导。反之也可以说学生偏离主题而教师未察觉且并无举措，说明教师对心理活动主题的理解和把握上存在问题。如，一节关于"挫折"主题的活动课上，学生在发言中谈及"烦恼""不顺心"等方面的事情，教师没有及时发现并进行引导。实际上挫折和烦恼、不顺心等不能简单地画等号，挫折是指人们在有目的的活动中，遇到无法克服或自以为无法克服的障碍或干扰，使其需要不能得到满足而产生的消极情绪体验。心理学上是指个体有目的的行为受到阻碍而产生的紧张状态与情绪反应。因此，专业能力较强的老师会根据主题的实质内涵，对学生偏离主题的发言及时发现并加以引导。

（2）教师具有亲和力与感染力。

具有亲和力的心理活动课教师善于与学生建立亲密和谐的人际关系，能为学生营造安全、平等、接纳、和谐的团体活动氛围，使学生充分感受到被尊重、信任，而乐于参与，能真实表露自己的心声，充分发表自己的见解。具有亲和力的心理活动课教师的特征，通常要具备共情、真诚、无条件积极关注等良好的态度特质，并在活动过程中通过言语或非言语的形式正确表达。

"情"的因素被充分挖掘，能使学生坦诚直言、直抒胸臆，实现心与心的交流和碰撞，从某种意义上讲就是心理活动课的成功。要调动学生的情感力量，在师生间架起心灵的桥梁进行情感交流，教师就要掌握心理活动的基本技巧（倾听、共鸣）并能合理运用。在活动过程中重塑自身的角色地位，避免自我封闭的心理和自我优越状态，坦诚面对自我和学生，倾情参与活动，使学生感到教师的真挚感情并得到感染，引起共鸣，使活动朝着预想的方向发展。

（3）教师要有很强的应变能力，回应简洁、到位。

心理活动课以学生的活动、体验、分享交流为主，其中具有很强的个体性和许多不可测

小学心理活动课设计与实施(第二版)

的因素,预料之外的各种情况都有出现的可能,教师要高度注意,随时准备应变。对学生的回应必须简洁、到位,能对学生有所启迪并能快速引回正题。要达到对教师的这种高标准要求,需要教师有广博的知识和深厚的心理学功底,能对心理活动的主题和目标进行准确把握,有灵活的头脑和幽默感,善于把握时机进行积极诱导等良好的素质。

5. 心理活动课目标基本达成

心理活动课是一个动态的发展过程,一节课从开始到结束要经历四个阶段,这四个阶段都为心理活动课的目标服务,但又都承担不同的任务,有自己特定的要达成的目标。

(1) 热身阶段。

热身阶段是心理活动课在教师的组织下开始的前奏,学生对于本节课的活动目标还不很清楚,学生对自己在课上处于何种角色地位也不清楚,表现出相对的模糊性,需要教师对其活动进行组织和引导,营造良好氛围,使学生感到安全、放松、愉悦,启动团体动力。

(2) 转换阶段。

转换阶段是活动主题展开的时期,教师通过一定的方式使学生们围绕共同关心的问题,发表自己的看法,产生认知上的分化,学生开始关注并用心倾听他人的谈话,能真诚地、甚至有时很激烈地发表自己的看法和建议,此时教师也参与其中,不时对学生的一些看法进行引导和回应,在这个阶段,心理活动目标开始呈现,学生也开始有所认识。

(3) 工作阶段。

学生在彼此接纳、信任的氛围中,进入解决实质性问题的时期,学生们通过充分的互动、分享、讨论,逐渐在认识、行为等方面表现出心理认同,群体的凝聚力增强,辅导目标明朗化。

(4) 结束阶段。

心理活动有效完成,学生通过彼此的交流和帮助对问题有所感悟,原有的经验得到调整,形成了新认识;增强了责任感、自尊心、自信心,并获得了情感上的愉悦。班级也会形成一定共识,学生更能认可、融入班级群体。

注意:学生人格的改变,相对于文化课的知识目标的达成有很大的难度,需要较长的时间和历练才能完成,因此不要对心理活动的目标达成情况抱有过高期望,只要学生在心理活动课上有所感悟,其在认知、态度、行为、活动动机等任一方面只要有改变,就可以认为心理活动目标已基本达成。

(三)心理活动课过程的评价指标体系

为使心理活动课的评价更加客观、公正,通常采用可以量化、可操作性强的评估指标体系进行评价。其研制过程包括:进行目标分解,初拟指标;对初拟指标归类、筛选;理论论证,专家评判;预试修订;确定评价方案。

吴红梅以《上海市中小学心理健康教育评估指标》等为依据,制定了上海宝山区大场镇小学心理活动课课堂教学评价方案[①](评价指标体系)可以为我们借鉴。针对低年级与高年

---

① 吴红梅. 科学评价使心理健康教育活动课有法可依——上海宝山区大场镇小学心理活动课课堂教学评价方案选录. 中小学心理健康教育,2003(3):32-33

级学生的发展差异,分别制定了供 1～3 年级和 4～6 年级学生评价使用的心理活动课课堂教学评价标准,以及供教师自评和互评的心理活动课课堂教学评价标准(见表 8-2～表 8-4)。

表 8-2 心理活动课课堂教学评价标准(供 1～3 年级学生评用)

评价对象	指标体系	指标权重	评 定 内 容	评定等级
心理辅导活动课课堂教学	教学内容方面	0.1885	①因为心理活动课本身;②因为符合你的兴趣;③因为使你开心、放松;④因为对你学习、生活有帮助	
	内容新颖、丰富方面	0.1863	①内容充满趣味性;②内容富有新鲜感;③内容较多;④内容有吸引力	
	心理辅导活动课内容的应用方面	0.1704	①课后复习心理辅导课内容;②更加喜欢你的学校生活;③使你的心情更加舒畅;④对你的学习有促进	
	课堂气氛轻松、愉快方面	0.1654	①教师平等对待每个学生;②教师安排有趣的游戏活动;③教师让每个学生都有参与主题活动的机会;④课堂气氛有利于你的心理调节和成长	
	教师和蔼可亲方面	0.1622	①教师表情自然、面带微笑;②教师语气温和、富有感情;③教师参与学生游戏活动;④教师愿意让学生知道自己的想法	
	学生参与活动机会方面	0.1272	① 很多(A);②较多(B);③还可以(C);④很少(D)	

表 8-3 心理活动课课堂教学评价标准(供 4～6 年级学生评用)

评价对象	指标体系	指标权重	评 定 内 容	评定等级
心理辅导活动课课堂教学	内容丰富、满足你的需要方面	0.1370	①教学内容吸引你;②教学内容有利于你进行心理调节;③教学方式使你感到轻松愉快;④帮你解决问题、困惑,获取心理学知识	
	课堂上自我表现的机会方面	0.1343	①很多;②较多;③一般;④很少	
	注重交流方面	0.1313	①与教师交流;②与相邻同学交流;③非相邻同学交流;④与全班同学交流	
	心理活动课内容的应用方面	0.1260	①学会调节情绪;②学会交流;③促进你的学习;④有利于你的心理发展	
	课堂气氛轻松、愉快方面	0.1256	①教师平等对待每个学生;②教师让学生畅所欲言、充分交流;③感受到班集体大家庭的温暖;④有利于学生的心理调节和成长	
	你对这节课的态度方面	0.1251	①很满意;②较满意;③一般;④不满意	
	主题针对性方面	0.1132	①主题是学生成长中遇到的问题;②主题是学生成长中可能遇到的问题;③主题是大多数学生面临的问题;④主题具有现实意义,适应时代需要	
	教师教学感染力方面	0.1251	①教学形式多样;②充分调动学生的积极性;③授课风格独特;④教师具有较强的人格魅力	

小学心理活动课设计与实施(第二版)

表 8-4 心理活动课课堂教学评价标准(供教师自评和互评用)

评价对象	指标体系	指标权重	评定内容	评定等级
心理辅导活动课课堂教学	主题切合学生需要	0.1349	①辅导目标贴切主题;②主题是学生成长中可能遇到的问题;③主题是多数学生面临的共同问题;④主题具有现实意义,适应时代需要	
	选材切题、丰富	0.1344	①选材与辅导目标很吻合;②选材切合主题;③选材内容丰富形式多样;④选材新颖,有一定创意	
	教学设计、教具准备	0.1382	①教具设计、教具准备围绕辅导目标展开;②教具设计以主题活动为主线;③媒体与辅导材料切合学生的年龄特征;④媒体与辅导材料保证教学的有效实施	
	教态、教学语言	0.1508	①教态自然;②态度亲切,具有很强的亲和力;③教学语言通俗易懂;④教学语言有一定艺术性和创造性	
	情境创设方面	0.1447	①情境创设有助于辅导目标的达成;②情境创设与主题的适合性;③情境创设能符合学生的即时实际;④情境创设能引起学生共鸣	
	学生参与主题活动	0.1405	①绝大部分学生参与;②大部分人参与;③一半人参与;④少数人参与	
	调控课堂气氛	0.1565	①根据辅导目标调控课堂气氛;②根据主题活动调控课堂;③根据课堂情况即时调控课堂气氛;④课堂气氛调控恰到好处,效果良好	

指标体系的评定说明如下(适用于 1～6 年级学生和教师评价)。

(1)在评定等级栏内填上 A、B、C 或 D 中的一个等级,即如果做到等级内容中 4 项,请填 A;如果做到等级内容中 3 项,请填 B;如果做到等级内容中 2 项,请填 C;如果只做到等级内容中 1 项或 1 项都没有做到,请填 D,并且,在做到的等级内容上打"√"。其中指标 6 为单选,其评定等级请填写你所选的那一项后面括号内的字母。给评定等级赋分:A 为 4 分;B 为 3 分;C 为 2 分;D 为 1 分。

用加权平均法计算出每条指标的所得分,公式为

$$Z = \frac{A \times 4 + B \times 3 + C \times 2 + D \times 1}{A + B + C + D}$$

(2)计算出不同评价信息源对每位教师的评分。计算公式为

$$S_i = \sum (Y_{ij} \cdot Z_{ij})$$

其中,S_i 表示评价信息源的评分;i 表示不同的信息源;Y_{ij} 表示指标权重;j 表示第 i 个信息源内的第 j 条指标;Z_{ij} 表示第 i 个评价信息源在第 j 条指标上的评分。

(3)计算出每位教师所得总分,公式为

$$总分 = \sum (S_i \cdot D_i)$$

其中,D_i 表示第 i 个评价信息源所占的权重。其中低年级和高年级评价的权重分别为 0.55、0.67;低年级和高年级的教师互评权重分别为 0.45、0.33。

关于心理活动课评估指标的研究还比较少,主要由于我国开设心理活动课的时间较短,还没有像其他学科课程一样发展完善和成熟。目前不仅对其研究还不够深入,并且不同地

区、学校对心理活动课的重视程度、硬件建设以及心理活动课的教师水平等差距悬殊、参差不齐,因此很难形成一套实用性强而且稳定的评估指标。但是,为了促进心理活动课质量水平的提高,我们必须在借鉴已积累的评估经验和把握评估导向的基础上,探究适合本地区或局部性的心理活动课教师与心理活动课程水平的,重点突出并且具有鲜明导向性的评估标准。

然而,过度依赖统一、呆板的评估标准,将导致心理活动课过于模式化,丧失心理活动课的生命力和创造性。只有评价标准实现多元化,评估的诊断性、形成性的功能充分发挥,鼓励教师大胆探索、尝试、改进和提高,而并非为了输赢和成败而评价,才能使心理活动课焕发活力。因此,为了发挥评价的积极作用,在评估中还要遵循一定的原则。

二、小学心理活动课过程评价的实施原则

(一)淡化成败、关注问题

心理活动课的评价对辅导教师而言,是一个非常重要而且敏感的话题。因此在进行评价的时候,要把握"淡化成败、关注问题"的原则,使教师尽量减少被评价的压力,以积极的心态投入到个人的专业发展过程中。具体来讲,督导人员和其他的评价者要能够认真地对心理活动现场进行全面的观察记录,尤其对重点环节要逐个步骤,甚至逐句地进行记录和分析,在认真听取心理活动课教师的设计思路及对心理活动过程的说明与反思后,能够运用团体心理辅导的理论对整个心理活动历程的功过与得失,作出高屋建瓴的分析和评判,这样有助于心理活动课教师看到自己存在的"盲点"和不足,从而欣然接受评价者提出的改进建议,促进专业成长。

(二)抓住重点,不求面面俱到

对很多心理活动课老师来讲,其作为教师的基本素养已经具备,对于心理活动课的基本套路和流程也有初步的认识,而且也能顺利地按照流程实施,但是在怎样使其心理活动课更加专业化方面缺乏深刻的认识和反思。因此本着共同探索提高为目的的评价,评价者要抓住重点的导向性问题不放,进行深入浅出的剖析,而对于那些无关大局、庞杂琐碎的枝节问题加以忽略或稍微带过,防止胡子眉毛一把抓而淹没了关键性的建议。这样才能以评促改,促进心理活动课教师的专业能力和水平的提高。

(三)多元评价,共同提高

心理活动课的评价要实施多元评价,要调动评价者、心理活动教师和参与心理活动课的学生等各方力量共同参与。不仅要鼓励心理活动课教师进行自评,对评估者给予的评价进行必要的解释和说明,同时听取参加心理活动的学生对心理活动课的评价或建议,这样在多方互动的评估过程中,能够广发言路,集思广益。

另外,任何一次心理活动课不管其成功与否,均为我们提供了一个生动的课例,只要课后认真地深入分析与研讨,参与听评课的心理活动课教师和任课教师都会有所收获与成长。因此,大家要抱着平和、感恩和学习的心态,认真对待每一次听评课活动,积极参与,大胆发言与质疑,实现经验共享,共同提高。

（四）注重过程，观长期效果

学生的心理和行为的变化是一个缓慢的过程。仅凭短短几十分钟的心理活动课，活动效果很难立竿见影，所以，心理活动课的评价非常关注辅导过程的评价，对每一实施环节的情况都要进行深入分析。需要提示的是对心理活动课的课后延伸环节要引起高度重视。因为心理活动的效果单单靠课堂活动是远远不够的，布置一定的作业，能鼓励学生把课堂上的感悟与演练的成果迁移到日常生活情境中，还能充分发挥"学校—家庭—社区"这一心理活动网络的支持作用。当心理活动课的每个环节都做实了，终有一日会看到心理活动课的实际效果。

第二节　小学心理活动课的效果评价

心理活动课的效果评价实质是评估心理活动课对心理活动目标的达成度，它是决定心理活动课成败的重要指标。心理活动课的效果评价应从小学生个人和集体两方面来进行评价。

一、心理活动课效果的评价标准

（一）心理活动课效果的学生个体评价标准

开设心理活动课旨在维护学生心理健康，开发心理潜能，提升心理素质。每一节心理活动课都有具体的心理活动目标，期望学生围绕活动主题形成正确的认知、积极的情感，并能很好地调控自己的行为。但是，对学生的这些心理变化的评价（辅导效果评价）是一件非常复杂和困难的事情，主要原因如下。

（1）心理活动具有内隐性和复杂性，不仅难于测量，还缺乏统一的、权威的评价标准。

（2）心理活动效果受家庭教育、生活环境、同伴、个人差异、活动课教师对学生的固有看法等诸多因素的影响，无法准确评定学生的明显心理变化就是参与心理活动课的结果。

（3）心理活动课的效果评价受评估者的认知、动机、态度等影响，因此从评估标准的确立到对评估结果的解释都带有较强的个人主观性。

（4）心理活动课效果的被评估对象具有个体差异性，其心理的原有发展水平、面临的发展性问题等均有很大的差异性，难以形成一套科学有效的测量工具。

（5）效果评估的工作量巨大，容易使评估者（辅导教师等）望而却步。

受上述诸多因素的制约，心理活动课效果的评价将面临很大的困难，但是人们还是竭尽其能，试图寻找一种容易操作、科学的评价标准。由于学生的变化具有即时性和延宕性的特点，因此，对辅导效果的评价不仅关注即时效果评价，也包括课后长期效果评价，其主要表现为学生的行为改变，可根据需要在心理活动专题结束时评价，也可以在一学期的心理活动课结束后进行。教师可根据活动的主题和学生的情况来制定评估标准。下面提供示范性的评价量表（表 8-5 和表 8-6）仅供参考。

表 8-5　班级团体心理辅导（心理活动课）学生满意度评量表

第____册　第___单元　　　　　　　　　　　　　　　___年___月___日

同学们：

　　今天的课程又将接近尾声了，你是不是觉得意犹未尽呢？我们很想了解你对今天的活动的一些感受和意见，好作为下一次课的参考。请就下列每个题目的叙述考虑你的想法或感受的程度，在符合你实际情况的号码上方打"√"表示出来。谢谢你的合作！

1. 我能在这次课程中向别人表达我的看法。
　　很不符合 1　2　3　4　5　6　7　8　9　10 很不符合

2. 我喜欢这次课的内容。
　　很不符合 1　2　3　4　5　6　7　8　9　10 很不符合

3. 我觉得在这次活动中学会了要去关怀别人。
　　很不符合 1　2　3　4　5　6　7　8　9　10 很不符合

4. 我觉得对自己越来越了解了。
　　很不符合 1　2　3　4　5　6　7　8　9　10 很不符合

5. 这一次课程使我对自己越来越有信心。
　　很不符合 1　2　3　4　5　6　7　8　9　10 很不符合

6. 在这次团体辅导中我乐意和其他人分享我的经验。
　　很不符合 1　2　3　4　5　6　7　8　9　10 很不符合

7. 我觉得这一次团体辅导经历很有意义。
　　很不符合 1　2　3　4　5　6　7　8　9　10 很不符合

8. 我觉得这一次团体活动中大家都是互相信任而且坦诚的。
　　很不符合 1　2　3　4　5　6　7　8　9　10 很不符合

9. 我喜欢辅导老师上课的方式。
　　很不符合 1　2　3　4　5　6　7　8　9　10 很不符合

10. 我认为下一次可以改进的地方是：

_____

_____

签名 _____

资料来源：吴武典．团体辅导手册．台北：心理出版社，1996。

表 8-6　学生行为改变问卷

亲爱的同学：

　　这份问卷是希望知道你在上过这几次课后，在日常行为方面是不是带来了一些改变？这份资料是供老师总结经验时做参考的，内容绝对保密。请依据符合程度在右边量尺的数字上打"√"即可。谢谢你的合作！

	很符合	符合	不确定	不符合	很不符
1. 比较能尊重别人所有的东西。	1	2	3	4	5
2. 更能控制自己的行为了。	1	2	3	4	5
3. 比较能知道如何与老师相处了。	1	2	3	4	5
4. 初步了解了性知识。	1	2	3	4	5
5. 比较能有计划地使用自己的金钱。	1	2	3	4	5
6. 比较能了解如何与异性相处。	1	2	3	4	5
7. 不太会和同学发生肢体上的一些冲突了。	1	2	3	4	5

8. 比较有耐心地听别人和自己不同的意见。	1	2	3	4	5
9. 朋友邀我出去时，比较会先考虑这些活动是否适合我参加。	1	2	3	4	5
10. 比较不会和爸爸妈妈顶嘴了。	1	2	3	4	5
11. 比较能知道毕业以后该要做些什么事情。	1	2	3	4	5
12. 比较能控制自己的情绪了。	1	2	3	4	5
13. 比较不会和老师顶嘴了。	1	2	3	4	5
14. 了解了以前自己并不知道的别人对我的看法。	1	2	3	4	5
15. 比较愿意参加班级的各项活动了，并且能起带头作用。	1	2	3	4	5
16. 双休日或假日中，比较会安排自己的活动了。	1	2	3	4	5
17. 和同学相处时争吵的事情少多了。	1	2	3	4	5
18. 放学后如果不能按时回家，会事先打个电话给家里。	1	2	3	4	5
19. 假如父母不答应我的要求，我也不会和他们怄气了。	1	2	3	4	5
20. 有些不良习惯已经改过来了。	1	2	3	4	5
21. 比较能静下心来读书了。	1	2	3	4	5
22. 比较能规劝别人不要欺负弱小。	1	2	3	4	5
23. 在批评别人之前，先会想想用什么表达方式比较恰当。	1	2	3	4	5
24. 比较主动关心别人了。	1	2	3	4	5
25. 当自己有心理困惑时，愿意主动去向辅导老师求助了。	1	2	3	4	5

签名 _____

资料来源：吴武典．团体辅导手册．台北：心理出版社，1990

（二）心理活动课效果的集体评价标准

心理活动课程实施的结果应该使集体有所变化，无论整个学校、学生团体，还是班级都会有明显进步。其评价的标准有以下几项。①

① 全校形成重视心理辅导的氛围。

② 学科教学借鉴心理活动课的某些做法，将心理辅导渗透到学科教学中去。

③ 校风有积极的改观。

④ 班级团体的凝聚力增强。

⑤ 班级的满意度、荣誉感增强。

二、心理活动课效果评价的方法

（一）观察法

观察法是评估者运用感官或一定的媒介，有目的、有计划、有组织地观察、收集、记录被评估者的相关信息并进行分析、判断的过程。心理活动课的效果评估可以运用观察法获取学生在心理活动现场的认知、情感、态度等方面的信息。也可以用跟踪观察在心理活动课之外，收集学生的学习、生活、人际关系、处世方式等方面的变化信息。

---

① 刘宣文．心理活动课的设计与评价．教育研究，2002(5)：63

观察法可以直观地获取学生真实的相关信息,但是在观察行为时常受到时间和空间等条件的限制,而且学生的改变过程比较迟缓和漫长,因此要获得全面信息,需要较长的时间。

(二)访谈法

访谈法是一种间接获取信息的方式,评价者可以召集对评估对象比较了解的人员进行座谈,如开学生座谈会、家长座谈会、教师座谈会等,以收集相关信息并对过程进行评估。运用访谈法可以获取生动、广泛的信息,而且访谈中双方互动充分,能相互问询和反馈,确认信息的准确性,也能根据需要随时增补和调整问题及思路等。但是一次访谈中的对象不宜过多,因而使工作量增大,信息收集所需要的时间也相对较长。

(三)问卷法

问卷法是一种能够进行集体施测、快速收集信息的方法。评价者根据评价的目标,编制问卷请调查对象进行填写并回收,然后对数据进行整理分析,以研究学生的心理特征和行为的方法。问卷的种类有开放式问卷和封闭式问卷。开放式问卷只提出问题,由调查对象根据自己的情况自由作答。通过该调查问卷,评价者可以获取关于调查对象的丰富的资料,甚至超出调查者意料之外的一些信息。但由于开放式的问卷没有标准答案,对收集的资料难以进行统计分析。封闭式问卷则给出问题,还提供多个备选答案,调查对象可根据自己的实际情况按要求进行选择。由于答案的格式统一,方便对获取的资料信息进行统计分析。封闭式问卷的不足也在于答案被调查者事先限定,当备选答案中没有调查者可选的答案时,通常被试会随意选答,因此为了防止此种情况的出现,提供的备选答案一定要考虑周全。

(四)心理测验法

心理测验是一种科学的测评方法,采用标准化的测验作为评价工具,对学生的心理状态进行评测。在心理活动的效果评价时,可选用适当的测验进行评测。在运用前要仔细阅读测验指导说明,了解其使用的年龄对象和常规模式,是否经过标准化和修订,信度和效度如何。施测时,要防止在学生情绪低落、注意力涣散、容易疲劳、体力不支、对测验不合作等情况下进行,以免影响测验的效果。正确使用指导语,不进行随意暗示或提示,保持价值中立。对测验结果要采取慎重的态度,不能随意告诉受测者或他人,需要告之的则只告诉对其评价结果的解释。

(五)总结法

总结法是根据一定的标准要求,由被评价者对自己的变化与发展情况进行总结。总结可以采用口头报告或书面总结的形式进行。教师可以根据需要,安排在心理活动课的学期结束时或学期中的某个时期,利用专门的时间让学生们在班级中共同分享自己参与心理活动的心得和体会,帮助学生们进一步认识自己,统整经验。利用总结法可以促进学生们的认知层面的提升,促使学生间相互启发,相互学习,有利于教师对学生的个体情况和班级的整体发展情况进行评价。该方法适合在小学高年级运用。

评价方法使用建议如下。

① 上述心理活动课效果的评价方法可以综合运用,确保评价资料全面、客观,而且资料的来源不仅是被评估对象,也可以是比较了解被评估对象的人。

② 评估时,心理活动课教师要善于调动多方人力资源,采用学生自评、同学互评、家长评价等多主体共同参与的方式。这样不仅增加了评价的客观性、准确性,还会减轻教师的评估压力。

③ 为了科学证明心理活动课的效果,准确判断学生的变化,应在心理活动前进行评价方案的设计与规划,对学生做活动前的评测,心理活动课后再根据设计要求作相应的评测,使前后评测结果具有可比性。

第三节　小学心理活动课评价中的常见问题分析

心理活动课是中小学进行心理健康教育的有效途径,但是由于心理活动课实施过程中存在的诸多问题,其又成为当前中小学心理健康教育的瓶颈。在心理活动课的评价过程中,发现了一些较为突出的不良倾向和问题。评价过程中如何看待这些问题,关系到心理活动课的未来发展走向。

一、心理活动课中的四种倾向

(一)心理活动课选题的单一化

许多心理活动课教师在选题上存在一定的偏好,人际交往和情绪方面的内容通常被列入首选。这两方面大家普遍感觉:可供参考的资料多,尤其现成的活动设计也多,而且这两方面都很容易体现教学效果,学生的参与性、情感性、体验性容易被调动。但是若教师都为了容易操作、显效快的功利性动机进行心理活动,就会背离心理活动课的主旨。心理活动课不像其他学科课程一样,有严密的知识逻辑,有很强的预成性,必须按部就班地进行,它更强调根据学生面临的实际问题和需要进行活动选题设计。小学生在成长的不同阶段,都会遇到不同的发展问题,如入学适应问题、学习习惯问题、时间管理问题、网络游戏问题、明星崇拜问题等,都应该是心理活动课选题时应该关注的方面。本着对学生发展负责的态度,教师也应该克服畏难情绪,进行开创性的工作,丰富心理活动课的选题及其内容。

(二)心理活动课的单调化

心理活动课被一些教师演绎成亘古不变的"活动—讨论—再活动—再讨论"的老套模

式,且常常是照搬别人的活动,无暇对活动进行再创造。另外即使角色扮演也表现出情节单调、呆板、缺少变化、表演粗略、缺乏生气和创意。如在一节《培养自信心》的心理活动课上,安排了这样的活动:学生甲为解说员,解说我国乒乓球运动员王皓与瑞典的瓦尔德内尔的乒乓球比赛,第一局王皓发球,瓦尔德内尔接球……学生乙和学生丙分别扮演王皓与瓦尔德内尔,根据解说词在模拟打球,手不断挥舞着来回击球。如此这般,比分从 0∶1 到 0∶2,0∶3,再到 1∶3,2∶3,3∶3,直到 4∶3 王皓胜出为止,整个活动约用时 20 多分钟。学生表现出的是无精打采、昏昏欲睡,在这个过程中学生能否体验到王皓的这种自信不得而知。

心理活动单调、乏味,容易使学生心生厌倦,产生心理疲劳,是心理活动课的大敌。因此,辅导教师要秉承:活动设计取材一定要贴近学生的学习和生活实际;富有创造精神,运用自己的智慧进行活动设计,而不要一味地模仿他人;活动要多样化,凡是能调动学生的积极性,促使学生感悟人生、自我反思的,能够在课堂有限的时空中进行的活动都是好活动。

(三)心理活动课的娱乐化、游戏化倾向

心理活动课娱乐化倾向,是指把用于消遣的娱乐方式引进到活动课中,过度强化教学手段的多样性,活动形式的丰富性,并以此作为活动实效的评估标准以及活动效果的追求方向。[①] 心理活动课"好玩",是很多小学生喜欢上它的重要原因。这传递给我们一个重要信息:心理活动课偏离了活动课的本质和目标,只不过是一节供学生娱乐、放松的课堂而已。目前心理活动课追求教学手段的丰富多样性,进场、结束、发奖时播放音乐,情境设置时播放 CD 盘、出示幻灯片、配乐朗读等;有小品表演、角色扮演、做游戏等多样的活动方式,活动课堂气氛热烈,学生感觉热闹又好玩。应该说,为调动学生积极活动,这本无可厚非,但是许多教师仅仅满足于此,为了活动而活动,为了娱乐而娱乐,忽略了心理活动课的根本任务,其实质是一种本末倒置的做法。为上好心理活动课,辅导教师要正确处理好手段与目的、形式与内容以及感性和理性的关系。

游戏是心理活动课的一种重要形式,是开展团体辅导的有效载体。游戏引入心理活动课产生的良好效果,引发了一些辅导教师的浓厚兴趣,将心理游戏当作灵丹妙药,而不假思索地,不顾及时间、场地、对象、主题的针对性等随意使用,大有没有心理游戏就不能称之为心理活动课堂之势。因此,出现了一个游戏小学做了初中做,初中做了高中还接着做……虽然随着学生的年龄增长,学生的感悟程度会有所不同,但是多次的重复会使学生感到乏味,参与度、投入度降低。再者,很多心理游戏的原创是为企业员工等不同性质的群体,基于不同目标设计而成的,教师常常不加改造,采用拿来主义,一味照搬到小学生心理活动课堂上,也不会产生良好的效果。在这种意识倾向下,甚至有些辅导教师颠覆了心理游戏为活动主题服务的主旨,而变为根据心理游戏确定活动主题,活动主题依附心理游戏。最后,游戏化的表现使游戏在心理活动课堂上时间过长,挤占了从学生实际问题出发的体验、分享活动,

---

① 裴利华.心理健康教育课的三种偏向与纠正.教育探索,2004(10):99.

使课堂过于肤浅。

(四)心理活动课堂管理的无序化

一般来讲,在心理活动课堂刚开始的几节课,学生会被其新鲜的活动形式而深深地吸引,或由于对老师的了解不深而不敢造次,课堂表现稳而有序,但是,随着上课次数的增多,课堂则会出现无序化的状态,表现为纪律混乱,班级气氛离散;学生不积极参与,行动缓慢;自行其是或同学间相互嬉笑打闹……使我们期望的心理活动课的优势荡然无存。

这种课堂无序化的现象令很多教师头痛不已。其实造成这种局面的原因很复杂,钟志农认为主要有:①学校师生双方对心理活动课的重视程度不够,"应试教育"严重压抑"心理健康教育","大气候"不好;②辅导教师"单兵作战",缺少理解,缺少地位,缺少支持系统,是教师队伍中的"弱势群体";③心理活动课上的秩序不好,与具体班级的管理水平和班风也有很大关系;④辅导教师内在的角色冲突,当课堂纪律混乱时,怕影响心理活动课老师的"心理专业形象",而优柔寡断、不知所措;⑤教师的活动设计或操作存在问题却没有意识到。

可见,有课堂就要有课堂管理,而课堂管理需要教师有管理能力和技巧。因此,心理活动课教师首先应该是教师,必须先过教师关,然后才能成长为一名合格的心理活动课教师。当然,教师要有良好的管理能力,必须在学习课堂管理、理论的基础上,通过长期的实践锻炼才能有所提高。基于心理活动课在学校的劣势地位等外在因素的不良影响,心理活动课的课堂管理对辅导老师又是一种新的挑战。其实良好的心理活动课堂管理既是心理活动课顺利进行的前提条件,也是在心理活动课中达成的结果,不是一蹴而就的,需要教师结合自己的专业功底,通过不懈的努力,与学生建立相互认同、相互支持、相互信任、相互尊重的课堂。

二、心理活动课存在的误区

(一)误区之一:学科化

心理活动课的学科化倾向,是指单纯以传授心理学、心理卫生学的知识为目的,将心理活动课上成理论课,甚至像其他学科一样进行严格的考试。这种偏向于活动内容的知识化倾向,是心理活动课的另一极端表现。例如"学会交往"的心理活动课,教师先引导学生说出"影响人际交往的因素";接着学生在讨论之后得出"怎样进行人际交往"。最后,几个学生谈谈自己的交往经历和体会。而上述每个问题,教师早已准备好了答案。这样的一节课,已经背离了心理活动课的精神实质,心理活动是在师生平等关系中的感悟、体验、表达与分享,与其他文化课在教学目标、教学活动环节上有本质区别。具体来讲心理活动课与传统文化课在形式上有如下不同。

(1)不刻意解释心理学概念及术语。一般的心理学概念和术语在辅导课中通过活动、事例等能够使学生感悟、理解即可,不需要像其他文化课一样进行重点分析和解释。但是并不排除有一些心理学概念或术语必须要进行解释,如"艾滨浩斯曲线"。总之,掌握概念或术语不是心理活动课的目标,其要不要解释,必须根据具体情况而定。

（2）课上不用大量时间读教材或材料,并进行重点勾画。

（3）少板书,不要追求知识结构的条理化和系统化。

（4）现场组织形式避免秧田式的座位排列方式。秧田式的座位排列方式是传统的讲授式课堂常用的方式,体现了师道尊严,教师是课堂的中心,学生只是接受者的角色,形成了老师和学生两个不能相融的阵营,无形中拉大了教师和学生间的心理距离。这样的座位排列方式不利于心理活动课中建立师生间平等、尊重、信任的良好互动关系。

（二）误区之二:带有思想政治教育色彩

一些教师认为心理活动课是德育内容的扩展,而从内容上,强调学生思想行为要符合规范,一有偏差,就冠以心理有问题或心理不健康;在方式上,采用单一的说教方式;在沟通上,以教育者的身份自居,整堂课说教,导致学生心理紧张。这样的误解和混淆是教师对二者的实质性差别认识不清所致。心理活动课是通过情境创设和活动,促使学生心理能力及人格的自我完善,是引导学生自主完成的过程。

（三）误区之三:主题班会化

心理活动旨在促进学生的心理成长和人格的完善,而不是解决教育教学和班级学生的事务性问题;它是采用团体辅导的形式进行课堂运作,而非仅仅澄清是非、提高认识。

担任心理活动课的教师常常是班主任,但是由于班主任工作的惯性,容易使心理活动课主题班会化,要扭转这一局面,就要做到以下几点。

1. 善于转换教师角色,一改活动课上对学生管教训导的面孔

心理活动课要求教师更多地扮演好朋友、小组成员、心理专家、团体领导者等角色,而不是扮演居高临下的训导者角色。教师首先要在心理活动课上完成角色转变,一定要有意识调整自己的心态;其次要加强心理辅导活动的专业知识和技能学习,提高专业素养。

2. 不要长时间讲道理

苦口婆心地讲道理是班主任工作的另一个显著特点。而心理活动课不是简单的说服教育,而是在师生良性互动中,通过活动使学生自我体验、自我完善、自我改变的心灵成长过程。

3. 课上不要联系班级中的事务性问题

班主任在所任课上谈班级事务的现象非常多见,甚至会将一节课的大部分时间用来处理班级问题,这是非常不妥的。辅导活动中联系班级学生的实际应该是学生个性发展、心灵成长的实际,而不是班级的实际问题,这一点要分清楚。

整体上讲,我们的心理活动课水平参差不齐,且刚开始从事心理活动课和专业水平较差的人还占相当比例。因此,谈及其评价中的典型问题和倾向的目的,不是要束缚大家,使大家不敢上心理活动课,而是希望大家抱着积极的心态,通过自己的专业学习和心理活动课的实践提升心理活动课的专业水平。即使我们上了一节像主题班会的心理活动课,那也是贯

小学心理活动课设计与实施(第二版)

穿了心理活动主题的班会。只要我们能够虚心学习,接受专家的督导,从活动设计、方法、活动组织与辅导技术等方面一点点地成长,就会成长为一个专业的心理活动课教师。我们要有勇气面对自己,给自己一个成长的机会。

思考题

1. 你认为应该如何评价一节心理活动课?

2. 你是如何进行心理活动课的效果评价的? 当其他教师进行效果评价时,你将提供哪些积极的建议?

3. 如何看待心理活动课中存在的共性问题?

实 践 篇

第九章 小学生学习生活适应辅导专题

　　小学生学习生活适应辅导就是教师根据小学生的年龄特点及不同年级的学习任务要求,运用心理学的相关理论与方法,设计一系列的活动帮助小学生适应该年级的学习,提高其学习生活适应能力的心理教育活动。儿童从幼儿园进入小学,活动的主要形式从游戏变为有目的的学习,这对于刚入学的小学生来说是其生活经历中一个全新的变化,其心理和行为上存在着一定的适应过程。并且,在整个小学阶段的六年中,随着低、中、高年级的学习内容变化,以及小学生心理的不断成熟,其学习生活适应的问题一直存在。因此,帮助小学生尽快适应学校里不同年级的学习和生活,有利于其身心健康成长。小学生学习生活适应辅导的内容主要包括专注力的培养、热爱学习、珍惜时间、学习习惯和方法的培养等很多方面,甚至包括小学生的入学适应、安全问题等。在此,我们选择了五个活动以供参考。

课例一：做个专心的小学生

【活动缘起】

　　对于小学生来说,上课专心听讲是保证学习效果的重要条件。从入学开始就培养好的听课习惯直接影响当前及以后的学习。与其将来改变一个不良的习惯,不如从开始就形成一个好习惯。该活动适合小学低年级学生,首先引导学生树立上课专心听讲的意识,进而逐步培养专心听讲的好习惯。

【活动目标】

　　通过活动中的讨论、分享,使孩子们明白上课专心听讲的重要性,同时,让孩子懂得学习要"眼到""耳到""口到""心到",知道上课认真听讲、专心致志是保证学习效率的重要前提。

【活动准备】

　　两个小故事、迷宫图片。

【活动过程】

1. 活动导入:教师讲故事——小象头顶的蝴蝶

小象头顶的蝴蝶

森林里开办了一所学校,聪明的猫头鹰是老师。小猫、小狗、小鹿、小象、小兔都来上课了。小猫和小狗并排坐,前面是小象和小鹿,小白兔坐在最前面。小猫上课听讲最认真了,它认真地听老师讲的每一句话,看老师在黑板上写的每一个字、每一道题。小狗呢? 一听到树上传来的鸟叫声,就情不自禁地想看看这鸟长得什么样儿,还不时地想看看天上有没有大雁飞过。对了,它的衣兜里还装着几个漂亮的玻璃球呢,它特别想玩,但是它知道在上课,所以只好用手不时地摸一下。突然,小狗看见窗外飞进来一只蝴蝶,在小象的头顶上飞舞,可有意思了,小狗拍拍小猫想让它也看看,可小猫依然眼睛看着猫头鹰老师,认真地听老师讲课呢。小狗只好自己盯着蝴蝶看,不由地笑出了声。这时,猫头鹰老师看见了,就要小狗站起来回答问题。这下小狗傻了,老师问的是什么它都没听见,红着脸,低下了头。猫头鹰老师又要小猫回答,小猫声音响亮而干脆地回答了老师的提问。猫头鹰老师满意地笑了,然后对小狗说:"小狗,你想一想,为什么小猫一下子就答上来了,你要怎么做才能像小猫一样呢?"

问题与讨论:

(1) 小狗为什么回答不出老师的问题? 小猫为什么能回答出老师的问题?

(2) 小狗可以向小猫学习哪些听课的好行为呢?

(3) 从这个故事中,你懂得了什么道理?

2. 活动一:乌龟与乌鸦

同桌两人面对面,一个人扮演乌龟,一个人扮演乌鸦,两个人双手掌心相对。游戏规则:一会儿听老师讲一个乌龟与乌鸦的故事,大家一定要认真听。当听到"乌龟"一词时,扮演乌龟的同学要迅速用双手去夹对方同学的左手,而对方同学要迅速将双手放在背后,尽量不被夹住。念到"乌鸦"时二人互换,扮演乌鸦的同学迅速用双手去夹对方同学的右手,而对方同学要迅速将双手放在背后,尽量不被夹住。看谁夹到对方而不被对方夹住更多。

乌龟与乌鸦

森林里有一间小小的城堡,里面住着可怕的巫婆和它的仆人乌鸦。有一天,天上飘来一片片乌云,转眼间天就乌黑乌黑的,什么也看不见了,不一会儿就下起了大雨。在狂风暴雨中,巫婆听到有人在敲门,开门一看,原来是一只乌龟,还有一只乌贼,它们请求巫婆让它们进屋避避雨。巫婆同意了,可是乌鸦不同意,因为它和乌龟不和。雨越下越大,大家也越吵越凶,乌贼指着乌云对巫婆说:"雨这么大,乌鸦却不让我们进去,我和乌龟都会生病的,再不开门,我就让你的城堡变得乌烟瘴气。"最后,巫婆还是没有给它们开门。没多久,雨停了,太阳出来了,乌云也散了,巫婆和乌鸦这才打开门,看见乌龟已经冻得缩成一团。

过了几天,空气很闷,天气阴沉,乌龟正在自己乌黑的小茅屋里。这时乌龟听见了敲门声,开门一看,原来是好朋友乌贼带着乌鱼来乌龟家里做客。一进屋,乌贼就开始讲路上发生的事。原来乌贼和乌鱼在半路上撞见了巫婆与乌鸦。乌贼因为上次巫婆不给乌龟开门的事情非常气愤,就追着赶着要打乌鸦与巫婆,可是巫婆施展法术逃跑了。乌龟听了以后觉得乌贼和乌鱼真够朋友。其实乌龟与乌鸦也曾经是好朋友,只是有一次,乌龟把乌鸦请到家里做客,乌鸦看到乌龟家满地污泥乌漆抹黑的,就喋喋不休地数落乌龟,乌龟听了很生气就说乌鸦无理取闹。后来,乌鸦想帮着打扫,却把乌龟家里弄得乌烟瘴气,乌龟气得把乌鸦赶到屋外,乌龟追乌鸦,乌鸦打乌龟,乌龟追乌鸦,乌鸦打乌龟,后来两个人都呜呜大哭,谁也不理谁了,乌贼和乌鱼听了这个故事后哈哈大笑,说你们俩——乌鸦和乌龟,真是一对冤家!

问题与讨论:

(1) 你在什么时候能夹住对方? 什么时候能躲过对方?

(2) 同样,在什么情况下,你会被同学躲过或者被同学夹到?

(3) 通过这个活动,你明白了什么道理?

3. 活动二:帮助小狗找骨头

看图 9-1 请同学们做个迷宫游戏,看谁先帮小狗 Sparky 找到骨头?

Sparky can't find his bone.Will you show him the way?

图 9-1　迷宫游戏

问题与讨论：

请大家想一想,你怎样做才能最快帮小狗找到骨头？

4. 课堂总结

今天我们听了故事、做了小游戏,在做这些游戏的时候,你们不仅要仔细地听,还要认真地看,用心地想,才能正确地说或做出反应。你们是否发现,这几样合在一起,正好就是一个字"聪"。可见,要想学习效果好,离不开用心,只有用心地看、听、记、思考,学习起来才能提高效率。上课时,大家都要认真、仔细地听讲,这样日积月累,一定会收获多多。

【课后思考】

(1) 回家与爸爸妈妈一起讨论、分析,完成表 9-1 中的内容。

表 9-1 我的注意力集中了吗

项 目	注意力集中情况	原 因
1. 我在上数学课时		
2. 我在上语文课时		
3. 我在写数学作业时		
4. 我在写语文作业时		
5. 我在上自习课时		

(2) 我有哪些好的经验可以分享给大家？我还希望从家长、老师或同学那儿学习什么？希望获得哪些帮助？

【课程建议】

本活动重要的延伸就是课后思考部分,让家长帮助孩子一起了解其注意力集中的情况,并试着探讨、发现其中的原因,同时,给孩子提供应有的支持。为此,老师有必要让家长知道,做这个作业的目的不是一味地挑剔、指责孩子,关键是帮助孩子发现其听课或学习中的长处与不足,逐渐培养孩子做事情专心、认真的好习惯。

课例二：今日事今日毕

【活动缘起】

时间是构成生命的尺度,让孩子们从小培养珍惜时间的意识,对当前及今后的学习、生活都是十分必要的。该活动适合小学中年级的学生。

【活动目标】

通过活动,让孩子明白只有今天是可以把握的,要珍惜时间,珍惜今天。

【活动准备】

寒号鸟的故事、表格、三首诗。

【活动过程】

1. 活动导入：老师讲《寒号鸟的故事》

寒号鸟的故事

冬天快到了，喜鹊整天东寻西找衔回枯枝，忙着垒巢，准备过冬。寒号鸟却整天飞出去玩，玩累了就回到崖缝里睡觉。

喜鹊劝它快垒巢。它说："太阳暖和，正好睡觉。"

冬天到了，刺骨的寒风呼呼地刮着。喜鹊住在温暖的窝里。崖缝里冷得厉害，寒号鸟冻得直哆嗦，悲哀地说："寒风冻死我，明天就垒窝。"

第二天，风停了，太阳暖烘烘的。喜鹊劝寒号鸟趁天晴快垒窝。寒号鸟伸伸懒腰说："太阳暖和，得过且过。"

寒冬腊月，大雪纷飞，崖缝冻得结了冰。寒号鸟在里面被冻得奄奄哀鸣："寒风冻死我，明天就垒窝。"

……

讨论与分享：

同学们，听了寒号鸟的故事，你受到了什么启发？

2. 活动一：今天的选择与明天的结果

请同学们根据自己的实际情况填写表 9-2。

表 9-2　今天的选择与明天的结果

今　　天	明　　天
没完成家庭作业	
认真完成家庭作业	
玩游戏睡晚了	
按时上床睡觉	
没有做完值日	
认真做完教室卫生	

问题与思考：

同学们是否发现了，本该今天做的事情都一一完成了，或者拖到明天去做，情况会有什么不同？

3. 活动二：世间最宝贵的就是"今天"

昨　日　诗

昨日兮昨日，昨日何其好！

昨日过去了，今日徒懊恼。

世人但知悔昨日，不觉今日又过了。

水去日日流，花落日日少。

成事立业在今日，莫待明朝悔今朝。

今 日 诗

今日复今日,今日何其少!

今日又不为,此事何时了?

人生百年几今日,今日不为真可惜!

若言姑待明朝至,明朝又有明朝事。

为君聊赋今日诗,努力请从今日始。

明 日 歌

明日复明日,明日何其多。

我生待明日,万事成蹉跎。

世人若被明日累,春去秋来老将至。

朝看水东流,暮看日西坠。

百年明日能几何,请君听我明日歌。

问题与讨论:

同学们,通过朗读上面的诗,你明白了什么道理?

4. **课堂总结**

人的一生,说起来很漫长,其实只由"三天"组成:昨天、今天、明天。它们连贯起来,串成人的一生。其中,最重要的是今天,因为往事不可追;能把握的也是今天,只有掌握了今天的人才能将未来握于自己的手中;最易丧失的也是今天,因为好像总还有明天。因此,今天最宝贵,今天是新的起点,是新的开始。你把握今天了吗?

【课后思考】

回家后和爸爸、妈妈一起阅读下面的材料,并讨论阅读后的启发和感受。(建议:孩子和家长相互监督,看看谁能更好地利用今天的时间。)

时间就是生命

有人曾做过一个有趣的统计:如果一个人能活 72 岁,那么,体育锻炼、演出、看电影、看电视等娱乐活动要用去 8 年,闲聊 4 年(有些人还要增加 1 年),打电话 1 年,吃饭 6 年,等人 3 年,打扮 5 年(可能有些人会多花一倍以上的时间),睡觉 20 年,生病 3 年,阅读书籍 3 年,旅行 5 年,学习、工作 14 年。每个人只有这么少的学习、工作时间,不很好地计划利用,任其流逝,将会大大降低人的生活质量。

【课程建议】

珍惜时间是每个年龄段孩子都需关注的话题,因此,这类活动在组织形式和内容上可根据孩子的年龄特征进行变化。如:低年级的孩子可用"小小时钟,叫我起床"这样直接的题目,从养成自己管理时间的第一个好习惯开始。活动内容中可加上猜谜语的方式,如:短腿腿、圆脸庞,耳朵长在脑袋上。肚里嘀嗒嘀嗒响,提醒我们早起床。而对于高年级的孩子,可以加入更多的观察与发现,开始学习管理与规划自己的时间,并为升入中学做准备:如画出一天的时间饼状图,将自己睡眠、学校学习、课外补习、家庭学习、与朋友玩耍、做家务琐事(洗碗等),独处(阅读或玩游戏)、与家人共处等时间在一日"生活饼图"中划分出来,并与同学、家长讨论,让合理安排时间成为高效做事的有力前提。

课例三：我是学习的小哨兵

【活动缘起】

学会学习是当前教育改革的重要议题,从小培养孩子发现自己学习过程中的优势和不足,了解自己独特的学习方式对于提高和促进其学习效果是十分必要的。该活动适合中高年级具有初步反思能力的小学生。

【活动目标】

帮助孩子发现自己在日常学习中存在的优势与不足,了解自己独特的学习风格,初步学会认识并监控自己的学习过程,为学会学习打基础。

【活动准备】

学习习惯测试、学习风格调查表。

【活动过程】

1. 活动导入

1978 年,75 位诺贝尔奖获得者在巴黎聚会。有人问其中一位:"你在哪所大学、哪所实验室里学到了你认为最重要的东西呢?"有一位白发苍苍的学者出人意料地回答说:"是在幼儿园。"又问:"在幼儿园里学到了什么呢?"学者答:"把自己的东西分一半给小伙伴们;不是自己的东西不要拿;东西要放整齐,饭前要洗手,午饭后要休息;做了错事要表示歉意;学习要多思考,要仔细观察大自然。从根本上说,我学到的全部东西就是这些。"英国唯物主义哲学家、现代实验科学的始祖培根在谈到习惯时深有感触地说:"习惯真是一种顽强而巨大的力量,它可以主宰人的一生,因此,人从幼年起就应该通过教育培养一种良好的习惯。"其中的道理尤其适用在学习上,如果你渴望获得好的成绩,如果你想有效地利用时间,那么,就请你尽早养成良好的学习习惯。

问题与讨论：

那么在学习中哪些习惯能够帮助我们的学习,哪些习惯不利于我们的学习? 让我们来一起做个小测试,当当自己学习中的小哨兵吧。

2. 活动小测试:学习习惯测试

阅读下面的问题,哪一个答案符合你的情况,就画"√",不符合就画"×"。

学习习惯测试

(1) 你是在固定的时间内学习吗?

(2) 你身边有辞典、字典之类的学习工具书吗?

(3) 你在学习结束之后,自己收拾书桌吗?

(4) 你在完成复习作业时也会像书面作业一样认真吗?

(5) 老师批改后的作业和试卷,你都会仔细看吗?

(6) 预习时你是否只是飞快地浏览一遍,并没有用心读进去?

小学心理活动课设计与实施(第二版)

(7) 学习时,你有时会想起其他事情吗?

(8) 你是否常因对学习内容不感兴趣而浪费时间?

(9) 你有一边玩计算机、手机,一边学习的时候吗?

(10) 你在学习时,有抓头发、摇晃腿脚等习惯性动作吗?

讨论与分享:

做完所有题后,请你数一数,如果前面 5 题"√"越多,说明你的学习习惯越好,后面 5 题画"√"越多,说明你还有一些不良学习习惯。每个人在学习中都会存在着各种各样的问题,只有发现了问题才能够纠正它们。希望同学们都能成为自己学习中的"小哨兵",检视自己的学习习惯,成为自己学习的小主人。

3. 活动:测测我的学习风格

在学习中,有人习惯用听,有人喜欢用看,还有人则需要动手做。了解自己的学习风格,是为了充分利用自己在学习上的优势,现在我们来进一步了解自己的学习风格。请同学们填写学习风格调查表(见表 9-3)。将计算结果写在合计栏内。

表 9-3 学习风格调查表

题　　目	选　择
1. 背课文时,写下来比读出声更让我记得住。	是(　)否(　)
2. 我可以只听歌曲不看歌词而学会一首歌。	是(　)否(　)
3. 看剧情平缓的电影让我更放松。	是(　)否(　)
4. 我擅长分辨各种颜色间的不同。	是(　)否(　)
5. 我听到一个不熟悉朋友的姓名,会首先想起他(她)的声音。	是(　)否(　)
6. 泡热水澡让我能消除紧张。	是(　)否(　)
7. 我习惯用文字或图画来解决问题。	是(　)否(　)
8. 我习惯用谈话的方式来说明情况。	是(　)否(　)
9. 我习惯通过实际动手做来学习新事物。	是(　)否(　)
10. 上课时,我需要老师把重点写在黑板上才有印象。	是(　)否(　)
11. 我看书时会受到说话、噪声或电视声的干扰。	是(　)否(　)
12. 长时间和许多人相处会让我感到神经紧绷。	是(　)否(　)
13. 我习惯将书桌上的用品摆放整齐。	是(　)否(　)
14. 有空时我会选择欣赏(听)音乐。	是(　)否(　)
15. 我习惯穿宽松舒适的衣服。	是(　)否(　)
视觉型:1、4、7、10、13 听觉型:2、5、8、11、14 触觉型:3、6、9、12、15	分数合计(　　)

注:凡选择"是"的题目,每题均记 1 分。

合计:视觉型_____分。

听觉型_____分。

触觉型_____分。

讨论与分享:

得分较高的类型,表示平时使用这种感觉更多,而每一种学习风格的人都有适合自己的最佳学习方法,老师在这里提供给大家一个适应不同学习风格的小秘方。

4.课堂总结

不同学习风格的学习秘方如下。

（1）视觉型:眼睛所看到的东西会成为有助于学习的内容或因素,同时也会造成分心,因而注意利用环境中有效的视觉信息,避免不利于学习的视觉内容。

学习秘方:

① 利用各种不同颜色的笔做标记、画重点。

② 读书前整理书桌、保持整洁,只留必要的学习用具。

③ 上课中听到的重点尽快用文字或图表记录下来。

④ 勤动手整理笔记。

⑤ 运用促进学习的视听媒体。

（2）听觉型:声音对该类型的人很具吸引力,适宜的声音可能会让学习变得轻松,也可能成为学习的障碍,创造有利的声音信息是促进学习的重要原则。

学习秘方:

① 背书时大声朗诵将事半功倍。

② 书房里保持安静很重要,若周围环境嘈杂时,可用一些柔和的轻音乐隔离噪声。

③ 运用教学录音,画面的信息转换成声音信号更利于理解吸收。

④ 睡前听学习录音带可促进学习。

⑤ 上课听讲很重要。

（3）触觉型:环境中的氛围会影响到这类人敏锐的触觉神经,平和稳定、舒畅适宜的空间环境有助于提高学习效率,多亲自体验是促进学习的重要原则。

学习秘方:

① 善于利用各种感官如嗅觉、味觉、触觉等认识事物。

② 保持读书环境中空气流通、光线充足。

③ 学习时保持心情愉快很重要。

④ 可透过指手画脚的动作方式去记忆。

⑤ 动手做实验效果很棒。

哪些因素是平时注意到的? 还有哪些是平时忽略的? 今后在哪些方面继续坚持,哪些方面可以纠正、提高?

【课后思考】

回到家里和父母一起交流、讨论今天课上的测查结果,请父母帮助发现自己平时还有哪些好的习惯和特点可以继续发挥,还有哪些不足需要父母督促纠正,只有了解自己的学习风格和习惯,才能真正成为学习的小主人。

【课程建议】

对于学生学习习惯与风格的了解,主要目的是让学生成为自己学习的监控者,发现自身学习的特点,并能利用这些信息促进学习。因此,本活动的重点不在于确定谁是某种学习类型,或者批评某些同学的学习习惯,而是借助于测查的结果,帮助学生发现和了解自己的学习,进而成为学习的监控者。

课例四：从小我就爱学习

【活动缘起】

小学生对知识的浓厚兴趣是其学习的重要动力因素,因而激发孩子的求知欲是促进学习的必要手段。该活动适合中低年级的小学生。

【活动目标】

通过活动,孩子们感到知识的魅力,激发了他们的求知欲,逐渐培养起对于学习的内在稳定兴趣。

【活动准备】

绕口令、数学小故事、学习兴趣大盘点表格。

【活动过程】

1. 活动导入

1923 年,美国福特公司的一台大型电机出现故障,请了很多人都没修好。有人推荐刚移居美国的德国专家施坦敏茨来帮忙。施坦敏茨围着电机一边观察一边计算,两天后在电机上画了一条线,让工人把画线处里面的线圈减少 16 圈。按照施坦敏茨的建议,故障果然排除了,施坦敏茨索要报酬 1 万美元。这在当时不是个小数目,经理要求拉个明细表,把 1 万美元的费用都写清楚。只见施坦敏茨在收款单上写道:"用笔画一条线,值 1 美元,但知道画在哪里,值 9999 美元。"

启示与思考:

这个故事告诉我们知识的价值,目前同学们学的都是最基础的知识,在学习这些基础知识的同时也会给我们很多乐趣和意义。

2. 活动一:语文学习真叫棒

(1) 绕口令

四 和 十

四和十,十和四,十四和四十,四十和十四。说好四和十,得靠舌头和牙齿。谁说四十是"细席",他的舌头没用力;谁说十四是"适时",他的舌头没伸直。

鹅 过 河

哥哥弟弟坡前坐,坡上卧着一只鹅,坡下流着一条河。哥哥说,宽宽的河,弟弟说,白白的鹅。鹅要过河,河要渡鹅。不知是鹅过河,还是河渡鹅。

(2) 猜古诗

选择孩子们学过的古诗作为比赛内容。比赛方法:两个小组根据所给的古诗商量表演动作并排练。然后请其中一个小组表演古诗,不能用语言提示;让另一个小组猜出是哪一首诗,猜出来后请两组同学共同背诵。然后两个小组交换,看看哪个小组表演得最有创意,哪个小组猜得快。

3. 活动二:数学学习乐趣多

(1) 我也来做数学家

同学们,你们知道数学天才高斯小时候的故事吗? 高斯大约 10 岁时,有一天老师出了一道算术题:把 1～100 的整数写下来,然后把它们加起来。老师心想他可以休息一下了。但他错了,因为还不到几秒钟,高斯说道:"答案在这儿。"说着,就把他算题的石板放在讲桌上,老师吃惊地发现高斯算对了,你们能想到哪些简便方法呢? 你们知道他是怎么算的吗?

答案与讨论:

高斯是这样算的:$1+100=101,2+99=101,3+98=101,\cdots,49+52=101,50+51=101$,一共有 50 对和为 101 的数,所有答案是 $101\times50=5050$。同学们,你们找到这个思路了吗?

(2) 节省时间小帮手

小明的妈妈很会做烙饼。饼铛一次同时只能放两张饼,每张饼一面要烙 3 分钟才能熟。小明妈妈总共烙了三张饼,用了 12 分钟时间。小明对妈妈说换个方法用 9 分钟就能烙完三张饼,可以节省 3 分钟,又节省能源。同学们,你知道小明的方法吗?

答案与讨论:

把三张烙饼分别叫作 A、B、C。每张饼的两面分别用数字 1、2 代表。烙饼的程序如下。

第一个 3 分钟:烙 A1 面和 B1 面;第二个 3 分钟:烙 A2 面和 C1 面,此时,A 的两面都已经烙好了;第三个 3 分钟:烙 B2 和 C2 面。至此,3 张烙饼都烙好了。同学们,你是否也是这样的思路呢?

(3) 移动一根火柴使图 9-2 的算式成立

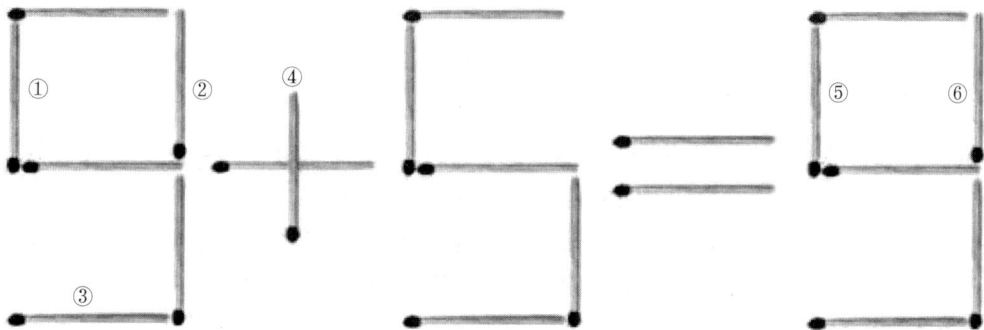

图 9-2 移动火柴使算式成立

答案与讨论:

把第一个 9 的左上方那根移动到 5 的左下方,使得第一个 9 变成 3,5 变成 6,3+6=9;或者把第一个 9 左上方那根移到第二个 9 左下方,使第一个 9 变为 3,第二个 9 变为 8,3+5=8。同学们,你做出来了吗?

4. 课堂总结

同学们,语文、数学都是最基础的知识,正是这些看似最简单的知识恰恰构成你未来学习的基石。学习中有乐趣也有枯燥,只有经过努力、忍耐,甚至乏味的过程,最终你将体会到更大的收获与乐趣。

【课外作业】

请同学们回家后和爸爸妈妈一起完成下面的表 9-4,把你知道的学习这些课程的乐趣或意义写出来,看看谁写得多? 同时,请爸爸妈妈讲讲他们上学时有哪些关于学习的趣事,体会学习的过程中充满乐趣与挑战。

表 9-4　学习乐趣大盘点

学　习　语　文	学　习　数　学	其　他　科　目

【活动建议】

学习兴趣的培养绝非一日之功,主要还是在各科学习的过程中去体验,因此,这里的心理活动只能起到辅助性的作用,只有让学习的过程充满乐趣,孩子们的求知欲和学习兴趣自然会慢慢地培养起来。

课例五：路遇陌生人

【活动缘起】

随着社会开放程度的不断加深,社会上形形色色的人、事以及多元化的价值观会造成诸多不安定因素,小学生的安全问题越来越被家庭和学校所重视。帮助孩子树立自我保护的良好意识,学会自我保护的方法,也是帮助孩子走向独立必不可少的一步。本活动适合从小学中低年级做起,不同年级的学生对问题的理解深度不同。

【活动目标】

通过活动,帮助孩子树立自我保护的意识,指导孩子学会自我保护的方法,知道有危险、有困难时找谁寻求帮助,急难之时做出正当的反应,并知道恰当的应对方法。

【活动准备】

两个情景故事、"英国儿童十大宣言"学习材料。

【活动过程】

1. 活动导入

同学们,我们生活在多彩多姿的社会里,随着你们一天天成长,离开爸爸妈妈的时间会越来越多。当和家人、同学在一起时,你们会感到安全、开心,有时候难免也会遇到意外的、突发的事件,比如,遇到一个不认识的陌生人和你们说话,或者邀请你们去某地玩儿,这时该怎么办?

2. 活动一:听情景剧《路遇》

路　　遇

小明是四年级学生,每天乘公交车上下学,他家离学校五站路的路程。一天下午,小明比平时早放学,和几个好朋友玩了一会儿,然后一起走出校门,互道"再见"后,小明向公交站走去。就在小明等车的时候,一个四十多的男人向他走来,很热情地跟小明打招呼:"你是小明吧? 你还记得我吗?"小明看了看,有些疑惑,此人他不认识,也想不起他是谁。正在小明犹豫时,那人又说了:"小明,你大概不记得我了,我姓王,王叔叔,你爸爸的朋友,你小时候我经常去你们家,还哄着你玩呢。"小明被他说得更糊涂了,或许是自己真忘记了? 爸爸的朋友? 人家这么热情,不可以对人没礼貌,就支吾地说:"哦,王叔叔,您好……"那人脸上的笑容更多了,"小明,你这是要回家吧? 我也正想去你家看看你爸爸呢,我和你一起去吧?"小明为难了:爸爸妈妈都还没下班,这时家里没有人,我又当真想不起这个王叔叔,可他的热情和近乎劲儿又好像是爸爸的熟人,小明不知该怎么办。

问题与讨论:

请问如果你是小明,你会怎么办? 为什么?

3. 活动二:听情景剧《如果有人勒索我》

如果有人勒索我

一天,小林与小莉从学校旁边的文具店里出来,忽然迎面走来两个大男孩,向他们要钱。小莉很害怕,从身上拿出剩下的五元钱,小林说自己已经没钱了。大男孩恐吓他们,明天必须带五十元钱交给他们,否则……(故事到此中断)

问题与讨论:

你经历过故事中的情景吗? 如果你是小林或小莉,你会怎么做?

4. 课堂总结

从故事及同学们的讨论中,我们懂得当遇到危险时怎么做才能保护自己,假如遇到自己解决不了的事情,要向爸爸、妈妈、老师等可以信任的人倾诉、求助,不要把事情放在心里,也不能自己贸然行动,这样可能会把自己置于更大的危险之中。

【课后思考】

(1) 与爸爸妈妈一起讨论当遇到如下情况时,你要怎么做?

① 逛街时与家长走散了,有人喊着你的名字要带你走……

② 当你一个人在家时,有人称"检查煤气"来敲门……

③ 放学时,家长没来接你,有一个你不认识的人自称是受你爸爸妈妈之托来接你……

(2) 与爸爸妈妈一起学习《英国儿童十大宣言》。

① 平安成长比成功更重要;

② 背心裤衩覆盖的地方不许别人摸;

③ 生命第一,财产第二;

④ 小秘密要告诉妈妈;

⑤ 不喝陌生人的饮料,不吃陌生人的糖果;

⑥ 不与陌生人说话;

⑦ 遇到危险可以打破玻璃,破坏家具;

⑧ 遇到危险可以自己先跑;

⑨ 不保守坏人的秘密;

⑩ 坏人可以骗。

【课程建议】

本课程建议先听听孩子们遇到类似的情景自己会选择怎么做,给学生充分表达和讨论的时间,看看他们自己最终能形成怎样的认识。此外,课后思考部分也很重要,家长们也会非常愿意和孩子一起讨论这些问题,因为帮助孩子在危急时刻学会自救也是家长的心愿。

第十章　小学生智力开发辅导专题

　　小学生智力的发展是其日常学习活动的先决条件,也是小学生身心健康成长的重要标志。小学生智力开发辅导主要是指教师运用心理学的相关理论与方法,通过设计一系列的活动,促进小学生智力各个方面的发展与提高。根据小学生身心发展的特点与规律,一般来说就观察力、注意力、想象力、发散思维能力、记忆力五大方面。其中,注意力是小学生保证学习效率的重要前提,观察力是最基本的认识世界的能力,学生的学习离不开良好的记忆力,而想象力和发散思维能力是创造的核心。

课例一：让我注意力更集中

【活动缘起】

　　注意力是人对一定事物指向和集中的能力,它是智力的基本要素,也是提高学习效率的前提和保障。小学生听课、写作业、看书、学习等活动,无一不受其注意品质的影响。因此,教师应对学生进行注意力的训练,提高其注意品质,帮助其更好地适应学习生活。该活动适合中年级以上的小学生。

【活动目标】

通过注意力训练,培养小学生注意的稳定性,提高其集中注意的能力。

【活动准备】

小测验、一分钟专注训练卡。

【活动过程】

1. 活动导入:测测你的注意力

下面有 15 道题目,请如实回答这些问题。(与自己情况相符合的画"√",不相符合的画"×")

(1) 上课听讲时,常常走神,心不在焉。　　　　　　　　　　　　　　　　　(　　)

(2) 星期天忙这忙那,似乎什么都想干。　　　　　　　　　　　　　　　　　(　　)

（3）想干的事情好多，却不能专心去做一件事。　　　　　　　（　　）

（4）做某一科作业时，急着想做其他作业，恨不得一下把所有作业都做完。　（　　）

（5）一有期待的事便会觉得时间过得很慢。　　　　　　　　　（　　）

（6）始终忘不了前几天被老师批评的情景。　　　　　　　　　（　　）

（7）做作业时，常想起作业以外的事情。　　　　　　　　　　（　　）

（8）总觉得上课时间过得太慢。　　　　　　　　　　　　　　（　　）

（9）做作业时能听到旁边人说话的内容。　　　　　　　　　　（　　）

（10）读书、做作业不能集中精力 20 分钟以上。　　　　　　　（　　）

（11）一件事情做得时间长了，心里会着急不耐烦，希望快点结束。　（　　）

（12）对刚复习完的功课，会不自觉地重新看好几遍。　　　　　（　　）

（13）等同学的时间一长就会觉得很焦躁。　　　　　　　　　　（　　）

（14）和朋友聊天时，有时会突然说起其他事情。　　　　　　　（　　）

（15）上课时间一长，就会哈欠连天，也不知道老师在说什么。　（　　）

自测结果：

现在我们来算算分数，画"×"的计 1 分，数一数你一共有多少个"×"就得多少分。算好后，请对照下面的标准，看一看你的注意力集中水平如何？0～3 分，注意力很不集中；4～7分，注意力不太集中，8～11 分，注意力集中程度一般；12～13 分，注意力比较集中；14～15分，注意力非常集中。注意力是可以通过训练得以提高的，下面我们一起来做几个小活动。

2. 注意力训练

（1）注意力集中训练

老师依次念一些事物名称，如"小猫、小狗、白菜、黄瓜、苹果、葡萄、长生果、长颈鹿、西红柿、黄花鱼、松树、蜻蜓、蜜蜂……"要求学生听到动物名称时拍一下手，听到植物名称时举起一只手。

（2）一分钟专注训练

给每位同学发一张一分钟专注训练卡（如图 10-1 所示，可用 A4 纸打印出来），然后要求大家在一分钟内按照从前到后的顺序找出所有的字母 A，然后看谁既没有漏掉又找得最多。

```
Z H J O G W N F J Q L I Z F T D B K G O E P N B Q K
C U H P G O Q N U J P B I C D U R V S X B Q T K C E
K B G L P A N G Z Y L W B F Y R X Y V F X L I G V W
Y L W B F Y R X Y V F X L I G V W K B G L P A N G Z
S C I R M C Z U O Z C T V Z A X D J W O T H A Y N M
K D R N A P Z U F I E C M E V W J M X G C K Z N P M
P E N T M I Y W E R A H T F Y B L J R D G V H B O I
E R H D X H A A X T Z W E K Y R S I M V X H T P L S
O P B V D L F R Y F W L K X M H U Y D J O K Q S G C
```

图 10-1　一分钟专注训练卡

J E U M L V G U E V O U X A O U I R T S J W P Q W N
T Z W E K Y R S I M V X H T P L S E R H D X H A A X
Q L I Z F T D B K G O E P N B Q K Z H J O G W N F J
I E C M E V W J M X G C K Z N P M K D R N A P Z U F
J P B I C D U R V S X B Q T K C E C U H P G O Q N U
J R D G V H B O I P E N T M I Y W E R A H T F Y B L
Q S Y B H N Q A S N F L A I K D M S F D Q S T C Q J
Z C T V Z A X D J W O T H A Y N M S C I R M C Z U O
F W L K M H U Y D J O K Q S G C O P B V D L F R Y
V O U X A O U I R T S J W P Q W N J E U M L V G U E
N F L A I K D M S F D Q S T C Q J Q S Y B H N Q A S

图　10-1（续）

3. 注意稳定和静心

让大家放松,保持安静,闭上眼睛。老师开始播放纯水滴的声音(可从网上下载),请同学们听着水滴声,在心中默念"1、2、3、4……"念 10～15 下为一组,老师可根据情况重复 2～3 次,让大家有一个放松、安静的体验。

4. 课堂总结

只有专注地做事,才能将事情做好。专注力可以通过练习提高,这种练习需要一个过程,因此,课后还需要完成以下两项作业。完成课后作业后,可以告诉老师,你对哪些练习感兴趣。

【课后思考】

（1）下列十组数字中,每行都有一些相邻两个数字相加等于 10,请你集中注意力找出这些数字,并在这两个数字的下面画上线。例如,27461196284567390,请尽量快而准地完成。

A. 79148756396478831234567898 76543746

B. 91765434928765431421521621 72819428

C. 12845678192345671521631746 13512419

D. 33647382914567349129123198 26519007

E. 51928774675370988028382032 46593414

F. 20563770895749745505533554 66550529

G. 64328976738209382457864018 25864006

H. 76554744466688831345178313 14156119

I. 38232112312354378239237236 32437646

J. 98798787628676570198684743 28961982

（2）复述作业:选择一段叙述生动的短文(如童话),让爸爸、妈妈读,你要专心听并复述出来。

【课程建议】

（1）注意力训练与其他学科课程相结合。注意力作为一种稳定的心理品质,提高绝非通过一堂课就能实现。教师在课堂上所做的只是启发并引起学生的兴趣,因此,如果能与其他学科教学联系起来,既可节省孩子的时间和精力,也会受到学科教师和家长的欢迎。比如,第一项课外作业中,教师可根据孩子所掌握的数学知识程度,灵活地变换为和为 11～18 的两个数,既练习了计算能力,又不会因为过于简单让孩子失去兴趣。而第二项作业不仅是练习孩子的专注倾听,同时可以锻炼孩子的语言表达能力,对于有这方面需求的孩子来说,不失为一个一举两得的方法。

（2）注意力训练需适时地延伸到家庭中。小学生的注意力集中情况历来受到老师和家长的关注,学生专注力不够,直接影响学习成绩,因此,对于那些需要更多练习的孩子,可以将这种练习延伸到家庭中。例如,课堂练习中的一分钟专注训练卡,可以在家庭里由父母和孩子以比赛的方式进行,既可以长期训练孩子的专注力,又是一次亲子交流的好机会。

（3）练习内容要根据学生的年龄灵活安排。例如,导入部分可根据学生年龄选取不同的故事,练习也可根据学生的年龄安排时间和次数。

课例二：放飞想象的翅膀

【活动缘起】

想象力是一个人对形象性经验的加工能力,是构成智力的基本要素之一。同时,想象也是创造的基础,推动着人类文明的进步与发展。因此,对小学生进行想象力训练是非常必要的。该活动适合年级对象较广,不同年龄的孩子感受、理解不同,教师引导亦会不同。

【活动目标】

通过系列游戏、训练引导学生进行想象,激发小学生想象的兴趣,享受想象的乐趣,指导学生在日常生活中有意识地运用和提高自己的想象力。

【活动准备】

（1）录音机或其他声响设备,背景音乐(轻柔的)；

（2）A4 纸及彩笔(或学生自带)等工具。

【活动过程】

1. 活动导入:《如果》

如　果

如果我可以变成许多东西,我最想变成一条小鱼。

春天,冰雪融化,百花盛开,我就在清清的溪水里游来游去。小溪旁有茂盛的树林、青青的山坡。如果我游到瀑布边,还可以欣赏泉水演奏的动听音乐。

夏天,在凉凉的溪水里,我和其他小鱼玩得更高兴、更快乐,我们一起捕食小虾,一起在水草间捉迷藏。

秋天,是一个果实累累的季节。一片片红色的树叶纷纷向树妈妈告别,然后落向大地。

这时候我就一下子跃出水面,将一片树叶压到小溪底下,让小溪也感觉一下秋叶的味道。

冬天,小溪结冰了。我和小鱼们都躲到了小溪深处,有的鱼儿已开始冬眠,美美地睡上一大觉,直到来年春天再醒来。

做一条小鱼真好!

问题与讨论:

如果同学们也可以变成好多东西的话,你们最想变成什么?

2. 添一添,变一变

(1)老师在黑板上画一个"○",请同学们在"○"上添几笔,看看都能变成什么?并在纸上画出来。

(2)老师在黑板上画一个"·",请同学们在"·"上添几笔,看看都能变成什么?并在纸上画出来。

(3)老师在黑板上画一个"～",请同学们在"～"上添几笔,看看都能变成什么?并在纸上画出来。

3. 画出未来世界

请同学们在头脑中想象,未来世界会是什么样子的?如果有颜色,会是什么颜色?未来世界都有什么东西?比现在多些什么?少些什么?人们还像现在一样吗?会穿什么样的衣服?住的房子是什么样的?出门乘坐什么车?动物园里还有什么珍奇动物……请你把想到的都画出来,然后向大家介绍一下你想象中的未来世界。

4. 课堂总结

想象是"理性的先驱"。几乎所有的发明家,他们的创造性都源于其丰富而大胆的想象,加之以小心而理性的求证。因此,爱因斯坦说过:"想象力比知识更重要。"我们在学习基础知识的同时,也要注意培养想象力,以便将来更好地学习和创造。

【课后思考】

请爸爸妈妈一起玩"故事接龙"的游戏,可以任何一个人先说一个开头,然后其他人接着编下去,故事内容由大家自由发挥,看看谁编得离奇有想象力。

【课程建议】

想象力训练是从幼儿就开始的游戏,由于不拘于严格的规范,很受多数孩子的喜欢。游戏形式也不拘一格,这里用的是画和说,也可以用听音乐想意境,然后说出来等方式,只要勇于尝试就会发现孩子们的想象力是无限的。

课例三：看谁观察最仔细

【活动缘起】

观察是一种有计划、有目的、持久的知觉活动,是获取知识和经验的途径。良好的观察力是小学生智力发展的重要条件。小学生的观察力不是自然而然形成的,它需要经过长期的观察实践和训练。该活动适合低年级小学生。

【活动目标】

通过活动,小学生体会到观察的重要性,学会观察方法,训练其观察的精确性、速度等,逐渐培养良好的观察力。

【活动准备】

醋、观察力训练卡。

【活动过程】

1. 活动导入:"甜甜的醋"

"下面我做一次演示实验,然后请一个同学上来跟着做。"说着,老师打开一个杯子,用手指蘸了一下里面的液体,然后用舌头舔了一下,脸上露出了微笑,说:"真甜。"接着老师让一个小学生用手指蘸一下那液体,并用舌头舔。奇怪的是,这个小学生却做出了鬼脸,怎么是酸的呢?

问题与讨论:

用手指蘸了同一杯液体,为什么老师说是甜的,而学生觉得酸?刚才我跟你们说了要注意观察,可是你们都没注意到我伸到杯里的是食指,而伸到嘴里的是中指。这杯液体是醋,当然是酸的。可见,你们观察得还不够仔细啊! 这件事告诉我们什么道理?

2. 活动一

(1) 数一数:图 10-2 中有多少个三角形?

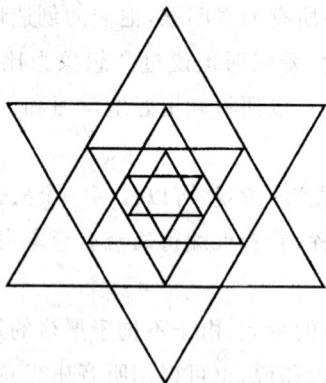

图 10-2　找三角形

(2) 找一找:请你在一分钟时间内找出图 10-3 中分别与左边三块完全一样的图形。

3. 活动二

春(秋)天到了,请大家说说周围事物的变化。

4. 课堂总结

观察是掌握知识经验、进行发明创造的前提,良好的观察力需要长期的观察实践和训练。在日常生活中,我们要善于发现事物的新、异、奇。在观察中,要有目标、有次序、仔细、认真,用多种感官进行观察,此外,在观察之外还要做到积极动脑思考。

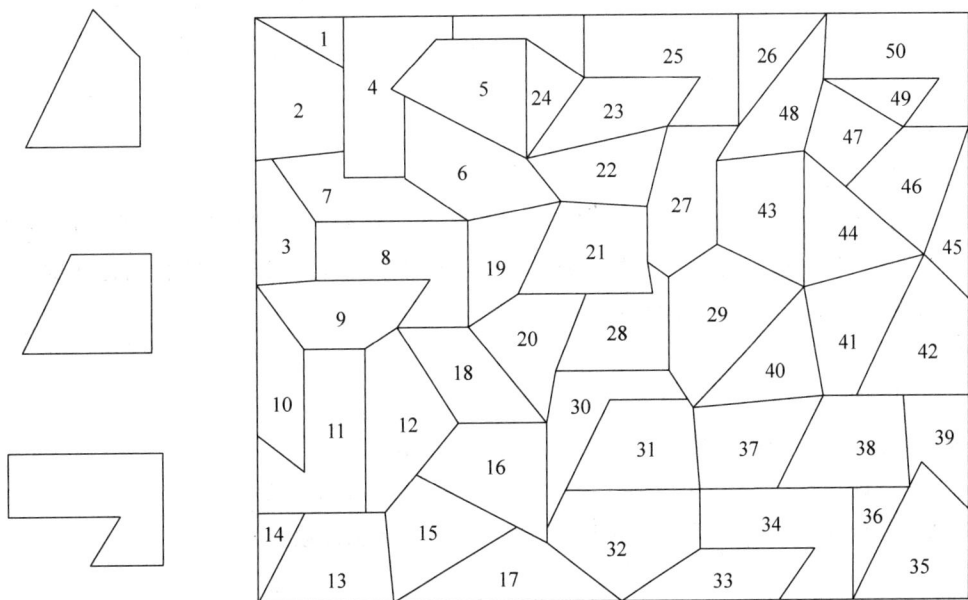

图 10-3　找相同图形

【课后思考】

星期天,和妈妈爸爸一起到动物园,观察动物园里的美景或者一种动物,写一篇观察日记。

【活动建议】

观察力的培养训练需要在长期的学习和生活实践中逐渐积累,因此,这个主题的活动与语文教学可以紧密结合起来,养成孩子观察的好习惯。

课例四：哪个记忆方法好

【活动缘起】

记忆是知识积累的重要手段。要想尽快地记住所学的大量知识,就要学会科学记忆,掌握记忆的规律和方法,提高记忆力。该活动适合中高年级的小学生。

【活动目标】

通过活动发展小学生的记忆力,让小学生初步了解基本的记忆方法。

【活动准备】

小故事、活动材料和记忆方法介绍。

【活动过程】

1. 活动导入

大家先来听一个小故事:"语文老师留作业,要求背诵课文第一自然段。张华同学认真地读了几遍,并记住了,然后就高高兴兴地出去玩啦。第二天上语文课,老师提问张华,没想到他把中间的两句给忘了。老师批评:'为什么不完成作业?'张华说:'我昨天都背下来啦!'有的同学们小声议论说:'没背出来,还撒谎!''背出来了,怎么现在不会了?'张华不知如何解释……"

问题与讨论:

同学们,你是否也有和张华一样的经历呢?人在记忆的时候遗忘是不可避免的,特别是某些不好记的东西,遗忘得反而更快。那么,有没有更好的方法可以帮助我们记忆呢?下面就让我们来一起做几个记忆力的训练活动。

2. 记忆考验

(1)倒数数字

根据实际情况,选择适当数字,原则上选择5~9位数:

47825 127986 3590180 63487312 980340787 49820857

让学生两两配对,一个学生顺念数字,另一个学生倒念该数字。

(2)穿插挑选

教师依次念下列每组数字和汉字,每隔一秒钟念一个。每念完一组,要求学生只按顺序把数字回忆出来,而不回忆汉字。例如,教师念"家—4—水—3—风",学生念"4—3"。

A. 家—4—水—3—风

B. 快—2—走—7—军

C. 开—8—雨—5—电—6

D. 表—2—多—5—饭—3

E. 好—3—坏—9—东—6—手—2

F. 嘴—2—书—1—笔—4—飞—9

3. 联想记忆

联想记忆法是把需要记忆的内容联想成一段有联系的内容,便于记住。例如,气球、天空、导弹、苹果、小狗、闪电、街道、柳树八个词,可以用此方法把它们联系在一起:我被气球吊上天空,看到远处飞来一枚导弹,导弹射出了一个苹果,掉在小狗的头上,小狗受惊后像闪电一般奔跑,穿过街道,街道两旁种满了柳树。这样就把几个毫不相干的词记住了。

用奇特联想记忆法记住阳光、小鸟、实验室、玻璃、画布、美国、手纸、麦当劳。

4. 课堂总结

其实,记忆的方法有很多,这里再介绍两种。

(1)谐音记忆法。谐音法可把枯燥乏味的数字(或其他材料)变为有意义的语言。例如,用谐音法记住"π"(3.141592653589793238462 6…),可以编成:"山巅一寺一壶酒,尔乐苦煞吾,把酒吃,酒杀尔,杀不死,乐尔乐。"

(2)歌诀记忆法。把记忆的材料编成押韵的歌诀,也能收到很好的效果。如二十四节气歌:"春雨惊春清谷天,夏满芒夏暑相连,秋处露秋寒霜降,冬雪雪冬小大寒。"

同学们,哪种记忆方法更好呢?适合你的方法就是最好的。好的记忆力除了适宜的方法外,离不开自己的刻苦、勤奋,只要勇于学习、敢于尝试、不怕吃苦,一定会有"好记性"。

【课后思考】

在家里与爸爸妈妈一起,体验位置记忆法。用一分钟时间记住图 10-4 的内容,然后回答下列问题:①小兔在谁上面? ②小猪在谁下面? ③牛的两边是谁? ④马在哪一行哪一列? ⑤谁能按从上到下、从左到右的顺序说出各种动物的位置?

然后,结合着课堂老师的介绍,看看自己更喜欢哪种方法? 在今后多做做这样的练习,提高自己的记忆力。

图 10-4　记位置

【课程建议】

除了介绍几种最常见的记忆方法外,还有一些与学习、记忆密切相关的话题,如组织合理复习的问题,其中涉及尝试记忆、超额学习等基本心理学问题,可在学科教学中渗透这些内容,毕竟心理学的训练方法离不开基本的课堂教学。

课例五:奇思妙想我最多

【活动缘起】

创造性思维的一个典型特征是独特性,即日常生活中所说的"标新立异"。当看到、听到或接触到一种事物时,应尽可能赋予它们新的性质,尽可能超越现有的看法、观点,是创新的开始。该活动适合中年级以上的小学生。

【活动目标】

通过活动,训练小学生思维的独特性、流畅性、变通性,逐步培养小学生的发散思维及创新思维。

【活动准备】

苹果、刀、活动材料。

【活动过程】

1. 切苹果的游戏

同学们都吃过苹果,如果老师说苹果里面藏着一个五角星,有谁能把它找出来?

问题与讨论:

在学习和生活中要想有新的发现,就要敢于尝试,勇于用不同的方法看问题。

2. 脑筋急转弯

(1) 旅行家萨米·琼乘坐的船驶到海上后慢慢地下沉,而船上所有的人都很镇静,既没有人去穿救生衣,也没有人跳海逃命,他们都眼睁睁地看着这条船沉没。这究竟是为什么呢?

(2) 在一个荒无人迹的河边停着一只小船,小船只能容纳一个人。两个人同时来到河边,两个人都乘这只船过了河。请问:他们是怎样过河的?

(3) 有三个人都对人类立过不朽之功,其中一个在医学上有过重大贡献,一个是著名的化学家,一个是举世瞩目的核物理学家。有一天,三个人搭乘同一个气球时,突然遇到风暴,只有下去一个人才能确保另外两人的安全。这三个人中,应该牺牲哪一位?

答案:

(1) 萨米乘坐的船是潜水艇。

(2) 两个人分别在一条河的对岸,一个人渡过去,另一个人再渡过来。

(3) 谁最重谁下去。

3. 串词编故事

用小人书、太阳、妈妈、床、青蛙、汽车、脑袋几个词编一个故事,看谁编的故事情节离奇而有创意。

4. 课堂总结

美国著名教育家泰勒说:"创造力不仅对科技进步,而且对国家乃至全世界都有重要影响。哪个国家能最大限度地发现、发展、鼓励人民的潜在创造性,哪个国家在世界上就处于十分重要的地位。"

【课后思考】

与爸爸妈妈一起做下面的练习。

(1) 尽可能多地说出圆形的东西。

(2) 分别说出下列物品的用途(注意实用性),越多越好。

①水;②汽车轮胎;③回形针;④糖;⑤电吹风;⑥手帕;⑦电话。

【课程建议】

求异思维的训练题往往深受小学生喜爱,因此,引导小学生从不同角度思考问题,应先从训练兴趣入手,进而逐渐提高训练的积极性和自觉性。另外,培养学生的创造力更多体现在日常教学中,因而,教师观念的转变很重要。如师生关系的转变、评价标准和方法的转变等,都有利于培养学生的创造性。

第十一章 小学生情绪与意志辅导专题

随着年龄的增长,小学生的情绪体验不断丰富起来,有学习成功的骄傲,有与同学发生冲突的苦恼,更高级的道德感、理智感、美感也开始发展,因而让学生在体验情绪的同时认识了解情绪,培养积极、乐观的情绪是小学生心理活动课的重要目标。

意志是人有意识的确定目标,克服困难达到目标的过程,是一个人能动性、创造性的集中体现。在目标不能达成时,人会感到挫折的存在。挫折是人生的一道风景线。认识挫折的意义和价值、学习如何应对挫折是小学生提高自身素养的重要途径。

小学生情绪与意志辅导是教师运用心理学的相关理论与技术,遵循心理活动课的原理,设计一系列活动帮助小学生认识、了解自己的情绪,学习情绪管理的技巧,增强耐挫力的心理活动课程。

课例一:情绪万花筒

【活动缘起】

随着年龄的增长,小学生的情绪体验越来越丰富,通过活动让小学生自觉意识到情绪的表现与状态,为情绪的管理打下基础。本活动适合中高年级学生。

【活动目标】

引导学生认识丰富多彩的情绪,体验自己的积极与消极情绪。

【活动准备】

准备人们的表情图片,以小组为单位准备不同主题的情景短剧。

【活动过程】

1. 活动导入:情绪词汇大拼盘

从前排左边第一个同学开始,按一条龙的顺序,请每位同学说一个表示情绪的词汇,后面同学说的词不能与前面的词重复,看看能说出多少个?

分享交流:

刚才的游戏中,坐在后排的同学体验如何? 如果有人指出你说的词前面已有人说过了,你的情绪又如何?

教师总结:

同学们刚才说了不少描述情绪的词,如我们用"眉开眼笑、心花怒放"来形容一个人的快乐情绪,用"怒发冲冠、勃然大怒"来形容一个人的愤怒情绪,还有"张皇失措、惶恐不安"来形容一个人的惊慌等。尽管情绪是一个人的内心体验,我们却能够从一个人的表情、动作看出其情绪的变化。下面我们就做一个活动——看图识情绪。

2. 活动一:情景剧场——自己生活中的情绪

教师可从网络中下载愤怒、悲哀、欢乐、恐惧、惊奇、厌恶等典型情绪的图片,让学生根据人物的表情、动作,辨析他的情绪状态,提高学生感受他人情绪的能力。

3. 活动二:看图识情绪

根据每组提前准备的主题,选择一个至两个学生普遍关注的问题,分角色进行表演。其他同学在观看时,关注该小组同学展现的事件、情绪及原因。

分享交流:

说一说其他组在表现什么事件、引起了哪些情绪,原因是什么?

4. 教师总结

当事件发生时,情绪就开始伴随,因为我们的愿望与事件发生了联系。如果愿望实现了,我们就高兴;如果愿望没有实现,我们就不高兴、不满意。于是情绪体验就有了积极和消极之分。情绪是生活的一面镜子,折射出人生的悲喜剧,我们既要接受生活中的积极情绪,同时也要面对并接受消极情绪,如是才能真正成为生活的强者。

【课后思考】

同学们回家后与父母一起完成这个游戏:此时我的内心正体验着什么? 先由一个人说一句话或做一个动作,然后另外两个人猜他(她)的内心体验。

【课程建议】

(1)做导入活动——情绪词汇大拼盘时,老师可根据时间和人数,要求从后面再依次做回来,这样坐在前排的同学内心会有更多体验,气氛会更热烈。鼓励学生不要担心没的可说,描写情绪的各种词语、成语、俗语有千余条。

(2)在表演生活事件时,如果学生不能把人物在遭遇事件时的内心独白表达出来,老师可在分享交流时适时加以引导,让同学和当事人都能够了解其情绪的发生和体验,有助于学生看清事件和情绪的联系。

(3)教师在课堂上要尤其注重学生的表达和分享,因为这些感悟和收获才是真正属于这个年龄的孩子,教师能做的只是在此基础上适当的总结、提炼,更多时候,学生的收获和体会才是这节课真实的收获。

课例二：当我遇到烦恼时

【活动缘起】

小学生的情绪起伏、波动比较明显,通过同学之间的交流,学习、了解如何应对烦恼,初步培养情绪管理的能力。该活动适合中年级以上的学生。

【活动目标】

了解、学习如何应对烦恼,培养情绪管理能力。

【活动准备】

每组一张大纸,一支碳素笔。

【活动过程】

1. 活动导入:《卖伞和卖扇》

卖伞和卖扇

从前有一位老妈妈,她有两个儿子,都是做生意的,大儿子卖雨伞,小儿子卖扇子。每当晴天的时候,老妈妈就发愁:这大晴天的,大儿子的雨伞可怎么卖? 若是到了雨天,老妈妈又犯愁:这阴雨天,我的小儿子可怎么卖扇子呢! 因此,老妈妈天天都发愁。有一天,一个智者听说了这件事,就对老妈妈说:"您应该换个角度想,如果下雨呢您就想,下雨了,大儿子可以卖好多雨伞了;如果晴天呢,您就想,这下好了,小儿子可以卖扇子了"。后来,老太太照这样去想,果然每天都喜笑颜开,一直活得很开心。

问题与讨论:

你还有哪些方法让老妈妈开心起来?

2. 活动一:众人拾柴——排忧解难

在小组里每位同学回忆一件让自己印象深刻的烦恼事,回想自己当时怎么做的? 然后和同学们一起交流,看看那样做的好处在哪里? 或者不好在哪里? 大家还能想出哪些方法来? 各组把同学们的经验写在一张大纸上,全班分享交流。

3. 活动二:敞开心扉——当我遇到烦恼时

有谁愿意说说自己最近遇到的烦心事,大家一起帮他排忧解难。找三个同学说出自己的烦恼,大家共同交流,帮着疏解情绪或寻找解决问题的方法。比如:

(1)家里没有电脑,没有办法查阅资料。怎么办?

(2)×××是我的好朋友,自从他(她)有了新朋友后,就不总和我在一起了。

(3)父母给我报了很多补习班,作业很多,完成不好会被父母责怪。

······

通过同学之间的交流分享,教师协助大家了解他人的情绪,予以疏解或帮助。

4. 课堂总结

情绪就像我们的一个好朋友,时刻伴随着我们,正因为有了喜怒哀乐,生活才变得多姿多彩。如果我们不了解自己的情绪、不会控制自己的情绪,那情绪就会成为一个恼人的朋友;如果学会与这个朋友和谐相处,情绪就会成为学习的动力,为生活增添更多喜人的色彩。

将同学们平时应对烦恼的方法总结一下,大致可分为这样几类方法:心理暗示(我能行)、理智分析(换角度)、合理宣泄(说和写)和转移注意(听、动、玩)。

【课后思考】

回家后和爸爸、妈妈一起讨论交流,看看平时大家是如何应对自己的烦恼的? 家庭成员之间又是如何予以应对? 哪些效果比较好? 哪些效果不太好? 有哪些改善的建议?

【课程建议】

(1) 首先,教师具备一个基本的思想,那就是情绪本身没有好与坏,只是不同的应对带来的结果不同。只有把握了这一点,才能帮助孩子们形成适宜的态度,更有效地应对所谓的不良情绪,而不是一味地逃避或排斥这些情绪。

(2) 本次课程设计的两个活动突出了两个侧重点:一是当我烦恼时,学会敞开心扉;二是当我自己面临烦恼、无助时,还可以求助他人。这是我们平时应对情绪的两个最基本的出发点。

课例三:做个积极、乐观的小学生

【活动缘起】

乐观、积极的生活态度是一个小学生良好人格形成的基础,也直接或间接影响小学生的学习兴趣、学习效率等。如何以积极眼光看待生活中发生的事件,让乐观变成一种生活态度,需要每个小学生去学习、去体会。该活动适合中高年级小学生。

【活动目标】

学会积极、乐观地看问题,让自己成为一个快乐、幸福的人。

【活动准备】

歌曲《歌声与微笑》。

【活动过程】

1. 活动导入:"快乐"大展示

每一位同学按照这个句型造句:

(1) 我快乐,因为……

(2) 我幸福,因为……

教师总结:

原来自己和别人生活中有这么多快乐、幸福的事情,只要我们仔细品味生活,才发现原来我们生活得很幸福。

2. 活动一：烦恼当中有快乐

请同学们分组围坐一起，诉说自己的烦恼，然后自己尝试能否发现烦恼事件中的快乐，其他同学帮助寻找。活动结束后每组派代表在全班分享。

例如：

(1) 小凡做数学难题，左思右想都解不出，他觉得很烦恼——烦恼事件。

小凡正在养成刻苦钻研的习惯和不达目的不罢休的精神——快乐事件。

(2) 小莉脸上长了很多小痘痘，有人取笑她，她觉得很沮丧——烦恼事件。

小莉长大了，她将拥有更多的权利、选择、空间——快乐事件。

教师总结：

快乐和烦恼本就是一对孪生兄弟，我们要善于从烦恼中发现快乐，久而久之我们会变成一个乐观的人，不会轻易地被痛苦和烦恼击垮，因为我们总能看到希望。

3. 活动二：看谁寻找快乐多

请各小组领取一个"寻找快乐"的任务，具体内容包括学习的快乐、交往的快乐、运动的快乐、助人的快乐、家庭的快乐等。请每个组将这些不同方面的快乐写出来，和全班同学一起分享，看看哪组寻找的快乐多。

4. 课堂总结

生活是一面镜子，你微笑，它就冲你微笑，你烦恼，它就冲你烦恼，让我们睁大眼睛、敞开心扉，做一个快乐幸福的孩子，让生活向我们微笑吧。

大家一起歌唱《歌声与微笑》，在音乐与歌声中，结束课堂教学。

【课后思考】

回家后，与爸爸妈妈一起交流、分享：我现在拥有哪些幸福？

【课程建议】

(1) 在烦恼中找寻快乐的影子，可能学生开始做起来比较难，教师要予以适当引导。

(2) 如果有的学生在课堂中始终感受不到快乐与幸福，教师不要着急、气馁，这不是课堂教学的失败，其中可能有多种原因。比如，活动主题与形式的选择、班级风气与士气、学生的年龄特点等，同时，也不乏是某些同学的状态需要教师进一步关注，看看他们的情绪是否与近期的生活事件有关，或许需要课后的单独辅导。

课例四：挫折——人生的朋友

【活动缘起】

挫折无处不在。体会面对挫折的种种感受，了解自己当时的行为表现，学会适应挫折，以良好的心态迎接挫折。该活动适合中高年级小学生。

【活动目标】

培养正确面对挫折的态度,将挫折看作人生常态,勇于面对,敢于承担,让挫折变成进步的动力。

【活动准备】

学生课下准备名人与挫折的资料,思考自己的挫折故事。

【活动过程】

1. 活动导入:成长三部曲

以小组为单位围圈坐好。大家蹲下,领首且双手抱膝,成圆溜溜鸡蛋状。这就是成长的第一步——鸡蛋。然后,你要去和另一个鸡蛋"猜咚猜",猜赢了,你可以变成一只半蹲的小鸡。这就是成长的第二步。接着,鸡蛋仍要和鸡蛋猜,小鸡要和小鸡猜,赢的可以长大,输的要缩小。小鸡缩小就会变回鸡蛋,小鸡长大就成了大鸡。这就是成长的第三步。

启示与思考:

通过游戏,分享交流彼此的心情。尤其是当你猜输了的时候,内心的感受,特别是最后留下的鸡蛋或小鸡。

2. 活动一:人生难免有挫折——名人的挫折故事

在小组内分享自己的挫折事件、当时的情绪,以及自己是如何面对挫折的。然后在小组内总结,面对挫折我们常有的情绪、常见的行为有哪些?哪些更有益?而哪些不可取?每个小组选代表在全班分享交流。

3. 活动二:我的挫折故事

以小组为单位,分享交流自己搜集的名人与挫折的故事。然后讨论:

(1) 他们是如何面对挫折的?

(2) 这些名人身上有哪些优秀品质?

各组选代表在全班交流分享——名人与挫折的感悟。

4. 课堂总结

历练后的飞翔

在辽阔的亚马逊平原上,生活着一种叫雕鹰的雄鹰,它有"飞行之王"的称号。它的飞行时间之长、速度之快、动作之敏捷,堪称鹰中之最。但谁能想到自由的飞翔后面却蕴含着滴血的悲壮?

一只幼鹰出生几天后就要开始经受母亲残酷的训练。在母鹰的帮助下,幼鹰没多久就能独自飞翔,但这只是第一步,幼鹰需要成百上千次的训练,否则就不能获得母亲口中的食物。第二步,母鹰把幼鹰带到高处,或树边或悬崖上,然后把它们摔下去,有的幼鹰因胆怯而被母亲活活摔死。但母鹰不会因此停止对它们的训练,母鹰深知:不经过这样的训练,孩子们就不能飞上高远的蓝天,更不能捕捉到食物。第三步则充满着残酷和恐怖,那些被母亲推下悬崖而能展翅飞翔的幼鹰将面临最后的、也是最关键、最艰难的考验,因为它们那正在成长的翅膀会被母鹰残忍地折断大部分骨骼,然后再次从高处推下,有很多幼鹰就是在这时成为飞翔悲壮的祭品,但母鹰同样不会停止这种"血淋淋"的训练,因为它眼中虽然有痛苦的泪水,但同时也在构筑着孩子们生命的蓝天。

启示与思考:

挫折是一面镜子,反映出一种人生态度,挫折也是一块试金石,经得起考验的人才会走向成功。让我们勇敢地面对挫折,学会承担属于自己的责任,赢得属于自己的成功。

【课后思考】

回家后,与父母一起交流,分别谈谈每个人对挫折与成功关系的认识?

【课程建议】

(1)同学需要事先准备名人的挫折及自己的挫折故事,有利于提高课堂效率,同时,让学生有更充分的省思。

(2)名人的挫折及我的挫折故事两个活动的时间要充分,让学生仔细品味、充分感悟,教师也可重复、强化学生的感悟,让这些挫折故事能在学生的心灵中产生共鸣。

(3)做好整堂课结束前的总结,一来让学生对整个课堂的主题有深刻把握和理解,同时突出老师最后总结的恰恰是同学之间相互交流、彼此分享的智慧结晶。

课例五:面对挫折,鼓起勇气

【活动缘起】

增强挫折的耐受力、提高应对挫折的水平是人生永远的课题。遇到挫折能适时端正心态,有效调整行为,寻找解决问题的方法,提高应对挫折的能力。该活动适合中高年级学生。

【活动目标】

通过认识挫折时容易出现的情绪与行为,引导小学生学习应对挫折的方法,提高对挫折的耐受力。

【活动准备】

回想一个挫折事件,想一想自己当时是如何应对的。

【活动过程】

1. 活动导入:当我遇到挫折时

以小组为单位,分享我遇到挫折时会有哪些情绪与行为,写在一张大纸上,每组派一代表向全班同学交流展示。

问题与讨论:

攻击他人、攻击自己;愤怒、沮丧;退缩,不与人交往、冷漠等是人们遇到挫折时的常见反应,这些反应对人、对己、对事情的解决有助益吗?

2. 活动一:积极应对挫折的技巧

以小组为单位,讨论、交流刚才提到的应对挫折较好的方法,分析为什么这样做比较有利,了解当事人的想法。然后各小组交流、展示。

教师总结:

(1)向他人(朋友们)倾诉你遭受的挫折时,心中的不快以及今后的打算,改变内心的压抑状态,以求身心的轻松,从而乐观面向未来。

(2)倾诉后要冷静地分析,从客观、主观、目标、环境、条件等方面,找出受挫的原因,采取有效的补救措施。

(3)要保持自信和乐观的态度,正确看待挫折,认识到正是挫折和教训才使我们变得聪明和成熟,正是失败本身才最终造就了成功。

(4)补偿。如果预期目标受挫,可以通过其他途径达到目标,或者改变目标,获得新的胜利,即"失之东隅,收之桑榆"。

(5)升华。有的人在受挫之后奋发向上,将自己的情感和精力转移到有益的活动中去,使之升华到有益于社会的高度。如德国大诗人歌德失恋后写下了脍炙人口的作品《少年维特之烦恼》。

(6)善于化压力为动力。遇到挫折和失败,会面临很大的心理压力,此时,你是气馁、当逃兵,还是继续勇敢地追寻? 很多名人、伟人在挫折面前不低头、不气馁,善于化压力为动力,从逆境中奋起。他们的成功经历很值得我们大家去深思,去学习。

3．活动二:成长的故事

在沙滩不远处的一片灌木丛中,一只破壳不久的小鹬(yù)窥伺着父母的一举一动,当母亲带着捕回来的扇贝时,小鹬如同往常一般张着嘴等待母亲的投喂。不过这次妈妈没有像往常一样投食,而是自顾自地将食物都吃掉了,小鹬很伤心,"为什么妈妈要这么做呢? 妈妈不管我了吗?"

"再等等,妈妈一定是忘记喂我了。"可是小鹬等啊等,妈妈并没有喂自己的意思。没有母亲的投喂,小鹬很饿,于是尝试去捕食,可是食物在哪里? 海边茫茫一片,潮水哗哗的奔涌而来又席卷而下,真的好吓人! 小鹬甚至不敢迈开腿向前走。饥饿缠绕着它,父母又好像有意疏远它,它该怎么办呢?

问题与讨论:

以小组为单位进行交流,帮助案例中的小鹬想出应对的方法,然后班级内进行交流、展示。

4．课堂总结

困难总在前方,方法总能找到,面对挫折,你准备好了吗?

【课后思考】

如何提高自己应对挫折的能力?

【课程建议】

(1)课上教师分享挫折应对技巧时,要结合学生分享及其接受程度,从而避免过多地理论讲授。

(2)在小组讨论、分享时,教师要适度引导,加深学生的认识。

第十二章　人际交往专题

　　良好的人际关系是学生成长与社会化过程中的重要组成部分,也是保持良好心理状态的必备条件。人际交往智能的发展是小学生一项重要素质的发展,它对小学生未来的社会发展有着重要的意义。目前多数小学生是独生子女,其特殊的家庭结构和较为狭窄的生活空间使得多数小学生人际交往智能还不够理想,加强这方面的培养是很重要的。1996年国际21世纪教育委员会向联合国教科文组织提交的研究报告《教育——财富蕴藏其中》,该报告提出"教育的四个支柱说",具有广泛的影响。"教育的四个支柱",是指"学会认知,学会做事,学会共同生活,学会生存与发展"。因此,让学生学会如何与他人相处是教育的培养目标之一。学生的人际交往是其社会化和人格成熟的关键因素。人际交往是人与人互动的过程、沟通的过程、交流的过程。整个幼儿期和中小学阶段是儿童社会性发展和人格成熟的关键期。因此,强化学生的交往意识,增强学生的主动交往能力,对学生的人格和社会性发展意义重大。让学生懂得在人际交往中,发生磕磕碰碰的事情是难免的,通过系列的心理活动,指导学生学习并掌握人际交往的原则、方法、技巧,帮助学生建立和形成良好的人际关系,增强学生的人际吸引品质,提高学生的人际交往能力。

课例一：缘来一家人，快乐共成长

【活动缘起】

　　为了使小学生尽快地相互认识,尽快地适应小学生活,特地设计几个活动,通过活动,让相互陌生的同学尽快熟悉,尽快彼此了解,为建立更好的交往做准备。本活动适合小学新生。

【活动目标】

新同学尽快相识;加深学生彼此间的了解。

【活动准备】

老师事先要了解学生更多的信息,掌握学生更多的个人资料。

【活动过程】

1. 活动导入

几年的幼儿园生活转眼过去了,现在你已经迈进了小学的大门。来到了一个新的集体,有那么多陌生的面孔对着你,有那么多新奇的眼光打量着你,来到一个新的环境。与新同学初次见面,相信每个同学都希望尽快彼此认识,但怎样才能让我们尽快相互认识,彼此成为好朋友呢?下面老师就带着大家一起做几个小游戏,当游戏结束时,相信同学们应该能认识更多的朋友。

2. 活动一:相识欢

首先向同学们说明活动的规则。两人一组,配合教师的口令分别做出相应的动作。教师喊"预备",两人要面对面稍息。教师喊"1",学生两人分别以右手相握,并要互相注视,面带微笑地说:"你好"。教师喊"2",两人要双手互握,并说:"很高兴见到你!"互相注视,面带微笑。教师喊"3",两人要互相用右手轻拍对方左肩,并说:"和你在一个班真不错!"教师喊"4",互相以左手轻拍对方右肩,并说:"我们会成为好朋友!"

3. 活动二:连环炮

(1)分组:5个同学一组,可按生日的月份分组(一月组、二月组、三月组等)。

(2)辅导教师指导语:每个同学介绍自己时,在自己的名字前加三个定语,如:兴趣爱好、爱吃什么、喜欢什么颜色等。

(3)小组连环自我介绍。

A:我是_____、_____、_____的A;

B:我是_____、_____、_____的A旁边的_____、_____、_____的B;

C:我是_____、_____、_____的A旁边的_____、_____、_____的B旁边的_____、_____、_____的C。

(4)全班分享。

① 每个小组集体上台演示连环炮。

② 辅导教师说出一个同学的特色,大家共同猜出他(她)是谁。

4. 课堂总结

从今天开始,我们就成了一家人,将来无论谁遇到困难或烦恼,希望同学们都要互相帮助,愿我们共同努力把我们班建成互相尊重、互相关心、互相爱护、互相包容的充满友爱的大集体。

【课后思考】

同学们,你喜欢和其他小朋友一起玩吗?通过今天的活动,你认识了几个新朋友,回家讲给爸爸、妈妈听,你还想和谁做朋友?

【课程建议】

(1)在分享环节中让大家展示更充分些,因为了解对方更多的特点是结识新朋友的有效措施。

(2)老师事先了解学生更多的信息,便于在活动中随时加以运用,有利于活跃气氛,也可给同学们带来惊喜。

课例二：让我们成为好朋友

【活动缘起】

小学生的情绪还处在发展阶段,不成熟,在交往过程中容易为一些小事闹矛盾,通过设计下列活动让同学们学会相互包容,相互理解,学会正确对待和处理学习生活中不可避免的磕磕碰碰,慢慢学会心理换位,懂得在相处过程中"忍一忍风平浪静,退一步海阔天空"的道理。本活动适合小学中年级学生。

【活动目标】

通过活动,学生懂得在人际交往中发生磕磕碰碰的事情是难免的,从而了解到交往双方应平等相处,互相宽容。

【活动准备】

学生课前会唱《相逢是首歌》;每人准备一张心形卡纸。

【活动过程】

1. 活动导入:老师讲历史故事《将相和》

将 相 和

战国时期,廉颇是赵国有名的良将,他战功赫赫,被拜为上卿,蔺相如"完璧归赵"有功,被封为上大夫。不久,又在渑池秦王与赵王相会的时候,维护了赵王的尊严,因此也被提升为上卿,且位在廉颇之上。廉颇对此不服,扬言说:"我要是见了他,一定要羞辱他一番。"蔺相如知道后,就有意不与廉颇会面。别人以为蔺相如害怕廉颇,廉颇为此很得意。可是蔺相如却说:"我哪里会怕廉将军?不过,现在秦国倒是有点怕我们赵国,这主要是因为有廉将军和我两个人在。如果我跟他互相攻击,那只能对秦国有益。我之所以避开廉将军,是以国事为重,把私人的恩怨丢一边儿了!"这话传到了廉颇耳朵里,廉颇十分感动,便光着上身,背负荆杖,来到蔺相如家请罪。他羞愧地对蔺相如说:"我真是一个糊涂人,想不到你能这样的宽宏大量!"两个人终于结成誓同生死的朋友。

问题与讨论:

同学们,请你们想一想,是什么让蔺相如和廉颇成为誓同生死的朋友?

2. 活动一:情境表演

小品剧1:"跳皮筋"

小欣、小芳、小英和小红一起跳皮筋,怎么分拨呢? 小芳说:"我不和小英一拨,她那么胖,笨死了!"听到小芳说自己笨,小英顿时火了,她指着小芳的鼻子:"你才笨呢!你又胖又蠢,活像一头小母猪!"小英听到小芳骂她,伤心地跑到一边,哭了起来……

小品剧2:"三八线"

老师上完课后叫同学们写作业,同学甲写着写着,手肘就移到同桌的位子上了,同桌一边用拳头敲同学甲的手肘一边说:"你没有长眼睛呀"……

小品剧 3:"课间"

课间同学甲正在睡觉,这时其同桌同学乙从外面气冲冲地回来,回到座位,将书本狠狠地一摔,借以出气,却惊醒了同学甲。于是两人发生争执,甲指责乙影响别人休息,乙本已愤怒,更加火上浇油,心情更加糟糕,两人互不相让……

问题与讨论:

同学们,听完了这三个剧情后,是否觉得这些事情也经常发生在你的身边呢?请思考以下三个问题。

小品剧 1 中,小芳她们为什么玩不到一块?

小品剧 2 中换做是你,你会怎样做呢?

小品剧 3 中两者是否都有错误?怎样不用争吵就能将问题解决呢?

按照同学们讨论的结果,选择角色进行表演,将有效处理问题的方式用剧情展现出来。

3. 活动二:悄悄话

(1) 写一写

每位同学拿出纸和笔,结合自己平时和同桌相处的经历,找出同桌的所有优点写下来,同时也找出同桌做得不对的地方,实事求是地提出来,帮助他(她)改正。

(2) 读一读

同桌互相交换"悄悄话",认真读一读。

(3) 写回信

读完同桌给自己写的"悄悄话"后,写写自己此时的心里话!

讨论与分享:

读了同桌给你提的优、缺点,心里有何感受?看了同桌的回信,你有何想法和感受?

4. 课堂总结

同学们,金无足赤、人无完人,每个人都有优、缺点,要学会用技巧处理与伙伴在交往中遇到的问题,认识到友善相待的重要性,并能在日常的学习和生活中学会宽容待人,才能与伙伴和睦相处。

我们来自不同的家庭,我们走进同一个教室,我和你有缘成为同学,在这里,我们共同进步,共同成长。不管前面是风是雨,我们相信,我们永远都是最好的朋友,全班齐唱歌曲——《相逢是首歌》。

【课后思考】

在本次活动中你有什么收获?如何建立真正的友谊?

【课程建议】

教师认真组织讨论分析环节,引导学生充分发表他们自己的看法,并结合日常生活中的典型事例进行分析,最终达到使同学们能在日常生活、学习中相互包容、彼此忍让的目的。

课例三：众人拾柴火焰高

【活动缘起】

现在的孩子多是独生子女,生长在充满爱的环境,有的甚至过于溺爱,造成孩子过分关注自我,为人处世很难照顾到别人的感受。再加上学习上老师和家长过于关注成绩,这样就容易造成学生只顾学习,对于学习成绩关系不大的集体活动缺乏兴趣,班级缺乏凝聚力。为了使学生发展集体荣誉感,培养学生的团结合作意识,特地设计以下几个活动。本活动适合小学中高年级。

【活动目标】

通过活动,学生体验到团结合作带来的快乐情绪,明白人际合作的重要性,增强合作意识,培养合作能力。

【活动准备】

一次性筷子、报纸若干、计时器等。

【活动过程】

1. 活动导入

同学们,我们经常说,"三个臭皮匠,赛过诸葛亮","众人拾柴火焰高",意思是说只要我们大家团结合作,发挥集体的优势,做的事情一定比一个人做要好很多。单个的人是软弱无力的,就像漂流的鲁宾逊一样,只有同别人在一起,才能完成许多事业。今天我们活动的主题就是——团结就是力量。

2. 比一比谁的力量大

(1) 我这里有一根筷子,你能把它折断吗?(先后出示 2 根、5 根、10 根让学生尝试折断)你猜猜他能折断吗?

(2) 谁还愿意上来再试一试?

(3) 提问:为什么 1 根、2 根的时候那么容易就折断了,而 10 根的时候就折不断了呢?

3. 深入体验,学习合作

游戏 1:"同舟共济"

游戏规则:每 7 位同学组成一组,一组一张大报纸,把报纸看作大海中的一只船。要求所有小组成员必须一个也不能少地站在"船"上,脚不能落在"船"外,要"同生死、共命运"地坚持至少 30 秒钟。

游戏 2:"跛子指挥瞎子走路"

游戏规则:全班分成若干个小组,每小组成员两人,一个当瞎子,一个当跛子。由每组的瞎子背跛子,跛子指挥瞎子前进,从教室规定的一侧,走到线前方 10 米处绕红旗回来,然后再换下一队,最快轮完的一组获胜。

问题与讨论：

"同舟共济"、"跛子指挥瞎子走路"这两个游戏给了你什么启示或感受？

4. 课堂总结

一滴水只有放进大海里才永远不会干涸,一个人只有当他把自己和集体事业融合在一起的时候才最有力量。一朵鲜花打扮不出美丽的春大,一个人先进总是单枪匹马,众人先进才能移山填海。

——雷锋

【课后思考】

(1) 请结合自己的经验思考,哪些做法更有利于合作？哪些做法不利于合作？

(2) 在合作中,为了更好地让同学接受自己,我们可以做些什么？

【课程建议】

注重选择适合主题与学生年龄的游戏,因为通过游戏可以体验团结合作带来的快乐情绪,同时达到增强合作意识,培养合作能力的目的。

课例四：朋友——人生的财富

【活动缘起】

小学高年级正是自我意识发展的关键时期,此时的学生通过他人的评价获得自我认识,借由整合同辈群体的评价获得自我同一性,因此该阶段来自同伴的评价对自我发展至关重要。同时,尽可能地发现别人的长处也容易为自己赢得友谊。本活动适合小学高年级学生。

【活动目标】

通过活动,学生体会到人际关系中朋友的重要性;同时懂得欣赏和赞美在赢得友谊中的作用。

【活动准备】

准备好活动用纸;按要求把学生分组。

【活动过程】

1. 活动导入

大家好! 欢迎走进心理健康课。在生活中,与朋友一起学习,一起生活,遇到问题一起商量,一起解决,互相帮助,是件多开心的事! 怎样做才能交上更多的朋友,赢得友谊呢? 今天,我们的活动主题就是:"友谊地久天长。"

2. 活动一:人际财富

每个人有一张纸,里面画了三个同心圆,圆点代表你自己,最小的同心圆里是你最好的朋友,是你的一级人际财富。第二个同心圆里是你的好朋友,是你的二级人际财富。第三个同心圆里是你的一般朋友,是你的三级人际财富。圆外边是你还可以再去开发的潜在朋友,每个圆里的点代表你的朋友,最后看看自己到底有多少朋友。

你的一级人际财富:最好的朋友(　　)人。

你的二级人际财富:好朋友(　　)人。

你的三级人际财富:一般朋友(　　)人。

合计共:(　　)人。

问题与讨论:

(1) 对你的人际财富分布情况满意吗? 想要做调整吗?

(2) 如果你的人际财富比较少,如何增加你的人际财富?

3. 活动二:"红色轰炸"

各小组围坐在一起,轮流对小组中每个成员说出自己在其身上看到的闪光点,尽量不重复。

请几名同学谈谈听到别人对自己肯定的评价后有什么感受? 这些在别人眼中的优点自己是否知道? 现在听到这么多人对你的积极评价后是否重新认识了自己?

4. 课堂总结

友谊是珍贵的,朋友是人生的重要财富,希望同学们珍惜今天的拥有,同时也希望同学们在以后的学习和生活中主动与人交往,用自己的真诚和热情赢得越来越多的朋友。

给每位同学发 3 份准备好的卡纸,对你以前很少或从未表达的同学说一句心里话,然后将这份礼物送给他(她)。如果有同学需要送出更多礼物,还可向老师索要卡纸。

【课后思考】

(1) 今天你送出多少份礼物? 送出礼物时你开心吗?

(2) 今后要怎样做才能找到朋友?

【课程建议】

最后的活动环节设计为朋友送礼物,尤其是对平时接触不多的同学,通过送一句心里话,建立了一个联结,赢得一份友谊。教师要指导学生用心完成,鼓励学生不仅学会用欣赏的眼光看待别人,并且将这种赞赏表达出来。这将帮助我们获得他人的友谊。

第十三章 小学生人格辅导专题

小学生人格辅导是教师运用心理学的相关理论与技术,遵循心理活动课的原理,设计一系列活动帮助小学生认识、悦纳、完善自我,增强自信心,走出自我中心,与他人和谐相处的心理活动课程,从而达到健全学生人格的发展目标。

自我认识属于自我意识认知成分,是一个人对自己的认识,回答的是"我是谁"的问题,它包括自我感觉、自我观察、自我分析、自我评价等,其中,自我评价是自我认识中最主要的方面,集中反映着个体的自我认识乃至整个自我意识的水平,是健全人格的基础。

自我体验是个体在自我评价的基础上对自己产生的情感体验,是伴随自我认识产生的内在感受,反映为对自己的满意状况。主要涉及"我是否喜欢自己""我是否满意自己"等问题,包括自尊、自卑、自豪、自信、内疚等,其中自尊感是自我体验中最主要的方面。

完善自我包括很多方面——完善自我的思想、认识、学识、修养、品格、精神等。完善自我是塑造健康人格过程中一个永恒的主题,可以这样说:人的一生都在不断完善自己。完善不是一个目标,而是一个过程。在这个过程中,不断创造自己的价值,实现生命的意义。

课例一:我是谁

【活动缘起】

自我意识的发展过程是个体不断社会化的过程,也是个性特征形成的过程。小学阶段是人的自我意识客观化时期,尤其在五、六年级,是小学生自我意识的第二个上升期,因此,通过一些心理健康的教育活动帮助学生逐渐内化行为准则来调节、监控自己的行为,从对自己的表面行为的认识、评价转向对自己的内部品质的更深评价,为形成健康的人格打下良好的基础。

【活动目标】

能准确、诚实地描述自己,逐渐对自己有一个全面的了解,进而能去不断地完善自己。

【活动准备】

笔、纸、歌曲录音。

【活动程序】

1. 活动导入："刮大风"——引起学生对自我认识的兴趣和关注

师生围坐在教室里。开始活动时,教师撤出一把椅子,站在圈外,喊口令:"大风刮,大风刮,刮呀刮,刮(具有×××特点)的人。"具有这种特点的人听到后就以最快的速度跑到场地中再重新找一把椅子坐,动作慢的学生就没有椅子坐了。这个活动做了几次,刮到了"爱思考的人"、"喜欢跳绳的人"、"写作业快的人"等,不仅活跃了气氛,同学们也开始关注自己的特点。

2. 活动一:"我是谁"

(1) 请两位同学到台上来描述班里的一位同学,然后由其他同学来猜。

(2) 教师每人发一张活动卡片,学生在卡片上写出描述自己特征的 15 条特点,包括生理特点(物质的我)、性格特点(精神的我)、社会关系特点,如与父母老师同学的关系等(社会的我),全面描述自己,约需要 5～10 分钟。

(3) 教师分组。每八人一组,然后把收集上来的活动卡的顺序打乱,分发给同学们。

(4) 小组讨论:你手中活动卡的主人是谁? 大约需要 3 分钟。

(5) 寻找主人活动:每个小组依次拿着手中的纸条,去找到手中纸条的主人。找对的同学要说出是凭借哪一条找到纸条的主人的;找错的同学站到教室的中央,让同学们一起帮助找到纸条的主人。

3. 活动二:欣赏歌曲《有用的人》

有 用 的 人

有些事情就是这样的残忍

有些道路没有直通那扇门

有些游戏结果不一定要获胜

有些收获不在终点只在过程

我们不会心灰意冷

我们会给自己掌声

我不是你想象的笨

我也有我自己的门

其实你不是不能

只是你肯不肯

给自己多一个机会

因为我们都是有用的人

4. 课堂总结

教师回顾上述活动,总结自我的三个方面——物质的我、精神的我和社会的我,引导学生全面认识自己。

【课后思考】

你是一个怎样的人？可与父母或好朋友讨论,并为自己制作一个小档案。

【活动建议】

教师在活动过程中要重点关注性格内向的孩子、自卑的孩子,让他们在活动中充分体验到被大家关注、肯定的感觉。另外在写精神的我时要指导的详细一些,让学生体会到外表的我并不是最重要的,最重要的是要加强精神的我的成长,这是一个人最核心的部分。

课例二：喜欢我自己

【活动缘起】

喜欢自己是健康人格的保证。喜欢自己,并不是认为自己的一切都是好的。对于中高年级的小学生来说,尤其要全面接纳自己,当你快乐地接受了自己,你的整个心胸便会舒展和开阔,同时你会发现,你也更加容易接受他人了。有优点和缺点的人才是一个完整的人,也是一个人自我完善的重要部分。

【活动目标】

让学生不仅喜欢自己的优点,同时也要接受自己的缺点(物质的我的缺点)。

【活动准备】

多媒体、轻音乐、优缺点清单。

【活动过程】

1. 活动导入:口香糖

所有人围成一个圆圈,先由一人站在团体中说:"口香糖。"旁人问:"粘什么?"如果那人说:"粘耳朵。"那么所有学员就必须找人来两两配对将耳朵贴在一起。没有找到人配对的学员就要站到中间充当发号施令的人,以此类推。

2. 活动一:优点大爆炸

(1)将全班同学分组,每组四人。

(2)小组成员按顺序发言,不发言的成员要认真听别人的发言。

(3)在别人讲述你的优点时,只要听,不必表示感谢,也不可因为别人叙述不够准确而做出不应有的行为。

(4)看看同伴为你找到了几条优点,并记录到优点清单上。

(5)全班交流:你的同伴为你找到了几条优点?(学生反馈情况)

刚才的游戏,你感到高兴吗?如果你觉得很高兴,就在你的优点清单上贴三朵小花;如果你觉得一般,就贴上两朵小花。

3. 活动二：缺点"轰炸"

分组：四人为一组。

活动要求：

（1）先由每人说说自己的缺点，再由小组成员相互指出缺点。

（2）在活动中要做到尊重别人、实事求是、不嘲笑别人、不为自己争辩。

（3）把缺点记录在"缺点清单里"。

（4）全班交流。

请几位学生上台讲讲自己听了别人意见后的想法，对勇于承认自己缺点的人授予"小勇士"称号。

讨论与分享：

（1）自己的优、缺点给自己带来的感受；

（2）倒立看。

引导学生思考以下问题：换个角度看，一个人的缺点有没有成为优点的时候呢？如身材矮小的同学是不是动作也比较灵活呢？

请学生在"优、缺点清单"中写出思考结果，并在小组中再次讨论交流缺点给自己带来的感受。

4. 课堂总结

每个人都有优点也有缺点，这是正常的，重要的不是一个人是否完美，因为不完美是必然的，重要的是认识自己，有时换个角度思考，不苛求自己，接受不完美的自己，反而能一步步提升自我。

【课后思考】

搜集整理让自己变得更可爱的秘诀，如何让自己变得更可爱呢？

【课程建议】

在一节活动课上，教师要在不同时期关注不同的孩子，让孩子们获得他们所需要的体验。如在"优点大爆炸"活动环节，重点应关注那些比较自卑的孩子，让他们感受到自己也有很多优点，自己是有价值的。

同时，教师还要注意创设安全、和谐的课堂环境，让孩子们敢于暴露自己，在缺点"轰炸"环节尤其如此，以防发生课下互相嘲笑的现象。

课例三：完善自我

【活动缘起】

在了解、接受自己优缺点的基础上，认识到自己内在也有积极的想法和消极的想法，通过不断努力对自身的心理与行为进行支配和调整，主要涉及"我如何成为自己理想的那种

小学心理活动课设计与实施(第二版)

人","我怎样才能成为一个更有自信的人"等问题。

【活动目标】

(1)通过活动,使学生认识到自我的两个方面:积极的自我和消极的自我,从而丰富学生的自我认识。

(2)通过活动,帮助学生完善自我,朝着积极的方向努力。

【活动准备】

排练情景剧,投影片。

【活动过程】

1. 活动导入:"我该怎么做"

我正在写作业,遇到了一道数学难题,一个念头是:"克服它,我能行!"另一个念头是:"太难了,放弃算了。"

引导学生讨论:如果你遇到了这个问题,你会怎么做? 理由是什么?

当遇到出现两个矛盾的"我"的时候,到底听哪一个"我"呢? 用什么办法使得这两个"自我"协调呢?

2. 活动一:角色扮演

请学生拿出纸和笔,选取生活、学习中的一件事,具体写出内心冲突时两个自我的对话。

(1)出示投影片:例:一个自我认为"学琴可以陶冶情操、增长知识,再苦也要坚持。"一个自我认为"学琴减少了玩的时间,有时还会影响学习,算了不练了。"

(2)角色扮演:同桌两人,一个扮演积极的我,一个扮演消极的我,两人商议出两个自我都同意的解决矛盾的办法。

(3)全班同学交流、分享。

教师总结:

经过交流大家得出了协调两个自我的方法,使事情得以圆满解决。所以我们遇到犹豫不决、拿不定主意的事时,首先要清楚自己有哪些想法,然后再权衡利弊,下结论。

3. 活动二:制定一份"自我契约"

(1)解释"自我契约":即制定督促检查自我的条文。

(2)自我监督方法:做到时怎样进行自我"奖赏",做不到时又怎样进行自我"惩罚"。

(3)根据自己的实际情况制定。

(4)深化训练,交流修改:

① 请每个同学把前面讨论中自己内心的两种自我认识清楚,请两个"自我"坐下来商议,得出两个自我都同意的解决矛盾的方法,并自制一份契约来督促检查自我。

② 以四人为一小组进行讨论,互出主意。

③ 集体交流。

4. 课堂总结

通过这节课的讨论,我们知道了每个人都会遇到两个自我发生矛盾的时候。在这个时候,一定要考虑清楚,才能做出决定,同时要制定一份自我契约来督促检查自我。以后同学们再遇到类似情况时,将会处理得很圆满。

【课后思考】

(1)你还知道哪些完善自我的其他方法?请把他们整理出来。

(2)你觉得哪种方法对自我完善更有帮助?你是如何运用的?

【课程建议】

(1)教师要特别关注哪些行为有偏差的孩子,注重对他们的引导。

(2)在制定"自我契约"的活动中,教师要引导孩子们制定适合自己,分级别达到、能够实现的奖惩措施,找到每个孩子内心最渴望最在乎的愿望,真正能够帮到孩子。

(3)这次课结束后,在每次上课之前都要询问孩子们的自我契约实施的如何,从而让孩子们形成良好的习惯。

(4)在实施过程中,还可以对契约进行适当的修改。

课例四:我自信,我能行

【活动缘起】

"我自信,我能行"就是相信自己的能力和价值,换句话说就是对自我能力和价值的肯定。一个真正自信的人能够接受并敢于表达消极情绪;一个真正自信的人能接受个人的有限性,勇于承认错误,接受批评;一个真正自信的人敢于表达自己不同的意见,不迷信权威,人云亦云;一个真正自信的人能够积极行动,称赞别人的优点或成就的同时,也能坦然接受他人的赞扬。该活动适合小学高年级学生。

【活动目标】

(1)通过活动,学生了解到成功的关键因素之一是自信。

(2)通过活动,学生体验到只有不怕困难,努力尝试,才能取得成功。

(3)通过游戏和亲身体验,培养和提高学生的自信心。了解自己的特长和不足,面对学习、生活中的困难,暗示自己"我能行",并掌握实现"我能行"的做法。

【活动准备】

课件;诗歌《我自信!我能行!》。

【活动过程】

1. 活动导入:一分钟掌声

(1)游戏规则:请你估算一下,你一分钟能鼓掌多少次?请把它写在纸上。

(2)游戏开始。教师计时一分钟,同学们开始鼓掌,并数数。

(3)把实际鼓掌的次数写下来。

(4)比较两个数字,谈一谈你的感受。

活动小结:

我们有很大的潜能,只是你不知道而已。只要敢于尝试,就一定会有成功的机会。

2. 活动一:故事欣赏《天生我才》

天 生 我 才

小泽征尔是世界著名的音乐指挥家。一次他去欧洲参加指挥家大赛,在决赛时,他被安排最后一个出场,评判委员会交给他一张乐谱。小泽征尔以世界一流指挥家的风度,全神贯注地挥动着他的指挥棒,指挥一支世界一流的乐队演奏具有国际水平的乐章。演奏中,小泽征尔突然发现乐曲中出现不和谐的地方。开始,他以为是演奏家们演奏错了,就指挥乐队停下来重奏,但仍觉得不自然。这时,在场的作曲家和评判委员会权威人士都郑重声明乐谱没问题,而是小泽征尔的错觉,他被大家弄得十分难堪。在这庄严的音乐厅内,面对几百名国际音乐大师和权威人士,小泽征尔不免对自己的判断产生了动摇,但是,他考虑再三,坚信自己的判断是正确的,于是坚定地大喊一声:"不! 一定是乐谱错了!"他的喊声一落,评判台上那些高傲的评委们立即站立向他报以热烈的掌声,祝贺他大赛夺魁。原来,这是评委们精心设计的圈套,以试探指挥家们在发现错误而权威人士又不承认的情况下是否能坚持自己的判断。

问题与思考:

(1) 是什么最终使小泽征尔获得了"世界最佳指挥家"的称号?

(2) 自信的人应有哪些心理品质?(活泼、坦诚、虚心、大度、胆大、轻松、言行一致、开朗、乐观、幽默、勇敢、果断等)

3. 活动二:小活动大作用

(1) 真诚赞美

活动规则:学生分成六人一组,请每位小组成员以"我喜欢……因为……"的句型赞美其他所有的小组成员。要求做到真诚,所说的优点尽量不重复。

(2) 我很不错

活动方法:右手拍一下左肩,然后拍一下右肩,最后右手竖起大拇指从胸口将右手用力伸出去,大声说:"我很不错。"再换左手同样做,大声地说:"我真的很不错。"最后双手齐做,双手交叉拍左右肩后,从胸口将双手用力伸出去,拇指朝上,大声地说:"我是真的真的真的真的真的很不错。"同时,其他同学跟随这个节奏,喊着中间同学的名字,真诚地齐声说:"某某同学很不错,某某同学真的很不错,某某同学真的真的真的真的真的很不错。"然后换一名同学站到中间,每人进行一次。

整套动作重复两遍,做的过程中重点引导学生放下矜持,积极投入,充分表现出自信的神态。

做完之后请同学们谈谈肯定别人和获得别人肯定时候的感受。

(3) 同颂一首诗《我自信! 我能行!》

我自信! 我能行!

自信是惊雷,是飞雪,是骤风,

横扫一切拖沓、迟滞、犹豫与懒与惰,

相信自己行,才会"我能行"。

自信是战鼓,是号角,是旌旗,

催人勇往直前,大胆挺进,永不退缩,

自信催我行,努力才能行。

自信是镜子,是理想,是希望,

能正视"不行",也是"我能行",

今天若不行,明天还能行。

自信是向导,是良师,是益友,

帮人认清自己,不狂妄自大,不自傲,

量力而行,才是真正的我能行。

自信是阳光,是雨露,是琼浆,

助人思维敏捷,精神抖擞,挥洒一切,

你在这点行,我在那点行。

自信使潜能释放,使困难后退,使目标逼近,

自信的人生不一般,不一般的人生有自信,

我自信! 我能行!

4. 课堂总结

自信是一种积极的自我评价,这种态度是确信经过积极的主观努力,终将展示自己的才华,实现自身的价值,它是一个人战胜困难挫折、走向成功的不竭动力。希望同学们在今后的生活学习中不断努力,从自信走向成功!

【课后思考】

在你的生活学习中,你曾经获得过哪些成功?把它们整理出来,写到成长日记中。

【课程建议】

(1)教师在活动过程中,要多关注那些平时比较自卑的孩子,用鼓励的眼神,赞美的语言、欣赏的微笑对待他们,让他们感觉到老师对他们的欣赏与期望,从而形成更加积极的自我评价,走出自卑的阴影。

(2)教师还要关注孩子们课后思考的情况,可以利用课前五分钟的时间让大家分享自己因为自信,克服困难,走向成功的体验。

(3)在这样的主题活动课上,创设安全和谐的团体氛围尤为重要,要避免让活动流于形式。

课例五：我长大了

【活动缘起】

独立能力是人生存和发展必需的能力之一,需要通过后天培养才能获得。中低年级的

小学心理活动课设计与实施(第二版)

小学生,正处于自我意识发展的一个上升时期,应该具备较强的独立意识和一定的独立能力。现实情况却是很多孩子依赖心理严重,在家里凡事依赖家长,即便在校能做的事情,回到家里也习惯父母代办。针对这一现象,我们设计"我长大了"这一心理健康教育活动课,旨在通过一些故事、游戏、讨论等帮助学生认识到自己已经长大,自己能做的事情要独立完成。

【活动目标】

(1)指导学生初步了解依赖心理的危害,增强独立意识。

(2)引导学生体验独立做事的快乐,锻炼独立生活和学习的能力。

(3)教会学生拒绝依赖的一些方法,有计划地养成自己的事情自己做,家里的事情帮着做,不会的事情学着做的好习惯。

【活动准备】

情景剧排练、针线包、纽扣、小奖品、行动计划表、漫画等课件、投影仪。

【活动过程】

1.活动导入:情景表演《晚饭过后》

晚 饭 过 后

东东是全家的宝贝。这天晚饭过后,东东对奶奶说:"奶奶,我要洗脚了。"奶奶赶紧打了一盆水来,找来小板凳,让东东坐上去。东东把脚伸向奶奶,让奶奶给他脱袜子。脱完袜子,东东对奶奶说:"你还没给我拿毛巾和袜子呢。"奶奶又赶紧去洗手间找毛巾,又去柜子里找袜子。毛巾和袜子准备好了,东东又让奶奶帮他搓脚。奶奶帮东东搓着脚,东东兴奋地对奶奶说:"奶奶,告诉你一个特大喜讯:我今天当上劳动委员了!"

讨论与交流:

(1)你做过这样的事情吗?在你的生活中有过类似的情景吗?

(2)你喜欢东东这样的孩子吗?你是怎样看待东东的?

2.活动一:看谁会做的事情多

(1)比一比:同桌之间互相说说,你会做哪些事情,看看谁会做的事情多。

(2)赛一赛:上台展示自己会做的事情。

① 说明规则。

② 开始比赛。

③ 评比奖励。

(3)说一说:请获奖的同学介绍自己是怎样学会做这些事情的,并说说自己获奖的感受。

3.活动二:情境讨论

情境:丁丁正在自己洗袜子,妈妈抢过去说:"你洗不干净的,还是给我吧!"并且还说:"只要学习好,这些事情会不会做没关系。"

小组讨论:你是否也有过与丁丁类似的经历,你是如何解决的?

4.课堂总结

我们长大了,自己的事情应该自己做。学会合理拒绝依赖,让父母理解你、支持你,要用实际行动证明——我长大了!

【课后思考】

请同学们自己制订一个成长计划,想一想在哪些方面要独立做事情? 可以请父母帮忙并督导。

【课程建议】

(1) 结合活动,教师可在日常生活中通过多种形式进一步增强孩子长大了的自豪感,如鼓励孩子们主动帮助同学、做值日、自己整理书包等。

(2) 通过开展亲子活动,制作动植物的成长图,如蝴蝶、青蛙、花等,让孩子体会万事万物都在成长变化。

参 考 文 献

[1] 钟志农.心理辅导活动课操作实务[M].宁波:宁波出版社,2007

[2] 吴增强,蒋薇美.心理健康教育课程设计[M].北京:中国轻工业出版社,2007

[3] 钟启泉.现代课程论(新版).上海:上海教育出版社,2009

[4] 王策三.教学论稿[M].北京:人民教育出版社,2005

[5] 郑日昌.小学心理辅导[M].北京:团结出版社,2001

[6] 张明.小学生心理健康教育[M].北京:中国轻工业出版社,2009

[7] 李晓东.小学生心理学[M].北京:人民教育出版社,2003

[8] 刘梅.儿童发展心理学[M].北京:清华大学出版社,2010

[9] 林崇德.发展心理学[M].北京:人民教育出版社,1999

[10] 王惠萍等.儿童发展心理学[M].北京:科学出版社,2010

[11] 殷炳江.小学生心理健康教育[M].北京:人民教育出版社,2008

[12] 孙义农.小学生心理辅导[M].杭州:浙江大学出版社,2004

[13] 沈德灿.精神分析心理学[M].杭州:浙江教育出版社,2005

[14] 张春兴.教育心理学——三化取向的理论与实践[M].杭州:浙江教育出版社,1998

[15] 夏林清.大团体动力[M].台北:张老师文化事业股份有限公司,1999

[16] 樊富珉.团体心理咨询[M].北京:高等教育出版社,2005

[17] 姜俊红.心理学原理[M].北京:高等教育出版社,2003

[18] [美]R.A.巴伦,D.伯恩.社会心理学 [M].黄敏儿,王飞雪等译.上海:华东师范大学出版
社,2004

[19] 陈虹,郑小东.中小学生团体心理辅导[M].福州:福建教育出版社,2008

[20] 高觉敷.西方近代心理学史[M].北京:人民教育出版社,2001

[21] 卢盛忠.管理心理学(第四版)[M].杭州:浙江教育出版社,2006

[22] 宋宁.小学生心理素质训练[M].上海:上海教育出版社,2002

[23] 谢维兴.中小学心理健康教育课程与教学[M].福州:福建教育出版社,2008

[24] 陈家麟.学校心理健康教育:原理、操作与实务[M].北京:教育科学出版社,2010

[25] 刘宣文.学校发展性辅导[M].北京:人民教育出版社,2004

[26] 樊富珉,何谨.团体心理辅导[M].上海:华东师范大学出版社,2010

[27] 赵世明.教师的心理健康素养[M].福州:福建教育出版社,2011

[28] 王继新.中小学教师素养概论[M].武汉:华中科技大学出版社,2006

[29] 阳志平.积极心理学团体活动课操作指南[M].北京:机械工业出版社,2010

[30] 刘道溶.中小学综合实践活动教学活动设计案例精选[M].北京:北京大学出版社,2012

[31] 马力文.心理活动课要抓住一个"情"字[J].人民教育,2001(3)

[32] 吴武典.团体辅导手册[M].台北:心理出版社,2000

[33] 郭黎岩.小学生心理健康与辅导[M].北京:高等教育出版社,2010

[34] 李坤崇.班级团体辅导[M].台北:五南图书出版公司,1998

［35］殷炳江．小学生心理健康教育［M］．北京：人民教育出版社，2003

［36］宋宁．小学生心理训练（低年级）［M］．太原：希望出版社，2009

［37］宋宁．小学生心理训练（中年级）［M］．太原：希望出版社，2009

［38］宋宁．小学生心理训练（高年级）［M］．太原：希望出版社，2009

［39］周晓芳等．心理活动课辅导目标设计之初探［J］．中小学心理健康教育，2010（18）

［40］赵晶，徐莉亚．以需定辅，以辅导需——论心理健康教育活动课评价原则［J］．中小学心理健康教育，2009（6）

［41］叶一舵．我国大陆学校心理健康教育二十年［J］．福建师范大学学报（哲学社会科学版），2008（6）

［42］钟志农．班级心理辅导必须注意的六个问题［J］．人民教育，2002（10）

［43］钟志农．班级心理辅导活动课的操作要领［J］．思想·理论·教育，2001（10）

［44］裴利华．心理健康教育课的三种偏向与纠正［J］．教育探索，2004（10）

［45］董立业．活动课的"四求"与"五坚持"［J］．河北教育，1995（6）

［46］潘蓓蕾．一堂失败的心理活动课引起的反思［J］．中小学心理健康教育（上半月刊），2009（2）

［47］章晓红．上好小学心理课的几点想法［J］．武汉市教育科学研究院学报，2006（6）